Patyna

Mathematik

für das Berufliche Gymnasium in Niedersachsen

Kerncurriculum und Bildungsstandards

Einführungsphase – Schwerpunkt Wirtschaft

Arbeitsheft Mathematik

Das Arbeitsheft (inkl. Lösungen) unterstützt die Schülerinnen und Schüler dabei, die Mathematik selbstständig zu lernen und zu verstehen:

- Eigenständiges Aneignen von Fachvokabeln sowie von wirtschaftlichen und mathematischen Zusammenhängen
- Anwenden von unterschiedlichen Arbeitsmethoden
- Lösen von Übungsaufgaben, um Routine beim Bearbeiten von mathematischen Problemstellungen zu bekommen
- Schrittweises Bearbeiten von kleinen Lernsituationen, um das systematische Lösen von handlungsorientierten Aufgaben zu erlernen

ISBN 978-3-8120-**2685-7**

Weitere Infos finden Sie unter www.merkur-verlag.de

Code: 2685

Patyna

Mathematik

für das Berufliche Gymnasium in Niedersachsen
Kerncurriculum und Bildungsstandards
Einführungsphase – Schwerpunkt Wirtschaft

Merkur
Verlag Rinteln

Wirtschaftswissenschaftliche Bücherei für Schule und Praxis
Begründet von Handelsschul-Direktor Dipl.-Hdl. Friedrich Hutkap †

Die Verfasserin:

Marion Patyna

Umschlag: Hintergrund: ECE, Ernst-August-Galerie, Hannover,
Kreis rechts oben: Candy Box – Fotolia.com, Kreis Mitte: Colourbox.de,
Kreis links: Syda Productions – Colourbox.de, Grafik: Colourbox.de

* * * * * * * * *

1. Auflage 2018

Gesamtherstellung: MERKUR VERLAG RINTELN Hutkap GmbH & Co. KG, 31735 Rinteln
E-Mail: info@merkur-verlag.de; lehrer-service@merkur-verlag.de
Internet: www.merkur-verlag.de

ISBN 978-3-8120-**0685-9**

Vorwort

Das vorliegende Buch ist der erste Band von drei Büchern der Reihe „Mathematik für das BG in Niedersachsen – Kerncurriculum und Bildungsstandards“ und damit ein Arbeitsbuch für den Mathematikunterricht mit dem Schwerpunkt Wirtschaft am Beruflichen Gymnasium in Niedersachsen. Die Basis dieses Buches ist das neue *Kerncurriculum (KC)* von 2018, das wiederum auf den *Bildungsstandards im Fach Mathematik für die Allgemeine Hochschulreife* aus dem Jahr 2012 basiert.

Die Autorin berücksichtigt bei der Erstellung dieser Bücher die **inhaltsbezogenen** und die **prozessbezogenen Kompetenzen**, die die Schülerinnen und Schüler gemäß KC während der drei Jahre am Beruflichen Gymnasium erwerben sollen. Der in der BbS VO bzw. EB BbS VO verankerten **Handlungsorientierung** wird durchgängig Rechnung getragen. Jedes Hauptkapitel beginnt mit **berufsbezogenen Lernsituationen gemäß SchuCu-BBS**, die die Schülerinnen und Schüler **eigenverantwortlich** und **selbstorganisiert** mithilfe der Informationstexte und der Beispielaufgaben aus den nachfolgenden Abschnitten bearbeiten und sich so die notwendigen Kompetenzen aneignen können. Jede Lernsituation umfasst nicht nur die **problemorientierte Aufgabenstellung**, die zumeist auf unterschiedliche Weisen gelöst werden kann, sondern auch Hinweise auf die benötigten und die zu erzielenden Kompetenzen. Ergänzt wird dies durch Hinweise zur unterrichtlichen Umsetzung der Lernsituation, dabei werden die vorgeschlagenen Sozialformen in **grün** hervorgehoben und die Handlungsprodukte in **blau.** Die Abfolge der Lernsituationen ist so konzipiert, dass die Schülerinnen und Schüler immer selbstständiger agieren können und müssen. Das mathematische und wirtschaftliche Fachvokabular wird durchgängig in **rot** hervorgehoben. Auf diese Weise erhalten die Schülerinnen und Schüler einen Überblick über die zu lernenden Vokabeln. Außerdem sind alle roten Begriffe im Sachwortverzeichnis aufgeführt.

Um die in den Lernsituationen benötigten Fähigkeiten und Fertigkeiten im Nachgang zu trainieren und zu festigen, enthält das Buch eine Vielzahl verschiedener Übungsaufgaben, die je nach Aufgabentyp händisch und/oder mit dem passenden **Technologieeinsatz** (GTR/CAS) gelöst werden können und durchgängig mithilfe von **Operatoren** formuliert werden. Auch innermathematische Problemstellungen werden thematisiert. Auf diese Weise wird zielgerichtet der Kompetenzaufbau erreicht und die Schülerinnen und Schüler, die am **Zentralabitur Mathematik** teilnehmen werden, können die Aufgaben des hilfsmittelfreien Teils und des Wahlteils adäquat und sachgerecht bearbeiten.

Die Reihenfolge der einzelnen Kapitel kann als Basis für den Aufbau des **schulinternen Curriculums** und der **Jahresplanung** dienen, muss sie aber nicht. Die Autorin hat darauf geachtet, dass die Lehrkräfte ihren Unterricht mithilfe dieser Bücher individuell aufbauen können, weil die mathematisch inhaltsbezogenen Kompetenzen gemäß **Spiralcurriculum** in die Berufsbezüge integriert werden.

Die Verfasserin, Frühjahr 2018

Inhaltsverzeichnis

1 Symbole / Zeichen: Bedeutung und Verwendung

Beschreibende Statistik

Symbol / Zeichen	Bedeutung / Erklärung
n	Stichprobenumfang
x_i	Merkmal x_i
x_i^*	Merkmalsausprägung der Klassenmitte
$\overline{x}$	arithmetisches Mittel, Mittelwert, Durchschnittswert einer Zahlenreihe
$x_{\min}, x_{\max}$	Minimum, Maximum einer sortierten Urliste
Med	Median, Zentralwert einer sortierten Urliste
Mod	Modus
Q_1, Q_3	erstes Quartil, drittes Quartil
Q_A	Quartilsabstand
σ^2	Varianz, sigma Quadrat
σ	Standardabweichung sigma
$\sum$	Summe
$\sum_{i=1}^{n} x_i$	Summe aller x_i von $i = 1$ bis $i = n$

Analysis

Symbol / Zeichen	Bedeutung / Erklärung
$=$	gleich, z. B. $\frac{1}{2} = 0,5$
$\neq$	ungleich, z. B. $2 \neq 5$
$\approx$	etwa gleich, ungefähr gleich (Rundungen sind erfolgt), z. B. $\frac{1}{3} \approx 0,33$
$\triangleq$	entspricht
$\wedge$	und
$\vee$	oder
$\|...\|$	Betrag von
Relationszeichen	
$>$	größer, z. B. $5 > 2$
$\geq$	größer gleich
$<$	kleiner, z. B. $2 < 5$
$\leq$	kleiner gleich

Symbol/Zeichen	Bedeutung/Erklärung
	Pfeile
$\Rightarrow$	daraus folgt
$\Leftrightarrow$	äquivalent zu
$\rightarrow$	strebt gegen
	Mengen
$\{...\}$	Mengenklammer
$\{a \mid ...\}$	Menge aller Zahlen a, für die gilt ...
$\varnothing = \{\ \}$	leere Menge
$\in$	Element von
$\notin$	nicht Element von
$\mathbb{Z}$	Menge der ganzen Zahlen einschließlich null $\{..., -4; -3; -2; -1; 0; 1; 2; 3; 4; ...\}$
$\mathbb{Z}^*$	Menge der ganzen Zahlen ohne null $\{..., -4; -3; -2; -1; 1; 2; 3; 4; ...\}$
$\mathbb{Z}_{\geq 0} = \mathbb{Z}_+$	Menge der ganzen Zahlen, die größer oder gleich null sind $\{0; 1; 2; 3; 4; ...\}$
$\mathbb{Z}_{\leq 0} = \mathbb{Z}_-$	Menge der ganzen Zahlen, die kleiner oder gleich null sind $\{..., -4; -3; -2; -1; 0\}$
$\mathbb{Q}$	Menge der rationalen Zahlen einschließlich null $\left\{\frac{u}{v} \middle| u, v \in \mathbb{Z} \wedge v \neq 0\right\}$
$\mathbb{Q}^*$	Menge der rationalen Zahlen ohne null $\left\{\frac{u}{v} \middle| u, v \in \mathbb{Z}_{\neq 0}\right\}$
$\mathbb{Q}_{\geq 0} = \mathbb{Q}_+$	Menge der rationalen Zahlen, die größer oder gleich null sind $\left\{\frac{u}{v} \middle| u, v \in \mathbb{Z} \wedge v \neq 0 \wedge \frac{u}{v} \geq 0\right\}$
$\mathbb{Q}_{\leq 0} = \mathbb{Q}_-$	Menge der rationalen Zahlen, die kleiner oder gleich null sind $\left\{\frac{u}{v} \middle| u, v \in \mathbb{Z} \wedge v \neq 0 \wedge \frac{u}{v} \leq 0\right\}$
$\mathbb{R}$	Menge der reellen Zahlen , d. h. rationale Zahlen ($\mathbb{Q}$) und zusätzlich unendliche, nicht periodische Dezimalzahlen wie z. B. $\pi, e, \sqrt{2}$
	Intervalle
$[a; b]$	geschlossenes Intervall
$[a; b) = [a; b[$	halboffenes Intervall, rechte Grenze ist offen
$a; b] =]a; b]$	halboffenes Intervall, linke Grenze ist offen
$(a; b) =]a; b[$	offenes Intervall
	Funktionen
f: $f(x) = ...$	Funktion f mit der Funktionsgleichung $f(x)$
f': $f'(x) = ...$	Ableitungsfunktion f' mit der Funktionsgleichung $f'(x)$
	Definitions- und Wertebereich
$D_{\text{math}}(f)$	mathematischer Definitionsbereich der Funktion f
$D_{\text{ök}}(f)$	ökonomischer Definitionsbereich der Funktion f
$W_{\text{math}}(f)$	mathematischer Wertebereich der Funktion f
$W_{\text{ök}}(f)$	ökonomischer Wertebereich der Funktion f

Symbol / Zeichen	Bedeutung / Erklärung
	Differentialrechnung
$\Delta x = x_2 - x_1$	Delta *x*, Differenz zweier *x*-Werte
∞	unendlich
lim	Grenzwert
$\lim\limits_{x \to \infty}$	Grenzwert: *x* strebt gegen unendlich
df	Differential von *f*
$\frac{df}{dx} = f'(x)$	Differentialquotient / Ableitung

2 Operatorenliste gemäß KC

Operator	Beschreibung der erwarteten Leistung	Anmerkungen
Begründen	Je nach Kontext ▪ Einen Sachverhalt auf Gesetzmäßigkeiten bzw. Zusammenhänge zurückführen ▪ Die Angemessenheit einer Verfahrensweise bzw. die Eignung der Werkzeuge darlegen Hierzu gehört eine inhaltliche Betrachtung.	Auch bei der Verwendung mathematischer Syntax ist eine geschlossene Antwort erforderlich, die auch Textanteile enthält. Die Angabe einer Formel o. ä. genügt hier nicht. Aufgrund der verschiedenen Ausprägungen des Operators „Begründen" ergeben sich Überschneidungen mit „Beweisen" und „Zeigen", wobei dort formale bzw. rechnerische Aspekte eine höhere Bedeutung haben.
Berechnen	Ergebnisse von einem ausformulierten mathematischen Ansatz ausgehend durch explizite oder näherungsweise Berechnung gewinnen	
Beschreiben	Verfahren, Sachverhalte oder Zusammenhänge strukturiert und fachsprachlich richtig mit eigenen Worten wiedergeben	Vgl. Erläutern
Bestimmen/ Ermitteln	Einen möglichen Lösungsweg darstellen und das Ergebnis formulieren	Alle Werkzeugebenen sind zulässig. Einschränkungen s. o.
Beurteilen	Zu einem Sachverhalt ein selbstständiges Urteil unter Verwendung von Fachwissen und Fachmethoden formulieren und begründen	Vgl. Entscheiden
Beweisen/ Widerlegen	Einen Nachweis im mathematischen Sinne unter Verwendung von bekannten mathematischen Sätzen, logischen Schlüssen und Äquivalenzumformungen durchführen, ggf. unter Verwendung von Gegenbeispielen	
Entscheiden	Bei verschiedenen Möglichkeiten sich begründet und eindeutig festlegen	Vgl. Beurteilen Bei diesem Operator steht die eindeutige, begründete Festlegung aufgrund eines Vergleiches im Vordergrund.
Erläutern	Verfahren, Sachverhalte oder Zusammenhänge strukturiert und fachsprachlich richtig mit eigenen Worten wiedergeben und durch zusätzliche Informationen oder Darstellungsformen verständlich machen	Vgl. Beschreiben Im Unterschied zur Beschreibung erfordert eine Erläuterung die Darstellung inhaltlicher Bezüge.
Herleiten	Aus bekannten Sachverhalten oder Aussagen heraus nach gültigen Schlussregeln mit Berechnungen oder logischen Begründungen die Entstehung eines neuen Sachverhaltes darlegen	In einer mehrstufigen Argumentationskette können Zwischenschritte mit digitalen Mathematikwerkzeugen durchgeführt werden. Einschränkungen s. o.

Operator	Beschreibung der erwarteten Leistung	Anmerkungen
Interpretieren	Mathematische Objekte ■ als Ergebnisse einer mathematischen Überlegung rückübersetzen auf das ursprüngliche Problem, ■ umdeuten in eine andere mathematische Sichtweise	
Klassifizieren	Eine Menge von Objekten nach vorgegebenen oder selbstständig zu wählenden Kriterien in Klassen einteilen	Eine Begründung der vorgegebenen bzw. selbstgewählten Kriterien wird gesondert gefordert.
Nennen/ Angeben	Sachverhalte, Begriffe, Daten ohne Erläuterungen aufzählen	
Skizzieren	Objekte oder Funktionen auf das Wesentliche reduziert grafisch übersichtlich darstellen	Skizzieren wird immer im Kontext mit grafischen Darstellungen verwendet.
Untersuchen	Eigenschaften von oder Beziehungen zwischen Objekten herausfinden und darlegen	Je nach Sachverhalt kann zum Beispiel ein Strukturieren, Ordnen oder Klassifizieren notwendig sein.
Vergleichen	Sachverhalte, Objekte oder Verfahren gegenüberstellen, ggf. Vergleichskriterien festlegen, Gemeinsamkeiten, Ähnlichkeiten und Unterschiede feststellen	Eine Bewertung wird gesondert gefordert.
Zeichnen/ Grafisch darstellen	Eine grafische Darstellung anfertigen, die auf der Basis der genauen Wiedergabe wesentlicher Punkte hinreichend exakt ist bzw. Sachverhalte angemessen wiedergibt	
Zeigen/ Nachweisen	Eine Aussage, einen Sachverhalt nach gültigen Schlussregeln, mit Berechnungen oder logischen Begründungen bestätigen	In einer mehrstufigen Argumentationskette können Zwischenschritte mit digitalen Mathematikwerkzeugen durchgeführt werden. Einschränkungen s. o.

Quelle: Niedersächsisches Kultusministerium (2017). Kerncurriculum für das Gymnasium – gymnasiale Oberstufe, die Gesamtschule – gymnasiale Oberstufe, das Berufliche Gymnasium, das Abendgymnasium, das Kolleg. Mathematik. Hannover. Seite 74 f.

3 Beschreibende Statistik

Die **beschreibende Statistik** ist ein Teilgebiet der Stochastik. Mit ihrer Hilfe werden Daten erhoben, zusammengestellt, grafisch veranschaulicht und interpretiert. **Daten** sind Fakten oder Messwerte, die mithilfe von Umfragen, Erhebungen, Auszählungen, Messungen usw. zusammengestellt werden.

3.1 Lernsituationen

Lernsituation 1

Benötigte Kompetenzen für die Lernsituation 1
Kenntnisse aus der Sek. I

Inhaltsbezogene Kompetenzen der Lernsituation 1
- Datenerfassung (Umfrage, Stichprobe, Gesamtheit)
- Datenauswertung (Merkmale, Merkmalsausprägungen, Häufigkeiten, Lage- und Streuungsmaße)
- Datendarstellung (Diagramme inkl. Boxplot, Regeln zur Erstellung von Grafiken, Auswirkungen von unterschiedlichen Darstellungsarten, nicht klassierte Daten, Regression)
- Dateninterpretation (Interpretation von unterschiedlichen Grafiken, von unterschiedlichen Lage- und Streuungsmaßen)

Prozessbezogene Kompetenzen der Lernsituation 1
Mathematisch argumentieren, mathematische Darstellungen verwenden, kommunizieren

Methode
Gruppenarbeit in heterogenen Gruppen

Zeit
2 Doppelstunden

Ihr Mathematikkurs soll für Ihre Schule eine Informationsbroschüre für den nächsten *Tag der offenen Tür* erstellen. Die Schulleitung möchte, dass Sie folgende Themen behandeln:

- Was wollen die Schülerinnen und Schüler des Beruflichen Gymnasiums nach dem Abitur machen?
- Wie alt sind die Schülerinnen und Schüler des Beruflichen Gymnasiums?
- Gibt es einen Zusammenhang zwischen dem Preis ihres aktuellen Handys und der Zeit, die die Schülerinnen und Schüler pro Tag im Internet sind?

Erstellen Sie gemeinsam für Ihren **Kurs**/Ihre **Klasse** nachfolgende Liste und füllen Sie diese gemeinsam aus:

	Name	Alter	Geburtsmonat	Berufswunsch/ Studium	Stunden pro Tag im Internet	Preis des aktuellen Handys
1						
2						
3						

Notieren Sie für sich **allein** und **ohne** Verwendung von Hilfsmitteln Ihre Ideen, wie Sie die Informationen aus dieser Liste auswerten und im Sinne des Arbeitsauftrages aufbereiten wollen.

Diskutieren Sie in Ihrer **Vierer-Gruppe** die gesammelten Ideen und legen Sie gemeinsam fest, welche Ideen Sie umsetzen wollen. Verteilen Sie dann die Aufgaben innerhalb Ihrer Gruppe an **Zweier-Teams**.

Erstellen Sie mit Ihrer **Gruppe** die Auswertungen und gestalten Sie damit ein Plakat.

Schreiben Sie mit Ihrer **Gruppe** einen Text für die Informationsbroschüre und legen Sie fest, welche Ihrer auf dem Plakat befindlichen Auswertungen den Text veranschaulichen sollen. Verwenden Sie für den Text das Fachvokabular.

Lernsituation 2

Benötigte Kompetenzen für die Lernsituation 2
Kenntnisse aus Lernsituation 1

Inhaltsbezogene Kompetenzen der Lernsituation 2
Klassierte Daten, Einteilung von Klassen, Histogramm

Prozessbezogene Kompetenzen der Lernsituation 2
Mathematisch argumentieren, Probleme mathematisch lösen, mathematische Darstellungen verwenden, kommunizieren

Methode
Gruppenarbeit in heterogenen Gruppen

Zeit
2 Doppelstunden

Die Schulleitung hat den Auftrag für die Informationsbroschüre erweitert.
Sie sollen zusätzlich herausfinden, wie viele Schülerinnen und Schüler neben der Schule arbeiten und wie viel Geld sie pro Woche verdienen.

Erstellen Sie gemeinsam mit Ihrem **Kurs**/ Ihrer **Klasse** eine Umfrage.

Werten Sie die Umfrageergebnisse mit Ihrer **Gruppe** aus, lesen Sie dazu den Text zum Thema „klassierte Daten".
Schreiben Sie mit Ihrer **Gruppe** einen kurzen Artikel für die Informationsbroschüre. Der Text soll durch ein geeignetes Histogramm ergänzt werden.

Aufgabe
Erstellen Sie eine Liste mit allen neuen Fachbegriffen. Schneiden Sie die Begriffe aus und sortieren Sie die Begriffe in zwei Stapel:
- Begriffe, die Sie schon definieren können
- Begriffe, die Sie noch einmal nachlesen müssen, damit Sie diese definieren können

Wenn Sie alle Begriffe gelernt haben, legen Sie mit all diesen Begriffen eine Struktur (Assoziationsbild), um sich das Vorgehen beim Beschaffen, Auswerten, Darstellen und Interpretieren von Daten zu merken.

3.2 Datenerhebung

Datenerhebungen können mithilfe von Umfragen (z. B. persönlich, telefonisch, digital oder online), Auszählungen (z. B. Inventur), Messungen (z. B. Produktionskontrollen, Inventur), Prüfungen (z. B. Funktionsfähigkeit, Geschmackskontrollen) usw. zusammengestellt werden. Diese Erhebungen werden i. d. R. in einer Stichprobe und nicht in der **Grundgesamtheit** durchgeführt.
Der **Stichprobenumfang** sollte so gewählt sein, dass das Ergebnis nicht von vornherein feststeht, und so, dass eine verlässliche Aussage getroffen werden kann.

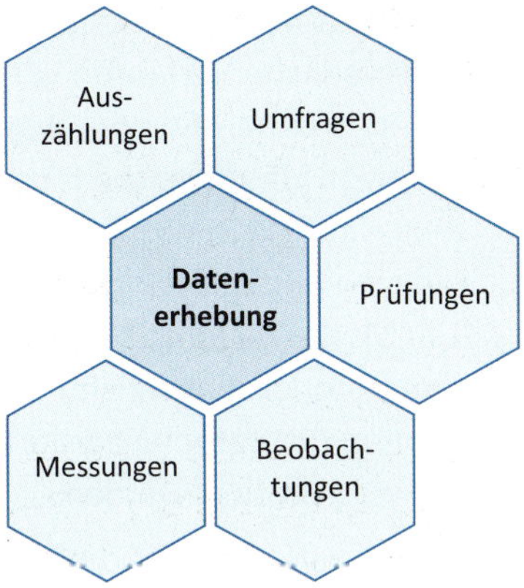

Die erhobenen Daten werden in einer sogenannten **Urliste** erfasst und können unterschiedlich kategorisiert werden. **Querschnittsdaten** ergeben sich z. B. aus einer zu einem bestimmten Zeitpunkt durchgeführten Umfrage unter privaten Personen und/oder Unternehmen. **Zeitreihendaten** werden z. B. durch langfristige Beobachtungen von privaten Personen und/oder Unternehmen erzielt. Werden durch die Datenerhebung Zahlen erfasst, die eine mathematische Bedeutung (Größe, Gewicht, Länge etc.) haben, können diese mit mathematischen Mitteln analysiert werden, weil es sich um **numerische** oder **quantitative Daten** handelt. Werden hingegen Daten erfasst, die nicht mithilfe von Zahlen dargestellt werden können (Geburtsmonat, Geschmack, Geschlecht etc.), also **kategoriale** oder **quantitative Daten**, so werden andere Möglichkeiten zur Datenauswertung verwendet.

2 Patyna - ISBN 978-3-8120-0685-9

3.3 Datenauswertung und -darstellung

Zur Auswertung der erhobenen Daten können unterschiedliche Verfahren verwendet und verschiedene Kenngrößen herangezogen werden: Mithilfe von **Häufigkeiten** (absolute Häufigkeit, relative Häufigkeit, prozentuale Häufigkeit und kumulierte Häufigkeit), **Lagemaßen** (arithmetisches Mittel, Modus, Median) und **Streuungsmaßen** (Varianz, Standardabweichung, Spannweite, Quartil) können die Daten analysiert und im nächsten Schritt interpretiert werden.

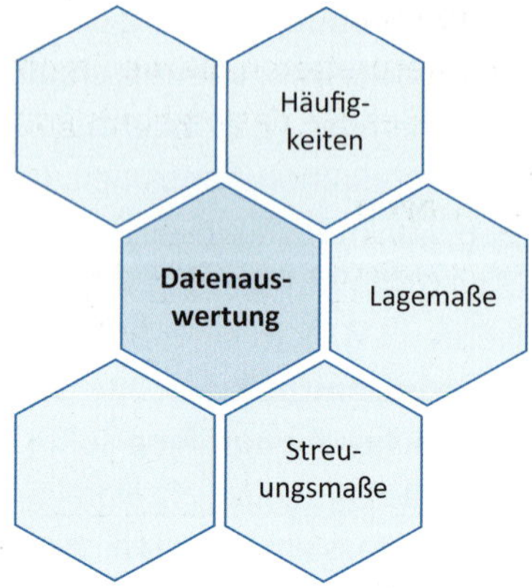

Die Darstellung der gesammelten und ausgewerteten Daten erfolgt durch verschiedene **Grafiken** (Säulendiagramm, Kreisdiagramm, Liniendiagramm, Boxplot usw.). Unterschiedliche Diagramme unterstützen unterschiedliche Analysen und Interpretationen, deshalb müssen sie je nach Ziel, Zielgruppe und Auftraggeber individuell ausgewählt werden.

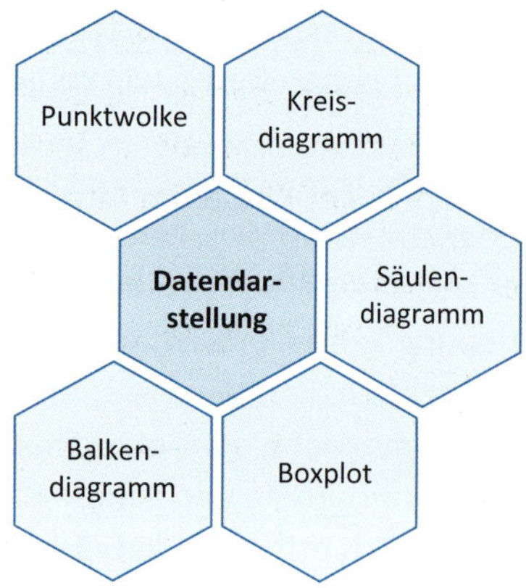

3.3.1 Häufigkeitstabellen

Beispiel 1

In einem Neubaugebiet einer niedersächsischen Kleinstadt werden 30 Haushalte mit kleinen Kindern befragt, um festzustellen, wie viele Kinder im Alter von 3 bis 6 Jahren in diesen Haushalten leben. Die Stadtverwaltung möchte mit dieser Umfrage in Erfahrung bringen, ob sie in diesem Neubaugebiet einen Kindergarten bauen soll.

Frage: Wie viele Kinder im Alter von 3 bis 6 Jahren leben in Ihrem Haushalt?

Antworten zusammengefasst in einer **Urliste**:

1; 2; 0; 3; 1; 2; 1; 3; 4; 1; 1; 2; 3; 1; 0; 2; 0; 2; 2; 3; 3; 1; 2; 1; 1; 1; 0; 2; 3; 0

a) Fassen Sie die Daten der Urliste übersichtlich in einer Tabelle zusammen, aus der hervorgeht, wie häufig welche Kinderzahlen in den befragten Haushalten aufgetreten sind.
b) Interpretieren Sie die Ergebnisse in der Tabelle.
c) Stellen Sie das Ergebnis grafisch in einem Säulendiagramm dar.

Lösungen

a)

Kinderzahl x_i	Haushalte n_i
0	5
1	10
2	8
3	6
4	1
	30

b) Fünf der befragten 30 Haushalte haben keine Kinder im Alter von 3 bis 6 Jahren, zehn der befragten Haushalte haben ein Kind, acht Haushalte haben zwei Kinder in der Altersspanne, in sechs Haushalten leben drei Kinder und in einem Haushalt leben vier Kinder im Alter von 3 bis 6 Jahren.

c) **Anzahl der Kinder im Alter von 3 bis 6 Jahren**

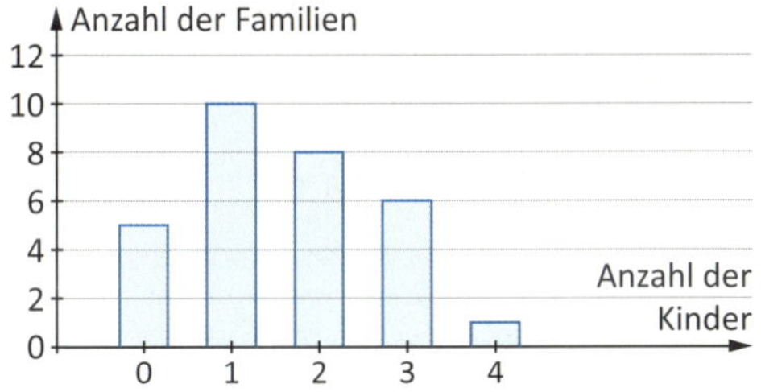

Anhand der Tabelle aus Teilaufgabe a) lässt sich angeben, wie häufig eine bestimmte Kinderzahl in den befragten Haushalten aufgetreten ist; sie wird **Häufigkeitstabelle** genannt. Um eine Häufigkeitstabelle aufzustellen, muss im Vorwege der Merkmalsträger festgelegt werden. Ein **Merkmalsträger** kann eine Person oder Sache sein, die untersucht werden soll. Das Untersuchungskriterium wird **Merkmal** genannt. Bei den meisten Umfragen/Untersuchungen werden verschiedene Antwortmöglichkeiten vorgegeben, dies sind die **Merkmalsausprägungen**, d. h. die Erscheinungsformen des Merkmals. In der ersten Spalte der Häufigkeitstabelle sind die möglichen Merkmalsausprägungen $x_i = \{0; 1; 2; 3; 4\}$ des untersuchten Merkmals „Kinderzahl“ angegeben. Es gibt fünf Merkmalsausprägungen $i = 5$. In der zweiten Spalte werden die **absoluten Häufigkeiten** n_i angegeben, mit denen die einzelnen Merkmalsausprägungen auftreten. Die Summe der absoluten Häufigkeiten ist identisch mit dem **Stichprobenumfang** n, da jede Familie nur eine Antwort geben konnte, gibt der Stichprobenumfang an, wie viele Familien befragt wurden.

Beispiel 2

Die Stadtverwaltung möchte die Umfragedaten weiter auswerten, damit sie die Informationen an die Presse weitergeben kann. Aus diesem Grund möchte sie wissen, mit welchen relativen (prozentualen) Häufigkeiten die unterschiedlichen Kinderzahlen bei der Umfrage aufgetreten sind.

a) Erweitern Sie die Häufigkeitstabelle aus **Beispiel 1** um eine entsprechende Spalte und berechnen Sie die relativen (prozentualen) Häufigkeiten. Erklären Sie dabei den Begriff der relativen Häufigkeit.

b) Interpretieren Sie die Ergebnisse der hinzugefügten Spalte.

c) Erstellen Sie ein Kreisdiagramm, das die relativen (prozentualen) Häufigkeiten der Kinderzahlen in den befragten Haushalten widerspiegelt.

Lösungen

a) Die **relative Häufigkeit** *h* einer Merkmalsausprägung x_i ist der Anteil der jeweiligen absoluten Häufigkeit an der gesamten Stichprobe *n* und ist identisch mit der prozentualen Häufigkeit.

$h(x_i) = \frac{n_i}{n}$

(gelesen: *h* von x_i ist gleich n_i durch *n*)

x_i	n_i	$h(x_i)$
0	5	$\frac{5}{30} = \frac{1}{6}$
1	10	$\frac{10}{30} = \frac{1}{3}$
2	8	$\frac{8}{30} = \frac{4}{15}$
3	6	$\frac{6}{30} = \frac{1}{5}$
4	1	$\frac{1}{30}$
	30	1

Beispiel: Merkmalsausprägung 0

5 von 30 $= \frac{5}{30} = \frac{1}{6} = 0,1\overline{6} = 16,6\,\%$ der Haushalte haben keine Kinder im Alter von 3 bis 6 Jahren.

Die Summe der einzelnen relativen Häufigkeiten beträgt immer 1 bzw. 100 %.

Die größte relative Häufigkeit tritt bei der Merkmalsausprägung 1 auf und liegt bei ca. 0,33. Eins ist damit der **Modalwert** oder Modus (Mod).

b) Ca. 17 % der befragten Haushalte haben keine Kinder im Alter von 3 bis 6 Jahren, ca. 33 % der Befragten geben an, dass ein Kind in ihrem Haushalt lebt, in knapp 27 % der Familien leben zwei Kinder, bei 20 % der Befragten leben drei Kinder im Alter von 3 bis 6 Jahren und nur in 3 % der Fälle leben vier Kinder in diesem Alter in einer Familie.

Beispiel 5

Der zukünftige Träger des Kindergartens hat in seiner Umfrage im Neubaugebiet auch erfragt, welche Höhe der Kindergartengebühren die Familien maximal zahlen würden. Folgende Angaben sind getätigt worden:
170, 165, 130, 120, 75, 140, 100, 80, 90, 85, 165, 160, 135, 125, 70, 90, 105, 80, 95, 85, 165, 160, 130, 120, 70, 140, 105, 85, 95, 85

Stellen Sie die Daten übersichtlich dar, indem Sie die nachfolgenden Aufgaben durchführen:

a) Sortieren Sie die Daten der Urliste aufsteigend vom kleinsten zum größten Wert.

b) Ermitteln Sie anhand der sortierten Urliste den niedrigsten und den höchsten Gebührenwert.
Berechnen Sie die Spannweite der Werte: $x_{max} - x_{min}$ und interpretieren Sie das Ergebnis.

c) Bestimmen Sie mithilfe der folgenden Formel den Median und interpretieren Sie das Ergebnis.
Ist die Anzahl der Urlistenwerte ungerade, dann ergibt sich der Median wie folgt:
$x_{Med} = x_{\frac{n+1}{2}}$
Ist die Anzahl der Urlistenwerte gerade, dann wird der Median nach folgender Formel ermittelt: $x_{Med} = \frac{1}{2}\left(x_{\frac{n}{2}} + x_{\frac{n}{2}+1}\right)$

d) Bestimmen Sie mithilfe der nachfolgenden Definitionen das 1. Quartil und das 3. Quartil:
Die sortierte Urliste wird durch den Median halbiert. Die erste Hälfte dieser Liste wird wiederum durch das erste Quartil Q_1 halbiert, die zweite Hälfte durch das dritte Quartil Q_3.
Berechnen Sie dann den Quartilsabstand: $Q_A = Q_3 - Q_1$ und interpretieren Sie die Ergebnisse.

e) Verdeutlichen Sie alle berechneten und ermittelten Werte in einem Koordinatensystem mit einem passenden Boxplot nach folgendem Muster:

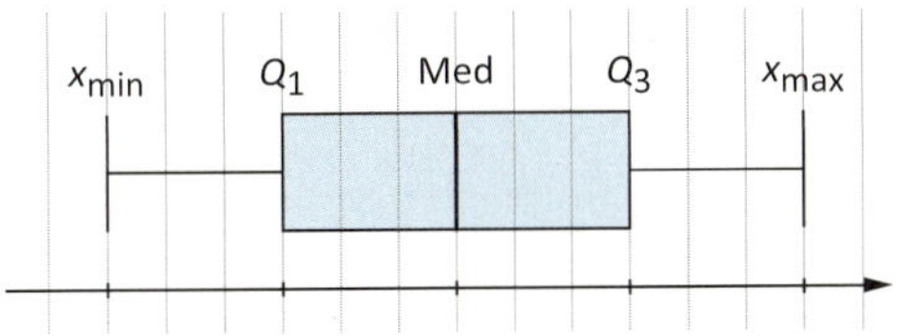

Lösungen

a) Urliste:

170, 165, 130, 120, 75, 140, 100, 80, 90, 85, 165, 160, 135, 125, 70, 90, 105, 80, 95, 85, 165, 160, 130, 120, 70, 140, 105, 85, 95, 85

Sortierte Urliste:

70, 70, 75, 80, 80, 85, 85, 85, 85, 90, 90, 95, 95, 100, 105, 105, 120, 120, 125, 130, 130, 135, 140, 140, 160, 160, 165, 165, 165, 170

Halbierte sortierte Urliste:

[70], 70, 75, 80, 80, 85, 85, [85], 85, 90, 90, 95, 95, 100, 105,

105, 120, 120, 125, 130, 130, 135, [140], 140, 160, 160, 165, 165, 165, [170]

b) Der niedrigste Wert liegt bei $x_{min} = 70$ EUR und der höchste Wert liegt bei $x_{max} = 170$ EUR. Damit beträgt die **Spannweite**: $x_{max} - x_{min} = 170 - 70 = 100$ EUR. Die Schwankung zwischen dem niedrigsten und dem höchsten Wert beträgt 100 EUR.

c) In der Urliste stehen 30 Werte, d. h. eine gerade Anzahl von Daten. Deshalb muss zur Bestimmung des **Medians** folgende Formel verwendet werden:
$x_{Med} = \frac{1}{2}\left(x_{\frac{n}{2}} + x_{\frac{n}{2}+1}\right) = \frac{1}{2}\left(x_{\frac{30}{2}} + x_{\frac{30}{2}+1}\right) = \frac{1}{2}(x_{15} + x_{16}) = 105$ EUR.
Im Durchschnitt sind die Familien bereit, 105 EUR für einen Kindergartenplatz zu zahlen.

d) Die halbe sortierte Urliste besteht aus 15 Daten, also einer ungeraden Anzahl. Deshalb berechnen sich das erste und dritte **Quartil** mit $x_{Med} = x_{\frac{n+1}{2}} = x_{\frac{15+1}{2}} = x_8$
$Q_1 = 85$ und $Q_3 = 140$
Daraus lässt sich der **Quartilsabstand** Q_A berechnen: $Q_A = Q_3 - Q_1 = 140 - 85 = 55$.
Das erste Quartil ist ein Wert, der größer ist als 25 % der Daten: 25 % der Familien gaben an, dass sie weniger als 85 EUR für einen Kindergartenplatz ausgeben würden.
Das dritte Quartil ist ein Wert, der größer ist als 75 % der Daten: 75 % der Familien gaben an, dass sie weniger als 140 EUR für einen Kindergartenplatz ausgeben wollen.
Der Quartilsabstand beschreibt die Intervalllänge der mittleren 50 % der Daten: 50 % der Familien sind bereit, zwischen 85 EUR und 140 EUR für einen Kindergartenplatz zu zahlen.

e) **Boxplot**:

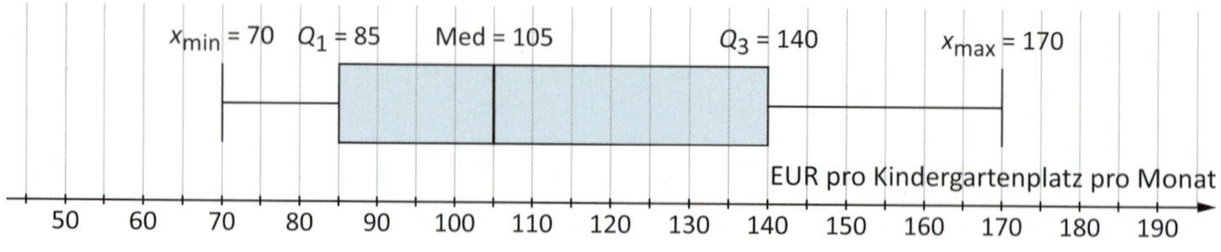

Erläuterungen

Mithilfe von *Lagemaßen* werden Durchschnittswerte ermittelt:
Das **arithmetische Mittel** oder kurz der Mittelwert ist gegen Ausreißer empfindlich, alle Messwerte werden anteilig eingerechnet.
Der **Median** oder auch Zentralwert ist gegen Ausreißer unempfindlich bzw. robust, da er der Wert ist, der in der sortierten Urliste in der Mitte steht, also im Zentrum.
Der **Modus** ist der Wert, der die größte relative Häufigkeit bei der Datenanalyse erzielt.

Die *Streuungsmaße* dienen dazu, die Variabilität der Daten zu verdeutlichen:
Die **Varianz** ist lediglich die zugrunde liegende Größe, um die **Standardabweichung** zu berechnen. Mithilfe der Standardabweichung wird das **Intervall um das arithmetische Mittel** berechnet. In diesem Intervall liegen die meisten Messwerte der Urliste.
Die drei **Quartile** geben unterschiedliche Werte an. Das erste Quartil ist ein Wert, der größer als 25 % der Messwerte ist, das zweite Quartil entspricht dem Median und das dritte Quartil ist ein Wert, der größer als 75 % der Messwerte ist. Auf dieser Grundlage wird der **Quartilsabstand** $Q_3 - Q_1$ berechnet; dieser gibt die Intervalllänge an, in der sich die mittleren 50 % der Messwerte befinden.
Die **Spannweite** berechnet sich aus der Differenz des größten und des kleinsten Messwertes $x_{max} - x_{min}$ und beschreibt die gesamte Variabilität aller Messwerte.

Die Wahl der *Diagrammform* hängt von dem Verwendungszweck, der Zielgruppe und dem gewünschten Aussagegehalt ab. Eine gute Darstellung vermittelt der Zielgruppe die notwendigen Informationen, ohne dass ein Text gelesen werden muss. Die Grafik ist selbsterklärend. Alle Grafiken erhalten eine sinnvolle Überschrift, eine Legende sowie ein Koordinatenkreuz mit Einheiten und Beschriftungen der Achsen. Um die Aussagekraft zu erhöhen, können Gitternetzlinien integriert und unterschiedliche Farben zur Gestaltung verwendet werden. Außerdem können die berechneten Werte integriert werden.

Säulen- und Balkendiagramm

Beide Diagramme eignen sich gut, um absolute Häufigkeiten zu veranschaulichen. Beim Säulendiagramm werden diese auf der Ordinatenachse abgetragen, beim Balkendiagramm auf der Abszissenachse.

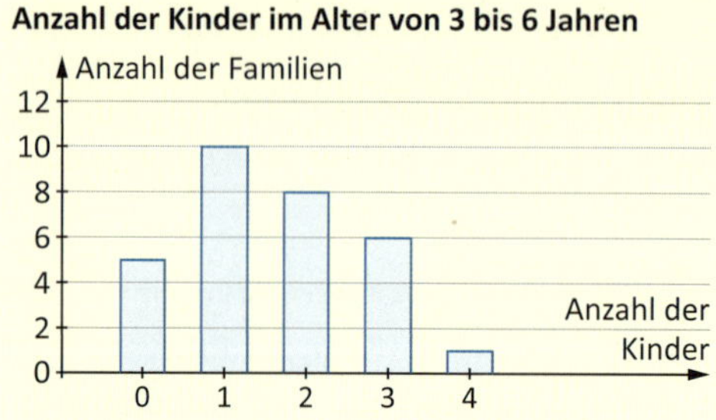

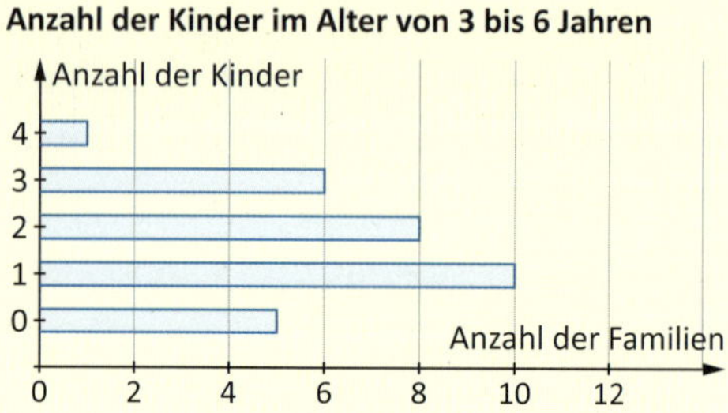

Kreisdiagramm

Das Kreisdiagramm eignet sich gut für die Darstellung von relativen (prozentualen) Häufigkeiten. Zum besseren Verständnis sollte das Diagramm durch eine Legende ergänzt werden.

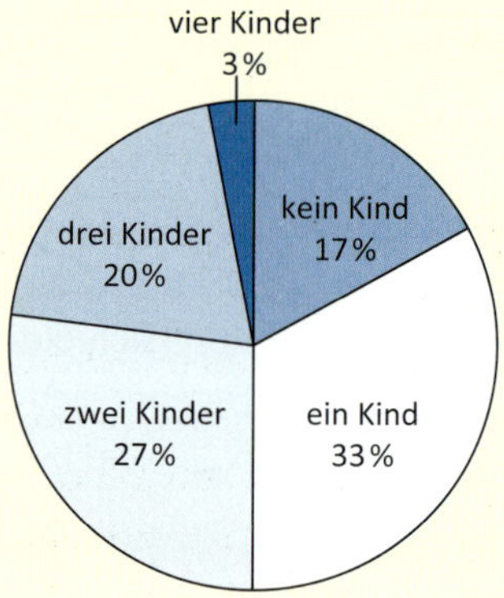

Linien- oder Punktdiagramm

Das Punktdiagramm eignet sich zur Darstellung von diskreten Werten. Mathematisch ist es nicht sinnvoll, diese Punkte mithilfe von Linien zu verbinden. Oftmals wird dies aber gemacht, um einen Trend zu verdeutlichen und damit die Aussagekraft der Grafik zu erhöhen.

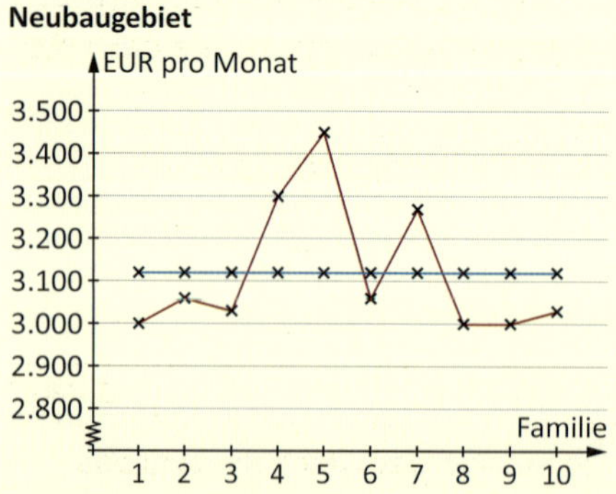

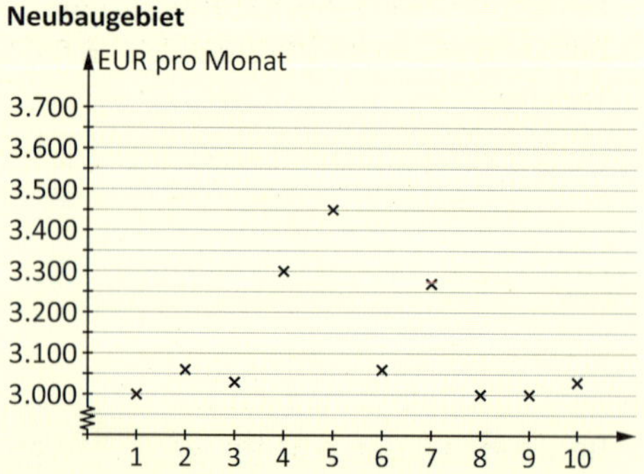

Das Liniendiagramm eignet sich gut für die Darstellung von stetigen Werten oder um Entwicklungen darzustellen, z. B. die Entwicklung von Bilanzkennzahlen über eine bestimmte Zeit.

Boxplot

Mithilfe dieser Grafik werden die Werte x_{min}, Q_1, Med, Q_3 und x_{max} dargestellt. Außerdem werden die Spannweite $x_{max} - x_{min}$ und der Quartilsabstand $Q_A = Q_3 - Q_1$ deutlich.

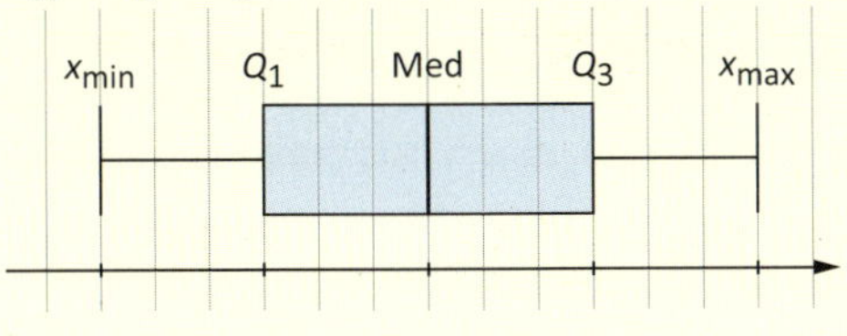

3.3.3 Klassenbildung

Beispiel 6

Der zukünftige Träger des Kindergartens benötigt für die Kalkulation der Gebühren weitere Informationen. Kindergartengebühren richten sich nach dem persönlichen Einkommen (laut Steuererklärung), der Zeit, in der das Kind den Kindergarten besucht, ob es dort am Essen teilnimmt, ob es zum Frühdienst kommt oder zum Spätdienst bleibt und ob Geschwister in einen Kindergarten gehen. Die Umfrage wird in einem Vergleichskindergarten durchgeführt, dafür werden 35 Familien mit Kindern in der Vormittagsgruppe ohne Mittagessen nach der Höhe ihrer Gebühren in EUR befragt.

Sortierte Urliste: 80, 82, 84, 85, 86, 88, 88, 90, 92, 94, 95, 96, 96, 98, 98, 100, 101, 101, 102, 104, 105, 106, 108, 110, 110, 110, 112, 112, 114, 116, 116, 118, 119, 120, 120

a) Werten Sie diese Antworten mithilfe der nachfolgenden Häufigkeitstabelle aus. Bilden Sie dazu im Vorwege fünf gleich große Klassen und ergänzen Sie dann die Tabelle.

x_i^u	x_i^o	x_i^*	n_i	$h(x_i)$	$x_i^* \cdot n_i$	$(x_i^* - \bar{x})^2 \cdot n_i$	
				1			SUMME

Berechnen Sie den Mittelwert, die Varianz, die Standardabweichung und das Streuungsintervall.

b) Erstellen Sie für diese Auswertung eine passende Grafik.

c) Interpretieren Sie die berechneten Werte aus Sicht
- der Befürworter niedriger Kindergartengebühren
- der Befürworter hoher Kindergartengebühren.

Lösungen

a) Da sehr viele unterschiedliche Beträge für die Kindergartengebühren genannt wurden, bietet sich zur Vereinfachung eine sog. **Klassenbildung** an: x_i^u stellt dabei die **untere Grenze** der Klasse dar und x_i^o die **obere Grenze**. Da die Klasseneinteilung in fünf gleich große Klassen erfolgen soll, muss das gesamte Intervall von 80 EUR bis 120 EUR gleichmäßig aufgeteilt werden, d. h., die Klassenbreite beträgt $\frac{x_{max} - x_{min}}{5} = \frac{120 - 80}{5} = 8$ EUR. Die Klassenmitte der einzelnen Intervalle wird mithilfe der Formel $x_i^* = \frac{x_i^u + x_i^o}{2}$ bestimmt.

x_i^u	x_i^o	x_i^*	n_i	$h(x_i)$	$x_i^* \cdot n_i$	$(x_i^* - \bar{x})^2 \cdot n_i$	
ab 80	unter 88	84	5	0,1429	420	1.630,04	
ab 88	unter 96	92	6	0,1714	552	607,22	
ab 96	unter 104	100	8	0,2286	800	33,95	
ab 104	unter 112	108	7	0,2	756	246,99	
ab 112	bis inkl. 120	116	9	0,2571	1.044	1.748,91	
			35	1	3.572	4.267,11	SUMME

Mittelwert: $\bar{x} = \frac{x_1^* \cdot n_1 + x_2^* \cdot n_2 + x_3^* \cdot n_3 + x_4^* \cdot n_4 + x_5^* \cdot n_5}{35} = \frac{3.572}{35} \approx 102,06$

Varianz: $\sigma^2 = \frac{(x_1^* - \bar{x})^2 \cdot n_1 + (x_2^* - \bar{x})^2 \cdot n_2 + ... + (x_5^* - \bar{x})^2 \cdot n_5}{n} = \frac{4.267,11}{35} \approx 121,92$

Standardabweichung: $\sigma = \sqrt{\sigma^2} = \sqrt{121,92} \approx 11,04$

Intervall: $[\bar{x} - \sigma; \bar{x} + \sigma] = [91,02; 113,10]$

b) Histogramm

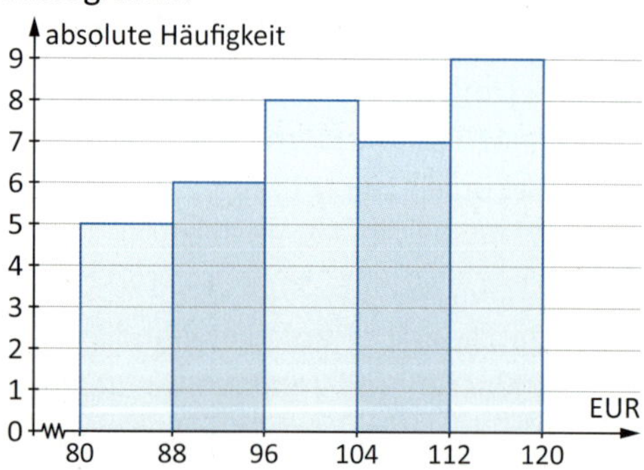

c) Interpretation aus Sicht

- der Befürworter niedriger Kindergartengebühren:
  Das Streuungsintervall zeigt, dass die Mehrheit der Familien in dem Vergleichskindergarten Gebühren zwischen 91 EUR und 113 EUR bezahlt. Im Durchschnitt zahlen die Familien 102 EUR.
- der Befürworter hoher Kindergartengebühren:
  Der Modalwert liegt bei 116 EUR bzw. in dem Intervall von 112 EUR bis 120 EUR, d. h., dass die meisten Familien hohe Gebühren bezahlen.

Ein **Histogramm** eignet sich zur Darstellung von klassierten Daten. Werden diese Daten in gleich breite Intervalle eingeteilt, dann besteht das Histogramm aus gleich breiten rechteckigen Flächenstücken, die direkt aneinandergrenzen. In diesem Fall kann auf der Ordinatenachse die absolute oder die relative Häufigkeit abgetragen werden. Bei einem Histogramm sind die Flächengrößen proportional zur Häufigkeit:
$h_i = Flächenhöhe \cdot Klassenbreite$ oder $n_i = Flächenhöhe \cdot Klassenbreite$. Werden die Daten in nicht gleich breite Intervalle eingeteilt, dann kann die Höhe der Fläche durch Umstellen der Formel ermittelt werden.

Erläuterungen

Wenn ein Merkmal unendliche viele Merkmalsausprägungen besitzt und die einzelnen Merkmalsausprägungen bei der Erhebung selten oder sogar nur einmal auftreten, ist es sinnvoll, zur Auswertung dieser Daten **Klasseneinteilungen** vorzunehmen. Sinnvollerweise werden diese Klassen betragsmäßig gleich groß gewählt. Bei der Klasseneinteilung muss darauf geachtet werden, dass das Klassenende der ersten Klasse und der Klassenanfang der zweiten Klasse übereinstimmen, aber dieser Wert nur in einer Klasse enthalten ist:

$a \leq x_1^* < b$ $\quad$ $b \leq x_2^* < c$ $\quad$ $c \leq x_3^* < d$ $\quad$ usw.

Die Klassenmitte berechnet sich wie folgt: $x_i^* = \frac{x_i^u + x_i^o}{2}$.

Histogramm

Das Histogramm eignet sich für die Darstellung von klassifizierten Verteilungen. Die Klassifizierung kann in gleich breiten oder ungleich breiten Klassen/Intervallen erfolgen.

gleich breite Klassen

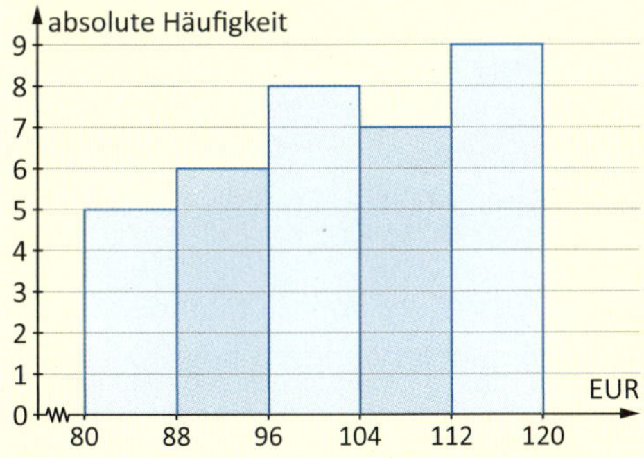

nicht gleich breite Klassen

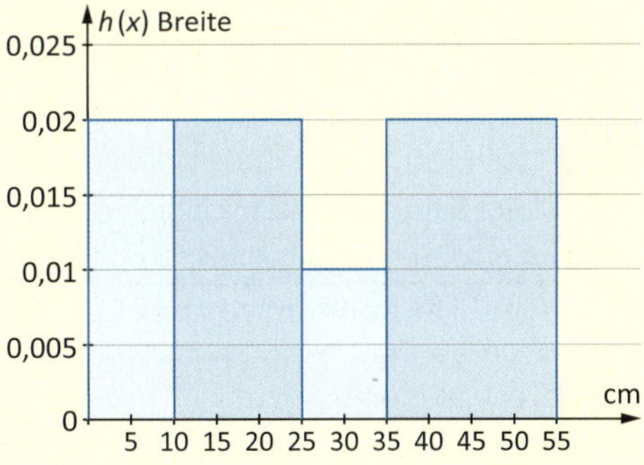

In einem Histogramm ist die Proportionalität von Fläche und Häufigkeit gegeben:

h_i = Flächenhöhe · Klassenbreite oder
n_i = Flächenhöhe · Klassenbreite

$\text{Flächenhöhe} = \frac{h_i}{\text{Klassenbreite}}$ oder

$\text{Flächenhöhe} = \frac{n_i}{\text{Klassenbreite}}$

Intervall	$h_i(x)$	Flächenhöhe
(0, 10]	0,2	$\frac{0,2}{10} = 0,02$
(10, 25]	0,3	$\frac{0,3}{15} = 0,02$
(25, 35]	0,1	$\frac{0,1}{10} = 0,01$
(35, 55]	0,4	$\frac{0,4}{20} = 0,02$

3.4 Dateninterpretation

3.4.1 Einfluss der Darstellungsart auf die Dateninterpretation

Beispiel 7

Am 27.01.2016 erschien bei *Spiegel Online* ein Artikel zum Thema „Was wurde aus dem Glühbirnen-Verbot?". Seit 2012 sind die Glühlampen aus deutschen Läden verbannt.
Die beiden Grafiken zeigen, wie viele Stunden ein Verbraucher in Betrieb sein muss, um eine Kilowattstunde Strom zu verbrauchen. Die beiden Darstellungen hätten 2008 von der EU und den Glühlampen-Herstellern bei der Debatte um das Glühlampen-Verbot verwendet werden können.

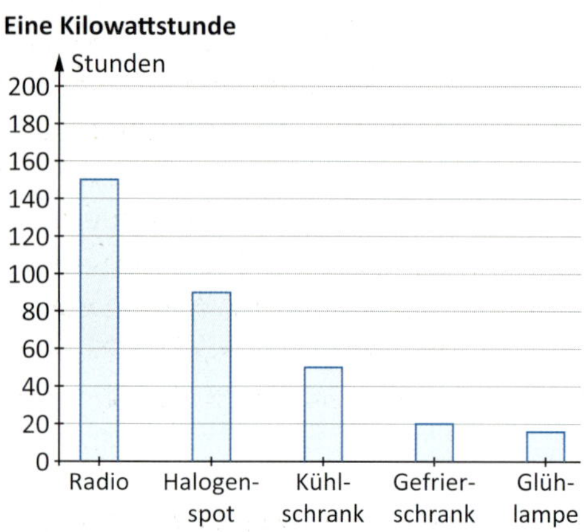

Grafik 1

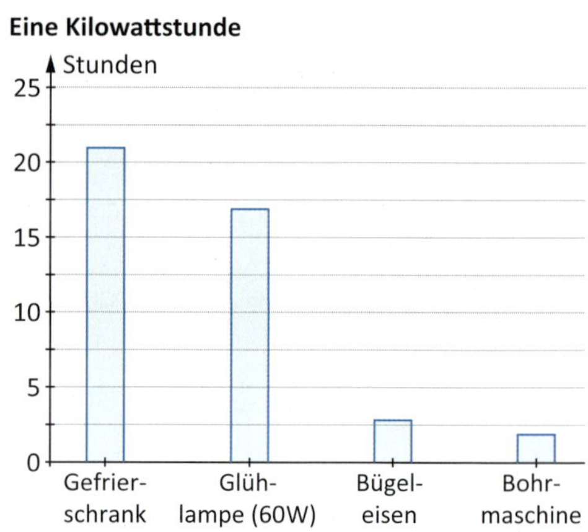

Grafik 2

a) Formulieren Sie die Kernaussagen der beiden Grafiken.
b) Beschreiben Sie, wodurch sich die beiden Grafiken unterscheiden und welche Wirkung dadurch erzielt wird.
c) Die Grafiken könnten von der EU und von den Herstellern von Glühlampen verwendet werden. Ordnen Sie die beiden Grafiken den Verwendern begründet zu.

Lösungen

a) **Grafik 1**: Wenn ein Radio 150 Stunden in Betrieb ist, dann wird eine Kilowattstunde Strom verbraucht, ein Halogenspot (10 W) kann 90 Stunden in Betrieb sein, ein Kühlschrank 50 Stunden, ein Gefrierschrank 21 Stunden und eine Glühlampe (60 W) nur 17 Stunden.
Grafik 2: Um eine Kilowattstunde Strom zu verbrauchen, kann ein Gefrierschrank 21 Stunden, eine Glühlampe 17 Stunden, ein Bügeleisen 3 Stunden und eine Bohrmaschine 1,5 Stunden in Betrieb sein.

b) Die beiden Grafiken unterscheiden sich zum einen durch die Skalierung der Ordinatenachse und zum anderen dadurch, dass auf der Abszissenachse unterschiedliche Verbraucher abgetragen wurden. Nur der Gefrierschrank und die Glühlampe erscheinen in beiden Grafiken.

c) Dadurch, dass die Ordinatenachsen unterschiedlich skaliert wurden, erscheint die Glühlampe in der ersten Grafik als „Energiefresser", denn im Vergleich mit einem Kühlschrank kann die Glühlampe nur ein Drittel der Zeit in Betrieb sein, um eine Kilowattstunde zu verbrauchen. In der zweiten Grafik jedoch erscheint die Glühlampe als sparsam, weil sie fünfmal so lange wie ein Bügeleisen in Betrieb sein kann, um eine Kilowattstunde zu verbrauchen. Die Messwerte für die Glühlampe unterscheiden sich aber nicht!
Mithilfe dieser beiden Variationsmöglichkeiten kann der Ersteller der Grafik und/oder der Verwender der Grafik unterschiedliche Interpretationen beim Leser hervorrufen. Auf diese Weise können Manipulationen erzielt werden, d. h., die Meinungsbildung des Lesers kann beeinflusst werden.
Die EU hätte sich wahrscheinlich für die erste Grafik entschieden, um deutlich zu machen, dass in Zukunft keine Glühlampen mehr produziert werden dürfen, sondern dass die Hersteller vollständig auf die Produktion von Energiesparlampen umstellen müssen.
Die Hersteller hätten als Gegenargument die zweite Grafik benutzt, um aufzuzeigen, dass die Glühlampe weiter produziert und verkauft werden soll, weil sie im Vergleich mit anderen Stromverbrauchern sparsam ist.

3.4.2 Einfluss der Berechnungsart auf die Dateninterpretation

Beispiel 8

In einer niedersächsischen Stadt wird im Einkaufszentrum die Anzahl der Ladendiebstähle pro Monat analysiert. Die Aussagen der Geschäftsinhaber sind in der Tabelle zusammengefasst:

Anzahl der Diebstähle pro Monat	6	7	8	9	12	15
Anzahl der Läden	16	2	3	2	5	2

a) Berechnen Sie jeweils das arithmetische Mittel, den Modus und den Median.
b) Begründen Sie, welchen Mittelwert der zuständige Sicherheitsdienst veröffentlichen wird.
c) Erläutern Sie, welche Personengruppe ggf. einen anderen Wert veröffentlichen würde.

Lösungen

a) Arithmetisches Mittel: $\overline{x} = \frac{6 \cdot 16 + 2 \cdot 7 + 3 \cdot 8 + 2 \cdot 9 + 5 \cdot 12 + 2 \cdot 15}{30} \approx 8{,}07$

Modus: 6, Merkmalsausprägung mit der größten relativen Häufigkeit

Median: $x_{Med} = \frac{x_{15} + x_{16}}{2} = 6$

Diese sehr unterschiedliche Anzahl kommt dadurch zustande, dass der Median unabhängig von den sehr hohen Werten berechnet wird, das arithmetische Mittel aber alle Werte berücksichtigt.

b) Je nachdem, wer die Umfrage in Auftrag gegeben hat, wird zur Interpretation nun entweder der Median oder das arithmetische Mittel verwendet. Der Sicherheitsdienst des Einkaufszentrums wird sicherlich den Median oder den Modus verwenden, da dort die Anzahl der Ladendiebstähle gering ist. Auf diese Weise wird nachgewiesen, dass der Sicherheitsdienst angemessen funktioniert.

c) Sollte das Einkaufszentrum daran interessiert sein, den Sicherheitsdienst zu wechseln, werden die Geschäftsführer sicherlich das arithmetische Mittel verwenden. So können sie nachweisen, dass der Sicherheitsdienst keine gute Arbeit leistet, und den Anbieter wechseln.

Beispiel 9

Um eine endgültige Entscheidung für oder gegen einen neuen Sicherheitsdienst zu treffen, soll die Anzahl der Ladendiebstähle in dem Einkaufzentrum weiter untersucht werden.

a) Berechnen Sie das Intervall um das arithmetische Mittel, die Spannweite und den Quartilsabstand.
b) Interpretieren Sie die Werte im Sinne der Aufgabenstellung.

Lösungen

a) Das Intervall um das arithmetische Mittel
$[\overline{x} - \sigma;\ \overline{x} + \sigma] = [8{,}07 - 2{,}86;\ 8{,}07 + 2{,}86] = [5{,}21;\ 10{,}93]$ zeigt, dass die Anzahl der Ladendiebstähle zwischen fünf und elf Diebstählen schwankt.
Die Spannweite $x_{max} - x_{min} = 15 - 6 = 9$ gibt an, dass die Anzahl der Diebstähle zwischen sechs und 15 schwankt und damit um neun Diebstähle pro Monat.
Der Quartilsabstand $Q_3 - Q_1 = 9 - 6 = 3$ gibt an, dass die Anzahl der Diebstähle zwischen sechs und neun schwankt und damit um drei Diebstähle pro Monat.

b) Möchte die Geschäftsleitung den Sicherheitsdienst wechseln, dann sollte sie entweder das Intervall um das arithmetische Mittel oder die Spannweite als Argumentationshilfe heranziehen. Beide Werte verdeutlichen die große Anzahl der Ladendiebstähle pro Woche.
Möchte die Geschäftsleitung den Sicherheitsdienst nicht wechseln, sollte sie sich den Quartilsabstand als Argumentation zurechtlegen, um damit die gute Arbeit des jetzigen Sicherheitsdienstes hervorzuheben. Dieser Wert betont die geringe Schwankungsbreite und zeigt nicht auf, dass sehr viele Diebstähle vorkommen.

Erläuterungen

Die **Wahl des jeweiligen Diagrammtyps** hängt davon ab, welche Werte verdeutlicht werden sollen (absolute oder prozentuale Häufigkeiten).

Die **Art der Skalierung** der Achsen oder Felder der Diagramme hängt davon ab, welche Wirkung die Grafik beim Leser erzielen soll und in welchem Verhältnis die einzelnen abgetragenen Rubriken zueinander stehen sollen. Je größer die Skalierung der Ordinatenachse, desto niedriger ist die Aussagekraft. Je weniger Vergleichsmerkmale abgetragen werden, desto manipulativer ist die Grafik.

Eine Kilowattstunde

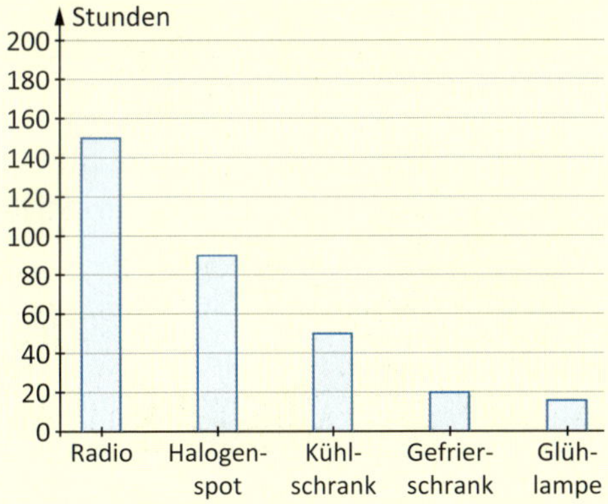

Eine Kilowattstunde

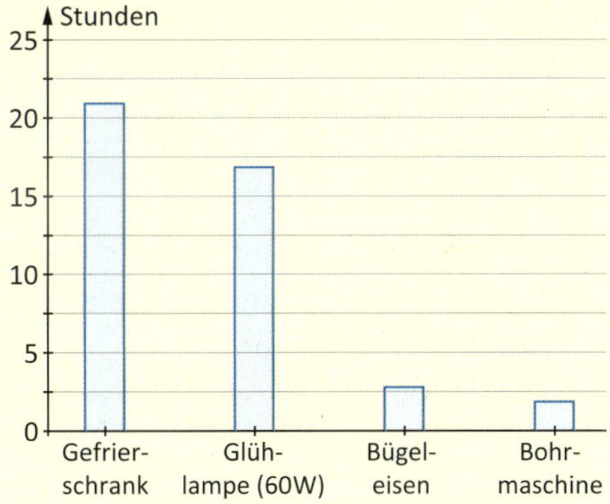

Die **Wahl der Berechnungsart** hängt davon ab, welche Ergebnisse für die Argumentation benötigt werden, also davon, welche Zielsetzung man verfolgt.

3.5 Übungsaufgaben zur beschreibenden Statistik

1 Es werden 300 Anwohner einer Straße nach ihrer Meinung zur Verkehrsberuhigung in ihrem Wohngebiet befragt:

Meinung	**Vor** der neuen Verkehrsberuhigung	**Nach** der neuen Verkehrsberuhigung
Sehr gut	8 %	13 %
Gut	36 %	41 %
Keine Angaben	27 %	19 %
Schlecht	26 %	24 %
Sehr schlecht	3 %	3 %

a) Berechnen Sie die absoluten Häufigkeiten für die einzelnen Meinungsangaben.
b) Zeichnen Sie ein Diagramm, das die Meinungsänderung der Anwohner darstellt und interpretieren Sie die Ergebnisse.

2 Es werden jeweils 500 Wahlberechtigte in zwei niedersächsischen Kleinstädten befragt, welche Partei sie bei der nächsten Bürgermeisterwahl wählen würden. Die Tabelle gibt die Auswertung der Antworten an:

	SPD	CDU	Grüne	FDP	Sonstige
Stadt 1	$\frac{179}{500}$	$\frac{123}{500}$	$\frac{79}{500}$	$\frac{68}{500}$	$\frac{51}{500}$
Stadt 2	$\frac{134}{500}$	$\frac{181}{500}$	$\frac{85}{500}$	$\frac{66}{500}$	$\frac{34}{500}$

Geben Sie den Merkmalsträger, die Merkmalsausprägungen und die Größe des Stichprobenumfangs an.
Zeichnen Sie eine Grafik als Gesamtauswertung der Umfrage, geben Sie jeweils die prozentuale Häufigkeit an.

3 Die Vereinigung der Krankenkassen in Niedersachsen hat eine Umfrage durchgeführt, um zu erfahren, wann die Deutschen mit dem Rauchen beginnen, um eine Präventionsmaßnahme zielgerichtet durchzuführen:

Alter in Jahren	jünger als 16	16 bis 18	19 bis 25	älter als 25
Anzahl	60	240	160	40

Geben Sie den Merkmalsträger, die Merkmalsausprägungen und die Größe des Stichprobenumfangs an.
Berechnen Sie die relative (prozentuale) Häufigkeit.
Zeichnen Sie eine passende Grafik und werten Sie die Ergebnisse schriftlich aus und entscheiden Sie, auf welche Altersgruppe die Präventionsmaßnahme ausgerichtet sein soll.

4 Die Grafik zeigt die meistgekauften Gemüsearten in Deutschland.

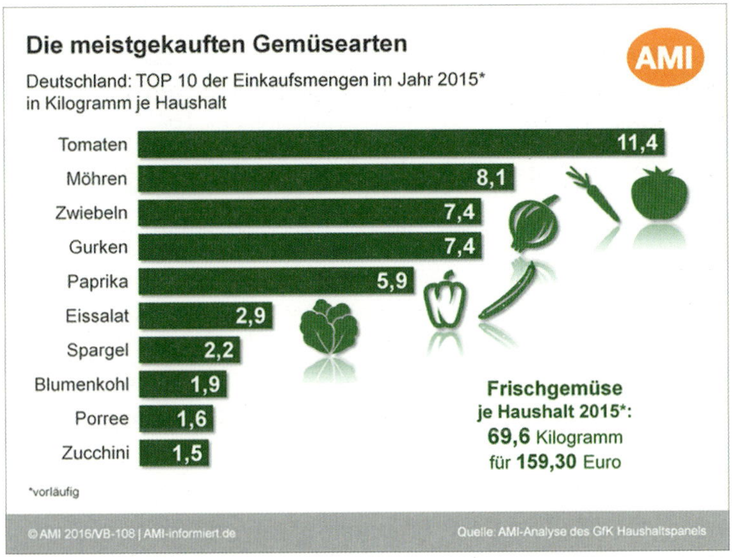

Quelle: https://www.ami-informiert.de/ami-themen/ami-themen/themen-single-ansicht/article/frisches-obst-und-gemuese-hoeherwertige-artikel-auf-dem-vormarsch.html

a) Erstellen Sie eine zugehörige Häufigkeitstabelle mit einer Spalte für die absolute Häufigkeit und einer Spalte für die relative Häufigkeit.

b) Erstellen Sie eine alternative Grafik, in der nicht die absoluten Häufigkeiten verwendet werden.

5 Jedes Jahr am 26. September wird der Europäische Tag der Sprache gefeiert. Die nebenstehende Grafik ist aus Daten entstanden, die 2016 erhoben und in diesem Rahmen 2016 veröffentlicht wurden:

Quelle: http://www.weltsprachen.net/

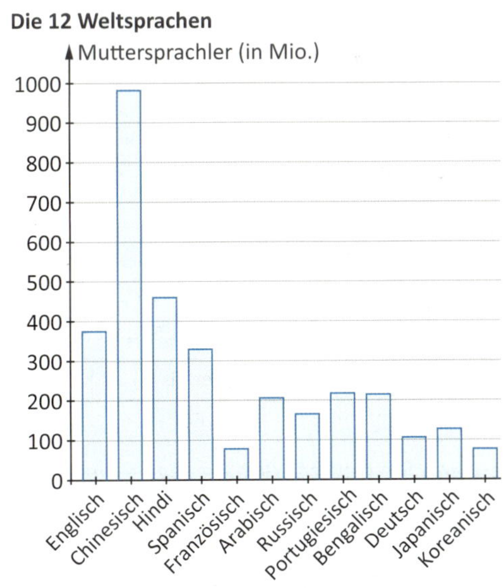

a) Beschreiben Sie diese Grafik in sechs Sätzen unter Verwendung des Fachvokabulars.

b) Erstellen Sie eine alternative Grafik.

6 Die Schulden des öffentlichen Gesamthaushaltes in Deutschland werden regelmäßig veröffentlicht. Die Tabelle ist ein Auszug aus der Veröffentlichung und zeigt die Umrechnung des Schuldenstandes der Finanzstatistik in den Schuldenstand nach dem Maastricht-Vertrag:

	2013	2014	2015
Schulden im nicht öffentlichen Bereich	2.043,344 Mrd. EUR	2.043,918 Mrd. EUR	2.020,704 Mrd. EUR
Schuldenstand nach dem Maastricht-Vertrag	2.189,775 Mrd. EUR	2.189,564 Mrd. EUR	2.158,813 Mrd. EUR

Quelle: © Statistisches Bundesamt (Destatis), 2017, „Finanzen und Steuern – Verschuldung des Öffentlichen Gesamthaushaltes", Seite 13.

Stellen Sie die Entwicklung der Schulden grafisch dar und berechnen Sie jeweils die durchschnittliche Verschuldung.

7 Die Personalabteilung des Unternehmens *Clean* untersucht die Arbeitsbelastung ihres Reinigungsteams, das ausschließlich bei Großveranstaltungen eingesetzt wird. Die Tabelle enthält die Daten aus dem letzten Jahr:

Einsätze	0	1	2	3	4	5
Tage	90	75	96	14	65	25

Erstellen Sie eine Häufigkeitstabelle.
Berechnen Sie den Mittelwert, die Varianz und die Standardabweichung.
Erstellen Sie eine passende Grafik.
Schreiben Sie die Stellungnahme der Personalabteilung für den Geschäftsführer von *Clean* und zeigen Sie auf, ob die Arbeitsbelastung zu hoch ist und ein zusätzliches Team eingestellt werden muss oder ob die Arbeitsbelastung angemessen ist.

8 Nach der Landtagswahl in Niedersachsen 2017 wurden folgende Zahlen veröffentlicht:

Partei	1994	1998	2003	2008	2013	2017
SPD	44,3	47,9	33,4	30,3	32,6	36,9
CDU	36,4	35,9	48,3	42,5	36	33,6
Grüne	7,4	7,0	7,6	8,0	13,7	8,7
FDP	4,4	4,9	8,1	8,2	9,9	7,5
AfD	/	/	/	/	/	6,2
Sonstige	7,5	4,3	2,6	11,0	7,8	7,0

Quelle: http://www.wahlrecht.de/ergebnisse/niedersachsen.htm

a) Stellen Sie diese Tabelle grafisch als Liniendiagramm dar.
b) Ermitteln Sie die Sitzverteilung für 2017 unter der Voraussetzung, dass 110 Sitze im Landtag zu vergeben sind. Stellen Sie die Sitzverteilung grafisch dar.

9 Die Wetterstation einer deutschen Großstadt hat folgende Niederschlagshöhen für das Jahr 2017 festgestellt:

Monat	Januar	Februar	März	April	Mai	Juni
Summe der Niederschlagshöhe in mm	88,0	62,8	64,9	7,7	170,7	44,3

Monat	Juli	August	September	Oktober	November	Dezember
Summe der Niederschlagshöhe in mm	85,9	86,6	101,7	49,1	89,3	58,1

Berechnen Sie den Median, das 1. und das 3. Quartil.
Bestimmen Sie ebenfalls die Spannweite und den Quartilsabstand.
Zeichnen Sie den zugehörigen Boxplot.
Schreiben Sie einen kurzen Bericht für die örtliche Touristeninformation, in den Sie alle berechneten Werte einbringen und interpretieren.

10 Der Frisör im City Center einer Kleinstadt hat seine Kunden befragt, wie oft sie pro Jahr zum Frisör gehen. Der Inhaber will mithilfe dieser Daten feststellen, ob ein zusätzlicher Mitarbeiter eingestellt werden muss. Die Grafik zeigt das Umfrageergebnis von 20 Kunden.

Anzahl der Frisörtermine pro Person und Jahr

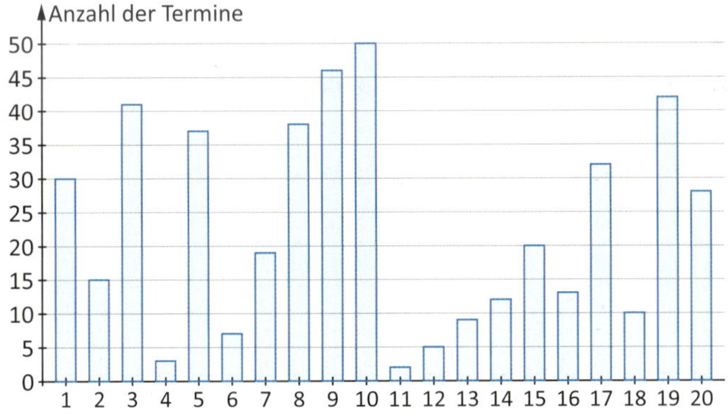

a) Erstellen Sie die zugehörige Häufigkeitstabelle.
b) Bestimmen Sie das arithmetische Mittel, das Intervall um das arithmetische Mittel, die Spannweite, den Median und den Quartilsabstand. Vergleichen Sie diese Werte.
Zeichnen Sie den zugehörigen Boxplot.
c) Ein neuer Mitarbeiter soll eingestellt werden, wenn die Kunden im Durchschnitt pro Jahr 20 Mal zum Frisör gehen. Zwei neue Mitarbeiter sollen eingestellt werden, wenn die Kunden öfter als 40 Mal kommen.
Entscheiden Sie, ob und wenn ja, wie viele neue Mitarbeiter eingestellt werden sollen.

11 Ein Großunternehmen stellt Schrauben für die Baubranche her. Da in diesem Bereich eine hohe Sicherheit gewährleistet sein muss, wird die Qualitätskontrolle regelmäßig durchgeführt. Bei dieser Kontrolle werden die Länge und der Durchmesser der jeweiligen Schrauben geprüft. Die Auswertungen erfolgen mithilfe zweier Boxplots:

Prüfung 1: Länge der Holzbauschrauben (gelb verzinkt 8 × 100, Senkkopf, Teilgewinde)

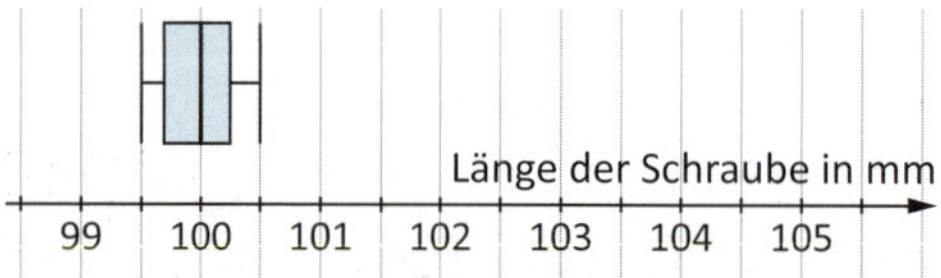

Prüfung 2: Durchmesser der Holzbauschraube (gelb verzinkt 8 × 100, Senkkopf, Teilgewinde)

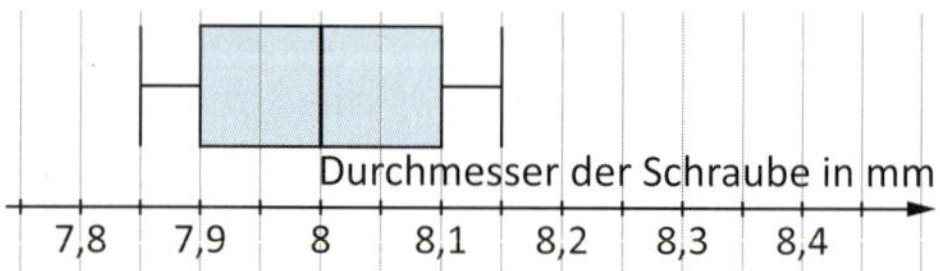

a) Bestimmen Sie die Spannweite und den Quartilsabstand.
b) Schreiben Sie einen Prüfbericht für die Marketingabteilung, damit diese den Bericht den Verkaufsunterlagen beilegen kann. Gehen Sie dabei auf die Besonderheiten der beiden Boxplots ein.

12 Das Statistische Bundesamt hat folgende Zahlen für Niedersachsen für die Jahre 2005 bis 2015 herausgegeben:

	Geburten männlich	Geburten weiblich	Geburten gesamt
2005	34 281	32 712	66 993
2006	33 656	31 671	65 327
2007	33 689	31 637	65 326
2008	33 209	31 678	64 887
2009	32 075	30 153	62 228
2010	32 469	30 661	63 130
2011	31 440	29 840	61 280
2012	31 562	29 916	61 478
2013	32 179	30 700	62 879
2014	34 277	32 129	66 406
2015	34 710	32 473	67 183

Quelle: https://www-genesis.destatis.de/genesis/online;jsessionid=C0F4EB29C9DD50F605BC86C5F992C6D1.tomcat_GO_1_1?operation=previous&levelindex=2&levelid=1513784382331&step=2

a) Berechnen Sie für die Jahre 2010 bis 2015 den prozentualen Anteil der Jungen und Mädchen an der Gesamtzahl der Geburten.
Stellen Sie diese Werte in einer geeigneten Grafik dar.
b) Stellen Sie die Geburtenentwicklung grafisch dar.
c) Stellen Sie die „Geburten gesamt" als Boxplot dar.

Aufgabe 2 (ohne Hilfsmittel)

Die örtliche Volkshochschule überlegt für das nächste Semester einige neue Medienkurse für Jugendliche anzubieten. Als Entscheidungsgrundlage soll u. a. die unten abgebildete Umfrage dienen. Die Grafik gibt Auskunft über die Mediennutzung Jugendlicher in Deutschland.

Medienbeschäftigung in der Freizeit 2015
täglich/mehrmals pro Woche

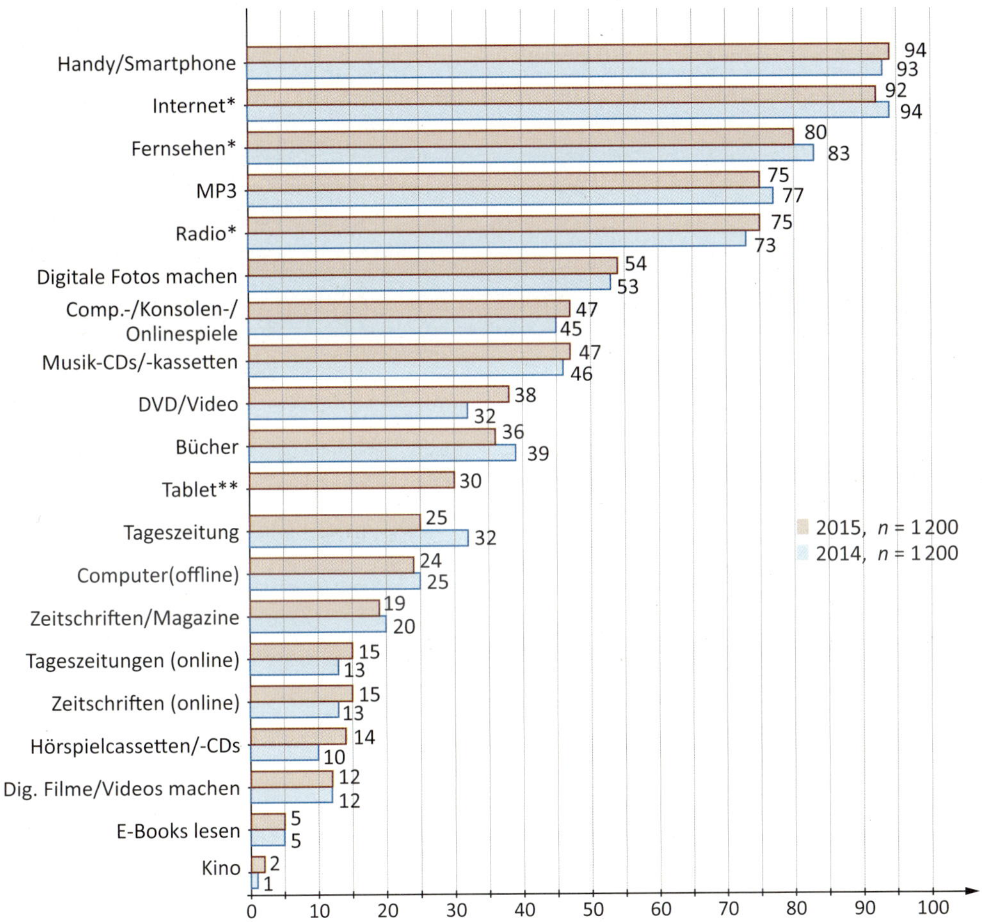

Quelle: Juli 2015, Juli 2014, Angaben in Prozent, *egal über welchen Verbreitungsweg, **2015 erstmals abgefragt Basis: alle Befragten

Quelle: http://socialmedia-institute.com/jim-studie-2015-jugendliche-digitalen-zeitalter/

a) Anhand dieser Grafik sollen drei Volkshochschulkurse ausgewählt werden, die im nächsten Semester angeboten werden sollen.
Beschreiben Sie drei Aussagen, die Sie aus der Grafik für das Jahr 2014 und 2015 ablesen können und die als Entscheidungsgrundlage dienen können.

b) Begründen Sie, warum die Auswertung nicht mithilfe eines Kreisdiagrammes darstellt werden könnte.

Aufgabe 3 (mit Hilfsmitteln)

Für den Artikel „Kaffeekonsum in Deutschland" soll die nachfolgende Tabelle „Durchschnittliche Ausgaben für Röstkaffee pro Kopf und Jahr in EURO" ausgewertet werden. Der Journalist bereitet die Angaben von 2012 für den Bericht in einer hannoverschen Wochenzeitung auf; dafür erstellt er eine Häufigkeitstabelle für klassifizierte Daten.

Luxemburg	Österreich	Dänemark	Finnland	Italien	Norwegen
260,5	103,3	79,3	78,8	65,9	64,1

Schweden	Zypern	Belgien	Deutschland	Tschechien	Portugal
52,0	43,2	42,1	42,1	37,9	36,1

Litauen	Japan	GB	USA	Slowenien	Lettland
35,8	34,6	33,6	33,3	33,2	32,8

Frankreich	Spanien	Malta	Slowakei	Polen	Bulgarien
29,5	27,3	26,9	20,4	17,1	14,7

i	x_i^u	x_i^o	x_i^*	n_i	$x_i^* \cdot n_i$	$(x_i^* - \overline{x})^2 \cdot n_i$
1	≥ 5					
2						
3						
4						
5		< 80				

Ergänzen Sie die Tabelle.

Begründen Sie, warum die Werte aus Österreich und Luxemburg weggelassen werden können.

Bestimmen Sie mithilfe der Häufigkeitstabelle das arithmetische Mittel und das Streuungsintervall um das arithmetische Mittel und interpretieren Sie die Angaben.

Zeichnen Sie für den Artikel ein passendes Histogramm.

Aufgabe 4 (mit Hilfsmitteln)

Für die Internetseite einer großen Wirtschaftszeitung sollen die Marktwerte von 18 großen Unternehmen analysiert werden. Die Tabelle gibt den jeweiligen Marktwert der Unternehmen in Mrd. US $ für das Jahr 2017 an:

Coca-Cola	182,9	Nestlé	229,5
	752,0	f	407,3
IBM	162,4	Walt Disney	178,0
Alphabet	579,5	cisco	165,1
Microsoft	507,5	SIEMENS Ingenuity for life	109,8
	261,2	amazon	427,0
McDonald's	106,4	mastercard	121,3
intel	170,4	ORACLE	182,2
SAMSUNG	254,3	TOYOTA	171,9

Quelle: http://www.multiasset.com/forbes-infografik-die-100-groessten-unternehmen-der-welt-1500989481/
verwenden: https://de.statista.com/statistik/daten/studie/12108/umfrage/top-unternehmen-der-welt-nach-marktwert/

Erstellen Sie eine Häufigkeitstabelle mit sechs gleich breiten Klassen.
Bestimmen Sie das arithmetische Mittel und gegeben Sie an, welches Unternehmen im Mittel liegt.
Erstellen Sie für die Daten einen Boxplot.
Schreiben Sie fünf Sätze als Auswertung der Tabelle, verwenden Sie dazu fünf verschiedene Lage- bzw. Streuungsmaße, die Sie bereits ermittelt haben.

4 Funktionen: Kostentheorie

Die **Kostentheorie** ist ein Teilgebiet der Wirtschaftstheorie, der Betriebs- und der Volkswirtschaftslehre. Im Mathematikunterricht wird die Kostentheorie nur als Teil der Betriebswirtschaftslehre aufgefasst und stellt die **funktionalen Zusammenhänge** der Kosten einer Produktion dar. Auch die zugehörigen funktionalen Zusammenhänge der Erlöse und der daraus resultierende Gewinn werden analysiert. Um diese Analysen durchzuführen, werden verschiedene **mathematische Modelle** zugrunde gelegt.

4.1 Lernsituationen

Lernsituation 1

Benötigte Kompetenzen für die Lernsituation 1
Kenntnisse aus der Sek. I

Inhaltsbezogene Kompetenzen der Lernsituation 1
Lineare, quadratische und kubische Funktionen; Schnittpunkte mit den Koordinatenachsen; Schnittpunkte zweier Funktionen; Aufstellen von Funktionstermen; grafische Darstellung von Funktionen.

Prozessbezogene Kompetenzen der Lernsituation 1
Mathematisch argumentieren; Probleme mathematisch lösen; mathematisch modellieren; mit symbolischen, formalen und technischen Elementen umgehen; kommunizieren.

Methode
Gruppenpuzzle: Stammgruppen als heterogene Gruppen, Expertengruppen als Neigungsgruppen.

Zeit
5 Doppelstunden

Das Unternehmen *YonS* produziert und verkauft Smartphones. Die Unternehmenssituation für das *Smartphone A1* lässt sich wie folgt beschreiben:

Erlös pro Handy 6 GE $\Rightarrow$ $E(x) = 6x$. Dabei stellt x die Anzahl der produzierten Smartphones in Mengeneinheiten (ME) und $E(x)$ den Erlös in Geldeinheiten (GE) dar. Bei der Produktion ergeben sich pro ME Smartphone Kosten in Höhe von 2 GE; dies sind die sog. **variablen Gesamtkosten**. Unabhängig davon, wie viele Smartphones produziert werden, entstehen immer Kosten in Höhe von 4 GE für Maschinen, Gebäude, Energie etc.; dies sind die **Fixkosten**. Daraus ergibt sich folgende **lineare Gesamtkostenfunktion**: $K(x) = K_v(x) + K_f = 2x + 4$.

YonS hat als **Monopolist** ein neuartiges *Smartphone A2* auf den Markt gebracht. Die Gesamtkosten für die Produktion von 2 ME belaufen sich auf 13 GE und für 5 ME liegen diese bei 14,5 GE. Die Erlössituation lässt sich durch die **quadratische Funktion** E mit $E(x) = -3x^2 + 15x$ modellieren.

Das Unternehmen kann aufgrund der sehr guten Verkaufszahlen neue Produktionsanlagen kaufen. Dadurch ergeben sich in Zukunft für das *Smartphone A3* Gesamtkosten, die durch die **kubische Funktion** K mit $K(x) = 0{,}1x^3 - 0{,}5x^2 + x + 1$ beschrieben werden können.

Die Erlössituation für das *Smartphone A3* wird in der nachfolgenden Tabelle dargestellt und kann durch eine quadratische Funktion modelliert werden:

Produktionsmenge in ME	1	1,5	2
Erlöse in GE	3	3,75	4

Der Verlauf der kubischen Gesamtkostenfunktion ist in der Grafik zu sehen.

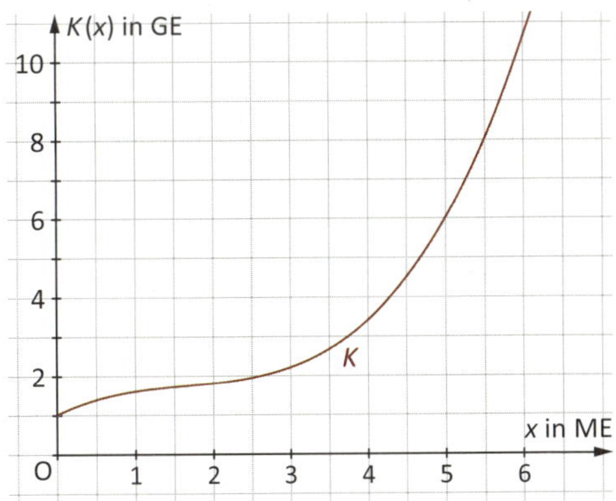

Analysieren Sie für die drei Smartphones rechnerisch und grafisch die Erlös-, Kosten- und Gewinnsituation und erstellen Sie dazu ein **Handout.**
Bearbeiten Sie dafür zuerst die nachfolgenden Aufgaben:

Stammgruppen

Lesen Sie den Text noch einmal und füllen Sie anhand des Textes die nachfolgende Tabelle aus:

Wirtschaftliche Begriffe und ihre Abkürzungen	Mathematisches Fachvokabular	Darstellungs-formen von Funktionen	Funktionsklasse	Funktionsgleichung

Expertengruppen

A: Vergleichen Sie die ausgefüllten Tabellen und schreiben Sie zu allen Feldern Definitionen in Form eines **Mindmaps** auf.

B: Wenn sich die Kosten der Produktion ändern, kann es dafür zwei verschiedene Ursachen geben:

- die variablen Kosten ändern sich
- die Fixkosten ändern sich.

Beschreiben und begründen Sie, wie sich der Funktionsgraph der linearen Kostenfunktion für das *Smartphone A1* in den beiden Fällen verändert. Übertragen Sie Ihre Erkenntnisse auf die kubische Gesamtkostenfunktion für das *Smartphone A3*.

C: Funktionsterme können auf drei Weisen bestimmt werden:

- aufgrund der wirtschaftlichen Angaben
- mithilfe eines Linearen Gleichungssystems (LGS)
- durch Regression mithilfe des GTR/CAS

Bestimmen Sie mithilfe des passenden Verfahrens die Funktionsgleichung der Gesamtkostenfunktion für das *Smartphone A2* und die Funktionsgleichung der Erlösfunktion für das *A3*.
Beschreiben Sie die Lösungswege mithilfe eines **„Kochrezeptes“**.

D: Ermitteln Sie die **Gewinnfunktionen** $G(x) = E(x) - K(x)$.
Berechnen Sie die **Gewinnschwelle** und die **Gewinngrenze** für alle drei Smartphones. Zeigen Sie jeweils zwei verschiedene Rechenwege.

E: Ermitteln Sie für alle drei Smartphones die **Preis-Absatz-Funktion** p mit $p(x) = mx + b$.
Berechnen Sie den **Höchstpreis** und die **Sättigungsmenge**.
Geben Sie den sinnvollen ökonomischen Definitionsbereich für die Produktion der drei Smartphones an und begründen Sie die Grenzen. Verwenden Sie die Intervallschreibweise und erklären Sie diese.

F: Erstellen Sie je eine grafische Darstellung der Erlös-, Kosten- und Gewinnsituation für alle drei Smartphones. Erläutern Sie Ihr Vorgehen, um eine möglichst exakte Zeichnung zu erstellen, verwenden Sie dabei mathematisches Fachvokabular.

Stammgruppen

Führen Sie nun mithilfe Ihrer in den Expertengruppen gewonnenen Erkenntnisse die Analyse durch und erstellen Sie das Handout. Füllen Sie die Lücken des nachfolgenden Textes mit den angegebenen Begriffen sinnvoll aus und integrieren Sie den Text in Ihr Handout:

degressiv ▪ Fixkosten ▪ geringer ▪ geringsten ▪ Kapazitätsgrenze ▪ Linkskrümmung ▪ maximal ▪ ökonomischen ▪ progressiv ▪ Randhochpunkt ▪ Randminimum ▪ Rechtskrümmung ▪ steigen ▪ streng monoton ▪ Wendepunkt ▪ zu ▪ zu.

Der Graph der Gesamtkostenfunktion $K(x) = 0{,}1x^3 - 0{,}5x^2 + x + 1$ verläuft im ____________ Definitionsbereich $D_{ök} = [0; 4]$ ____________ steigend, d. h., mit zunehmender Produktion ____________ die Gesamtkosten immer weiter an. Der Graph beginnt bei (0; 1). Hier entstehen aufgrund der nicht eingesetzten Produktion nur die ____________ in Höhe von 1 GE. Es handelt sich um ein ____________. Bis zu einer Produktionsmenge von $1\frac{2}{3}$ ME steigt der Graph ____________ an. Es liegt in diesem Intervall eine ____________ vor, d. h., die Steigung wird ____________. Hier nehmen die Gesamtkosten _____, aber diese Zunahme wird geringer.
Bei einer Produktion von genau $1\frac{2}{3}$ ME steigen die Gesamtkosten am ____________ – hier liegt der ____________ vor, die Gesamtkosten betragen ca. 1,74 GE. Ab einer Produktion von $1\frac{2}{3}$ ME steigt der Graph ____________. Es liegt eine ____________ vor, d. h., die Steigung nimmt mit zunehmender Produktion ____________. Die zusätzlich anfallenden variablen Kosten steigen an.
Bei einer Produktion von 4 ME ist die ____________ erreicht, die Gesamtkosten sind hier ____________. Es liegt ein ____________ vor. Die Gesamtkosten betragen hier 3,4 GE.

Lernsituation 2

Benötigte Kompetenzen für die Lernsituation 2
Kenntnisse des GTR/CAS: Zeichnen von Funktionsgraphen

Inhaltsbezogene Kompetenzen der Lernsituation 2
Verlauf der Graphen; Unterscheidungskriterien; markante Punkte; Parametervariation; Umkehrfunktion; Wurzelfunktion; gebrochenrationale Funktionen.

Prozessbezogene Kompetenzen der Lernsituation 2
Probleme mathematisch lösen; mathematische Darstellungen verwenden; mit symbolischen, formalen und technischen Elementen umgehen; kommunizieren.

Methode
Partnerarbeit

Zeit
2 Doppelstunden

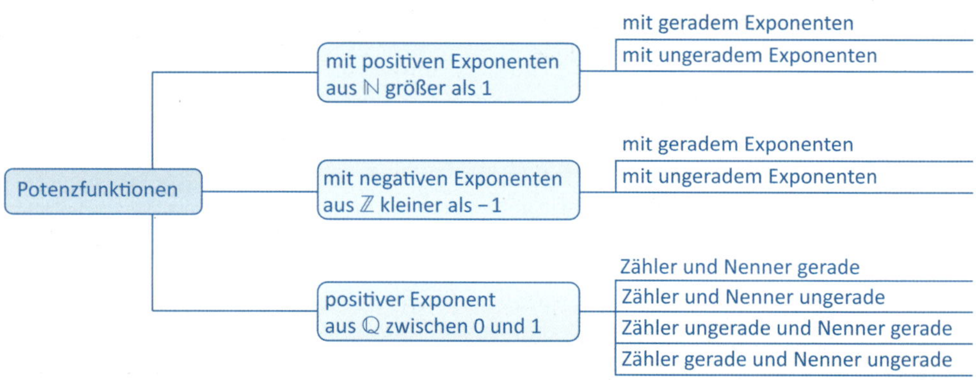

Erstellen Sie zu den acht Arten von Potenzfunktionen je einen **Steckbrief**. Verwenden Sie dazu Ihren GTR/CAS.

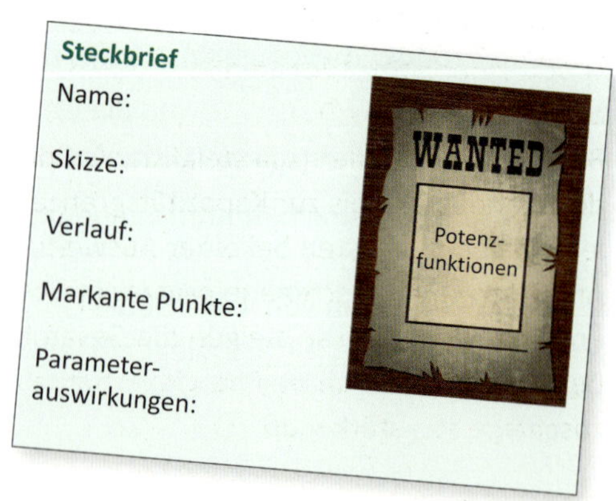

4.2 Wirtschaftliche Zusammenhänge

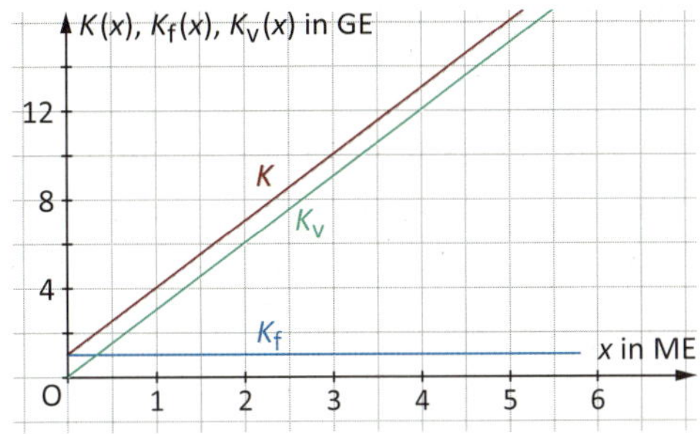

Die **Gesamtkosten** K für eine Produktion setzen sich aus Fixkosten und variablen Kosten zusammen. **Fixkosten** K_f sind Kosten, die unabhängig von der Produktionsmenge x anfallen, z. B. für Miete, Grundsteuern, Versicherungen etc. Da die Fixkosten K_f auch bei einer Ausbringungsmenge von $x = 0$ anfallen, stellen sie den positiven Ordinatenabschnitt dar, d. h. das Absolutglied der Gesamtkostenfunktion K, und bewirken damit eine Verschiebung des Graphen der Gesamtkostenfunktion entlang der Ordinatenachse. Die **variablen Gesamtkosten** K_v sind die Kosten, die von der Produktionsmenge x abhängen und dazu führen, dass eine Gesamtkostenfunktion immer monoton steigend verläuft.

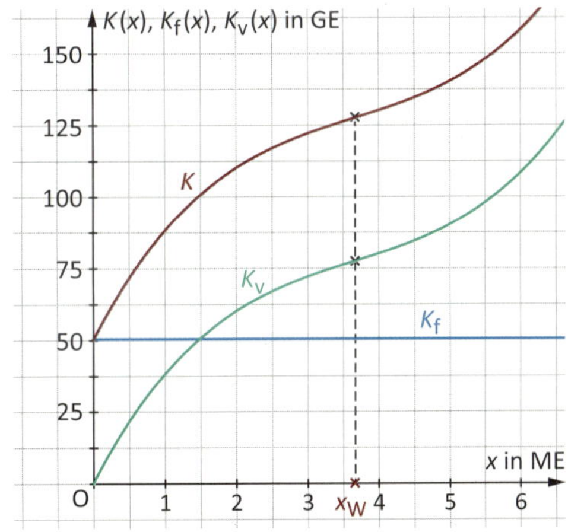

Die **s-förmige oder ertragsgesetzliche Kostenkurve** zeigt ebenfalls die Gesamtkosten eines Betriebes in Abhängigkeit von der Ausbringungsmenge x. Bei steigender Ausbringungsmenge nehmen die Gesamtkosten K bis zur Kapazitätsgrenze x_{Kap} des Unternehmens unterschiedlich stark zu. Dadurch spiegelt der Kurvenverlauf eine größere Realitätsnähe wider, da die Gesamtkosten bei unterschiedlichen Produktionsmengen auch unterschiedlich stark steigen.
Die s-förmige Gesamtkostenkurve ist der Graph einer ganzrationalen Funktion 3. Grades: $K(x) = ax^3 + bx^2 + cx + d$ mit $a, c, d > 0$ und $b < 0$.
Bis zur Wendestelle[1] (x_W) steigt der Graph der Gesamtkostenfunktion degressiv[2], von der Wendestelle bis zur Kapazitätsgrenze progressiv[2]. Bei geringen Produktionszahlen steigen die Kosten bei einer Ausweitung der Produktion wegen des effizienteren Arbeitskräfte-, Maschineneinsatzes etc. zunächst langsam an. Von einer bestimmten Produktionsmenge an steigen die Gesamtkosten bei einer Ausweitung der Produktion bedingt durch erhöhten Energieverbrauch und Maschinenverschleiß, Überstundenzuschläge etc. stärker an.

1 Wendestelle, siehe Seite 88 f.
2 „degressiv" und „progressiv", siehe Seite 88.

Die **Preis-Absatz-Funktion** p ist eine lineare Funktion $p(x) = mx + b$. Ob diese konstant ist oder fallend, hängt davon ab, ob ein **Polypol**[1] oder ein **Monopol**[2] betrachtet wird. Die Preis-Absatz-Funktion eines Polypolisten ist eine konstante Funktion der Form $p(x) = b$, denn aufgrund der hohen Konkurrenz agiert der Polypolist als Mengenanpasser; den Preis kann er jedoch nicht bestimmen.

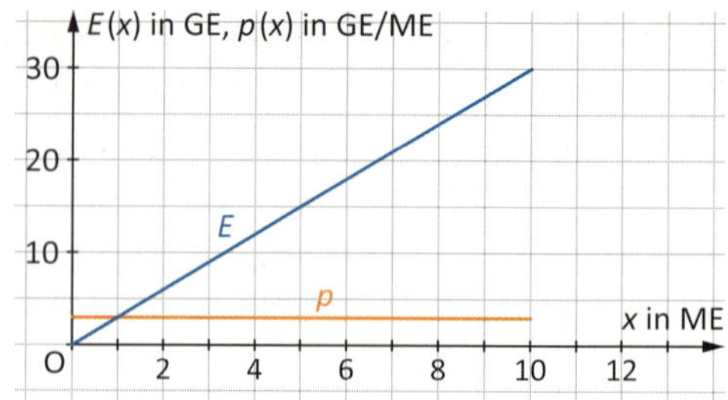

In einem Monopol zeigt die Preis-Absatz-Funktion, welche Menge eines Gutes zu den verschiedenen Preisen abgesetzt werden kann. Da der Monopolist der einzige Anbieter für das Gut ist, wird er nur so viel anbieten, wie auch nachgefragt wird. Damit ist die Preis-Absatz-Funktion identisch mit der gesamtwirtschaftlichen Nachfragefunktion $p(x) = mx + b,\ m < 0$.

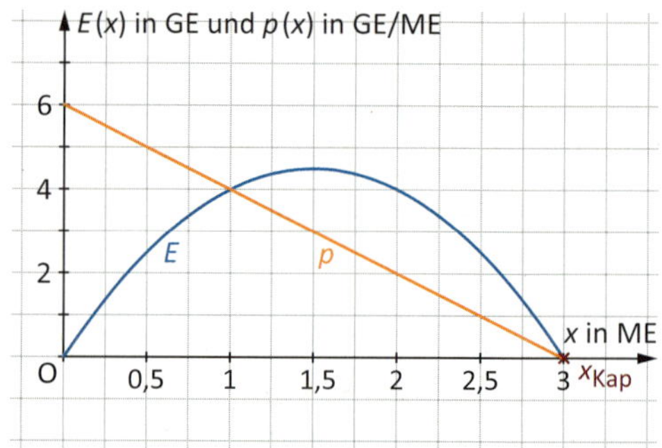

Die **Erlösfunktion** E ergibt sich aus der Multiplikation der Preis-Absatz-Funktion mit der Menge x (Preis · Menge): $E(x) = p(x) \cdot x$.
Beim Polypol ist der Graph der Erlösfunktion eine Gerade mit positiver Steigung, die durch den Ursprung verläuft: $E(x) = b \cdot x,\ b > 0$. Beim Monopol sinkt die Nachfrage nach einem Gut mit steigendem Preis und umgekehrt. Dieser Zusammenhang wird durch die Gesamtnachfragefunktion beschrieben, die im Monopol – wie oben beschrieben – gleichzeitig die Preis-Absatz-Funktion ist. Der Graph der Erlösfunktion im Angebotsmonopol ist eine nach unten geöffnete Parabel:
$p(x) = mx + b;\ m < 0,\ b > 0 \Rightarrow E(x) = (mx + b) \cdot x.$

Die Nullstellen der Erlösfunktion geben den **ökonomischen Definitionsbereich** $D_{ök}$ für die Produktion an: $D_{ök} = [0; x_{Kap}]$.

Aus der Differenz der Erlös- und der Gesamtkostenfunktion ergibt sich die **Gewinnfunktion** $G(x) = E(x) - K(x)$. Die erste Schnittstelle der Erlös- mit der Gesamtkostenfunktion ist identisch mit der ersten Nullstelle der Gewinnfunktion und wird **Gewinnschwelle** (GS) genannt. Wird diese Produktionsmenge vollständig am Markt abgesetzt, dann erzielt der Produzent weder Gewinn noch Verlust. Wird eine kleine Einheit mehr produziert und abgesetzt, dann wird Gewinn erzielt; wird eine kleine Einheit weniger produziert, dann wird Verlust erwirtschaftet. Die **Gewinngrenze** (GG) ist die zweite Schnittstelle (wenn diese vorhanden ist) der Erlös- mit der Gesamt-

1 In einem Polypol handeln viele Anbieter und viele Nachfrager, es entspricht der vollständigen Konkurrenz.
2 In einem Monopol agieren ein Anbieter und viele Nachfrager.

kostenfunktion und somit die zweite Nullstelle der Gewinnfunktion. Daraus ergeben sich die Gewinn- und Verlustintervalle. Es werden vier Fälle unterschieden:

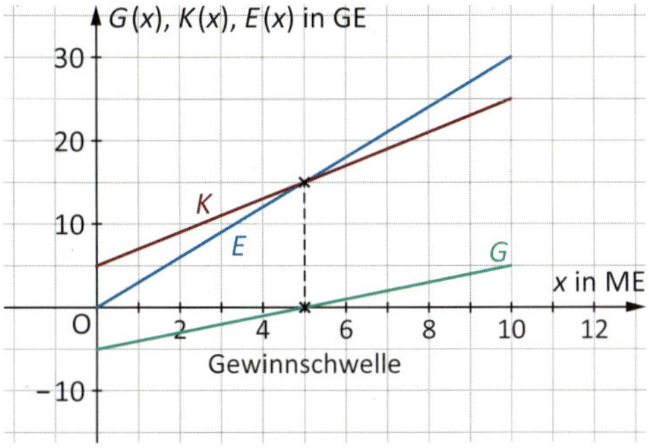

Lineare Gesamtkosten im Polypol
Verlust: $[0; x_{GS})$
Gewinn: $(x_{GS}; x_{Kap}]$

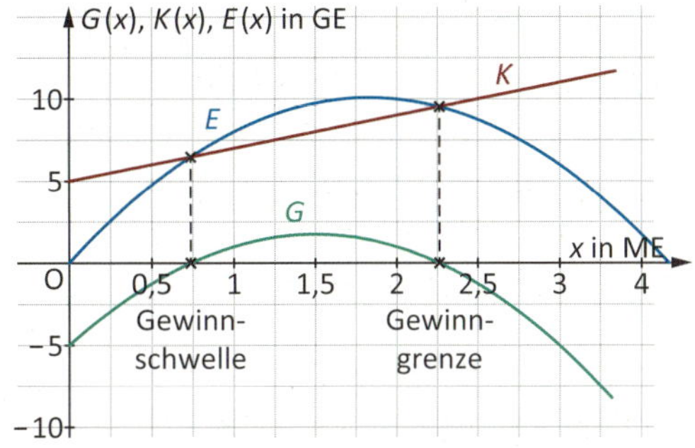

Lineare Gesamtkosten im Monopol
Verlust: $[0; x_{GS})$ und $(x_{GS}; x_{Kap}]$
Gewinn: $(x_{GS}; x_{GG})$

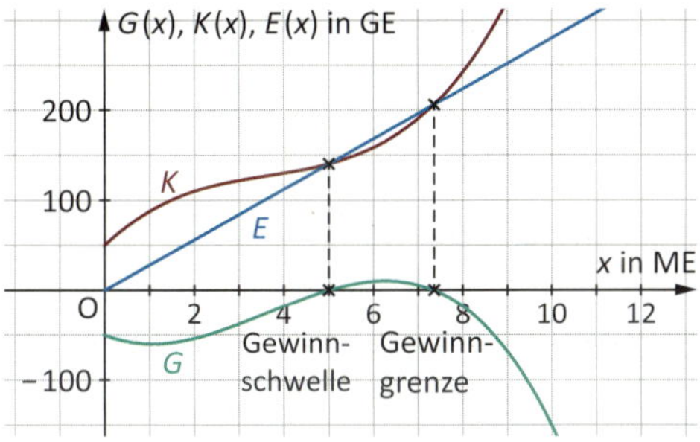

Ertragsgesetzlicher Gesamtkostenverlauf im Polypol
Verlust: $[0; x_{GS})$ und $x_{GS}; x_{Kap}]$
Gewinn: $(x_{GS}; x_{GG})$

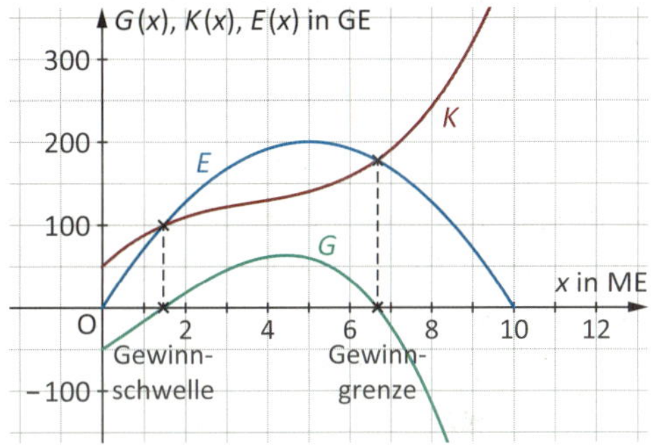

Ertragsgesetzlicher Gesamtkostenverlauf im Monopol
Verlust: $[0; x_{GS})$ und $(x_{GS}; x_{Kap}]$
Gewinn: $(x_{GS}; x_{GG})$

Der **Cournot'sche Punkt** gibt den Preis an, den der Monopolist verlangen muss, damit er das Gewinnmaximum erzielt. Die gewinnmaximale Menge $x_{G_{max}}$ wird in die Preis-Absatz-Funktion eingesetzt $p(x_{G_{max}})$ und so der zugehörige Preis ermittelt.

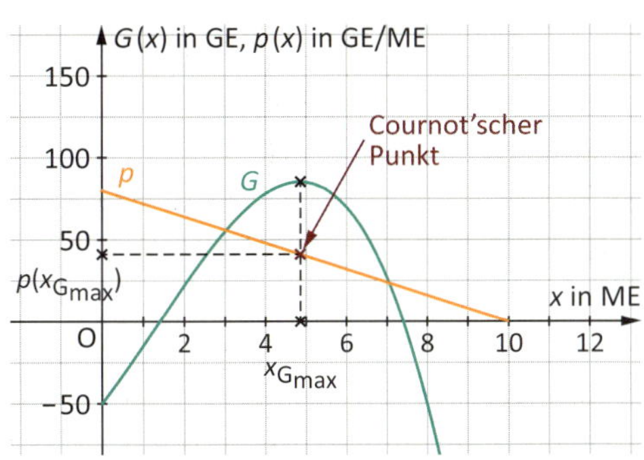

4.3 Definitions- und Wertebereich

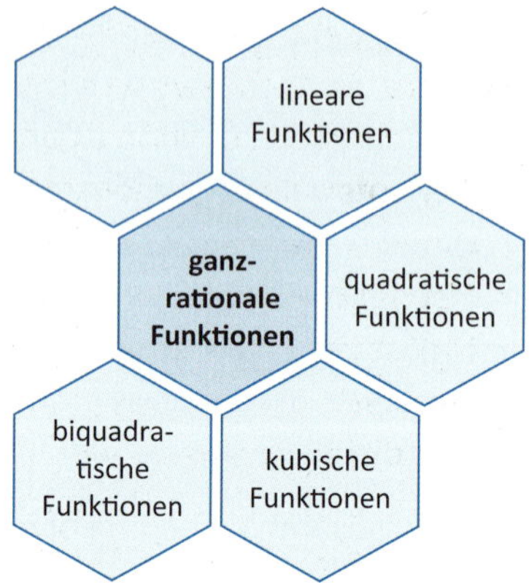

Der **Definitionsbereich** gibt die Menge aller Zahlen an, die für die **unabhängige Variable** *x* eingesetzt werden dürfen. Die Werte liegen auf der Abszissenachse. Der **Wertebereich** gibt die Menge aller Zahlen an, die für die **Funktionswerte** (**abhängige Variable**) $f(x)$ verwendet werden können, sie liegen auf der Ordinatenachse.

Mathematisch betrachtet, dürfen bei **ganzrationalen Funktionen** – das sind alle Funktionen, bei denen die unabhängige Variable *x* weder im Nenner noch im Exponenten vorkommt – alle reellen Zahlen ($\mathbb{R}$) verwendet werden: $D_{math} = \mathbb{R}$. Wenn alle reellen Zahlen für *x* eingesetzt werden dürfen, dann ergibt sich daraus für den Wertebereich, dass die Funktionswerte ebenfalls alle reellen Zahlen umfassen: $W_{math} = \mathbb{R}$. Der Definitions- und Wertebereich sind stetig, weil jede reelle Zahl verwendet werden kann. Der zugehörige Funktionsgraph besteht aus einer durchgezogenen Linie.
Von dem **mathematischen Definitionsbereich**, der auch maximal möglicher Definitionsbereich genannt wird, wird der **ökonomische Definitionsbereich** abgegrenzt. Je nach ökonomischer Fragestellung werden nur die Zahlen zugelassen, die wirtschaftlich sinnvoll sind. Wird eine Aufgabenstellung betrachtet, bei der Produktionsmengen in Mengeneinheiten (ME) analysiert werden, dann ergibt sich der ökonomische Definitionsbereich wie folgt: $D_{ök} = [0; x_{Kap}]$. Weniger als 0 ME können nicht produziert werden und auch nicht mehr ME als die **Kapazitätsgrenze** x_{Kap} erlaubt. Alle reellen Zahlen in diesem Intervall einschließlich 0 und x_{Kap} können für die unabhängige Variable *x* eingesetzt werden, der ökonomische Definitionsbereich ist **stetig** genauso wie der zugehörige Wertebereich $W_{ök} = [f(0);\ f(x_{Kap})]$.

Wird hingegen eine ökonomische Problemstellung betrachtet, bei der die Produktionsmenge z. B. in Stück angegeben wird, dann dürfen nur natürliche Zahlen ($\mathbb{N}$) und nicht reelle Zahlen für *x* verwendet werden, weil halbe Stück oder zehntel Stück nicht produziert werden, sondern nur ganze Stückzahlen: $D_{ök} = \{x \mid 0 \le x \le x\ \text{Kap} \wedge x \in \mathbb{N}\}$.
Der Definitionsbereich ist **diskret**. Der zugehörige Funktionsgraph besteht nur aus Punkten, die nicht miteinander verbunden werden dürfen. Der Wertebereich ist ebenfalls diskret: $W_{ök} = \{x \mid f(0) \le f(x) \le f(x\ \text{Kap}) \wedge f(x) \in \mathbb{N}\}$.

4.4 Lineare Funktionen

Lineare Funktionen werden auch als **ganzrationale Funktionen 1. Grades** bezeichnet. Der Grad einer ganzrationalen Funktion ist an dem **höchsten Exponenten** des Funktionsterms zu erkennen:

$f(x) = m \cdot x^1 + b \Rightarrow f(x) = m \cdot x + b$

- f ist der Name der Funktion
- f (x) ist der Funktionswert oder die abhängige Variable
- x ist die unabhängige Variable
- $m \cdot x + b$ ist der Funktionsterm
- $f(x) = m \cdot x + b$ ist die Funktionsgleichung

Der Graph einer linearen Funktion heißt **Gerade**.

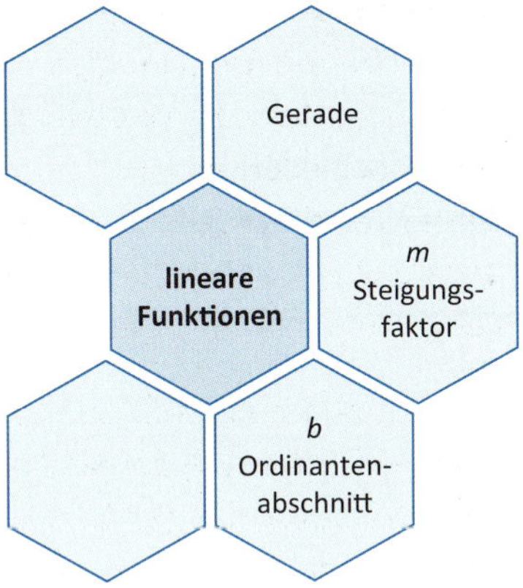

Beispiel 1

Das Unternehmen *GenussPUR* stellt Tee her. Die Geschäftsleitung analysiert die Gesamtkosten für ihre Sorte *English Breakfast*, damit für die nächste Produktion Planungsentscheidungen getroffen werden können. Es ist bekannt, dass für die Produktion Fixkosten in Höhe von 5 Geldeinheiten (GE) anfallen. Für jede produzierte Einheit dieser Teesorte fallen 3 GE an.

Erstellen Sie für die Kostenanalyse eine Wertetabelle für die Produktion. Die Kapazitätsgrenze liegt bei fünf Mengeneinheiten (ME).

Bestimmen Sie die Funktionsgleichung der **Gesamtkostenfunktion** für diese Teesorte.

Stellen Sie die Gesamtkostenentwicklung in einer Grafik dar.

Untersuchen Sie die Auswirkungen auf den Verlauf des Graphen, wenn sich die Fixkosten ändern.

Lösungen

Wertetabelle

x	0	1	2	3	4	5
$K(x)$	5	8	11	14	17	20

Funktionsgleichung

$K(x) = K_v(x) + K_f = 3x + 5$

Zeichnung

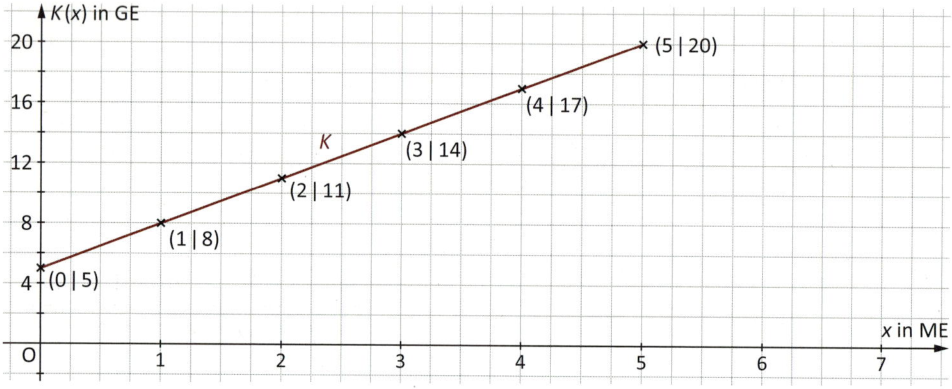

Auswirkungen der Fixkostenänderung

Wenn sich die Fixkosten der Produktion ändern, dann verändert sich das b in $K(x) = mx + b$, d. h., die Steigung m bleibt konstant. Es handelt sich um eine Parallelverschiebung der Ausgangsgeraden nach oben, wenn die Fixkosten steigen, und nach unten, wenn die Fixkosten fallen.

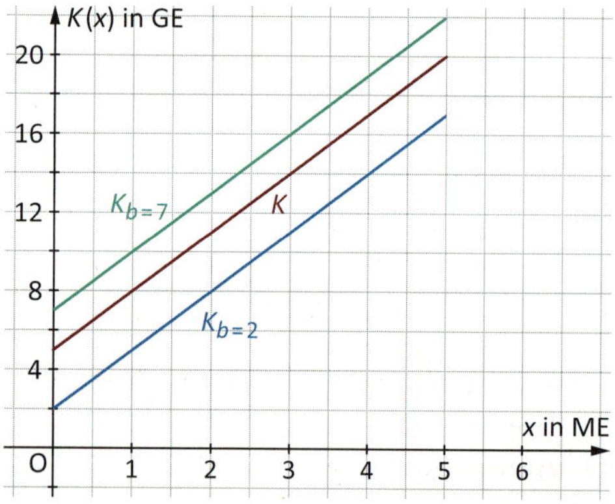

Das **Koordinatenkreuz**

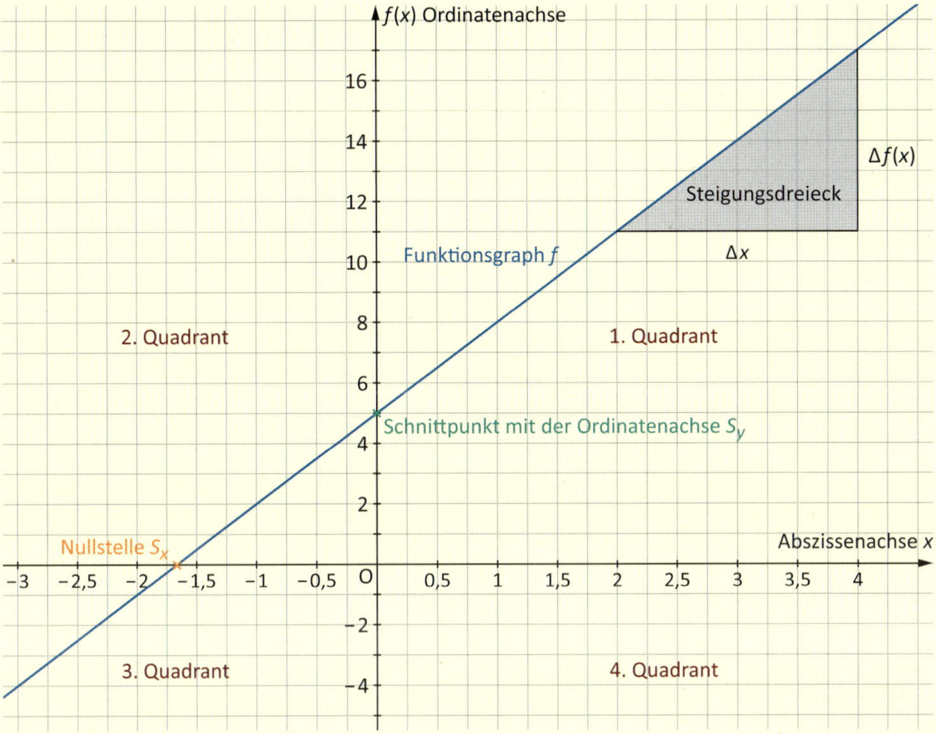

$f(x) = mx + b$

Beispiel: $f(x) = 3x + 5$

Die **Steigung** $m = \frac{f(x_2) - f(x_1)}{x_2 - x_1} = \frac{\Delta f(x)}{\Delta x}$ lässt sich als Steigungsdreieck im Koordinatenkreuz verdeutlichen: $m = 3 = \frac{3}{1} = \frac{\Delta f(x)}{\Delta x} = \frac{\text{vertikaler Unterschied}}{\text{horizontaler Unterschied}}$

Wenn $m > 0$, dann steigt der Graph der linearen Funktion, für $m < 0$ fällt die Gerade.

Monoton steigend: $x_1 < x_2 \Rightarrow f(x_1) \leq f(x_2)$

Streng monoton steigend: $x_1 < x_2 \Rightarrow f(x_1) < f(x_2)$

Monoton fallend: $x_1 > x_2 \Rightarrow f(x_1) \geq f(x_2)$

Streng monoton fallend: $x_1 > x_2 \Rightarrow f(x_1) > f(x_2)$

Das **Absolutglied** b gibt den Schnittpunkt mit der Ordinatenachse an $\Rightarrow S_y(0|b)$.

Darstellungsformen von linearen Funktionen:

<table>
<tr><th>Gleichung</th><th>Wertetabelle</th><th>Grafik</th></tr>
<tr><td>$f(x) = 3x + 5$</td><td><table><tr><td>x</td><td>−3</td><td>−1</td><td>2</td><td>4</td></tr><tr><td>$f(x)$</td><td>−4</td><td>2</td><td>11</td><td>17</td></tr></table></td><td>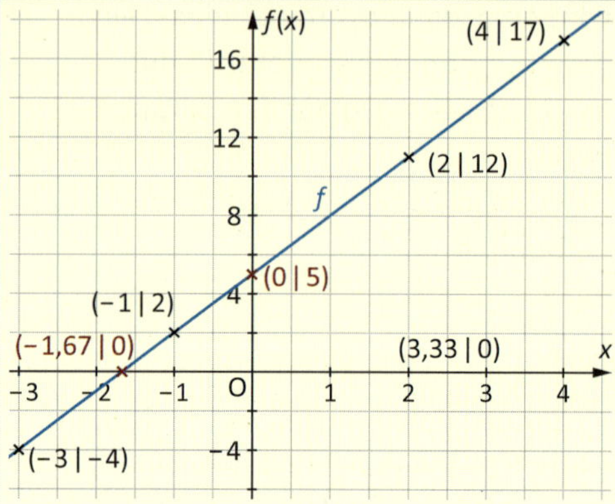
</td></tr>
</table>

Der Graph einer linearen Funktion schneidet jede Koordinatenachse genau einmal. Die **Schnittpunkte mit den Koordinatenachsen** berechnen sich wie folgt:

Bedingung	Beispiel	Allgemein
Schnittpunkt mit der Ordinatenachse $f(0)$	algebraisch $f(x) = 3x + 5$ $f(0) = 3 \cdot 0 + 5 = 5$ oder GTR/CAS $S_y(0 \vert 5)$	$f(x) = mx + b$ $f(0) = m \cdot 0 + b = b$ $S_y(0 \vert b)$
Schnittpunkt mit der Abszissenachse $f(x) = 0$	algebraisch $f(x) = 3x + 5$ $0 = 3x + 5$ $-\frac{5}{3} = x$ oder GTR/CAS $S_x\left(-\frac{5}{3} \middle\vert 0\right)$	$f(x) = mx + b$ $0 = mx + b$ $-\frac{b}{m} = x$ $S_x\left(-\frac{b}{m} \middle\vert 0\right)$

Der **Graph einer linearen Funktion** kann mithilfe von drei verschiedenen Möglichkeiten in ein Koordinatensystem eingezeichnet werden:

- Mithilfe einer Wertetabelle werden Punkte ermittelt, diese werden in das Koordinatensystem eingezeichnet und dann verbunden.
- Die Schnittpunkte mit den Koordinatenachsen werden berechnet, in das Koordinatensystem eingezeichnet und dann verbunden. Jede Gerade ist durch zwei Punkte eindeutig festgelegt.

- Das Absolutglied wird als Schnittpunkt mit der Ordinatenachse im Koordinatensystem gekennzeichnet, von dort wird ein Steigungsdreieck eingezeichnet und somit ein weiterer Punkt markiert, der auch auf der Geraden liegt.
  Die beiden Punkte werden dann verbunden.

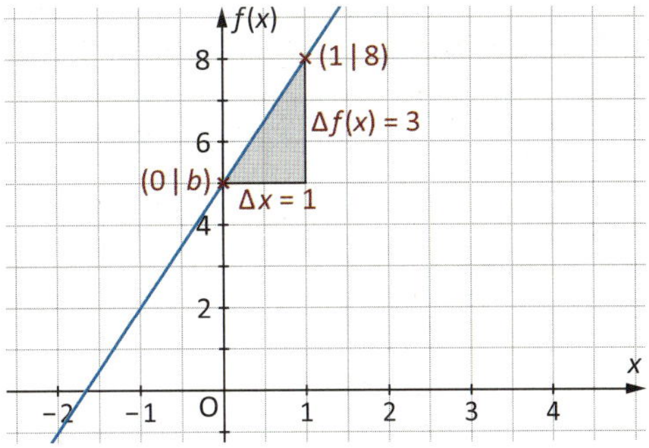

Beispiel 2

Die Geschäftsleitung des Unternehmens *GenussPUR* analysiert im nächsten Schritt die Erlössituation für die Teesorte *English Breakfast*, damit ein Vergleich mit den Gesamtkosten durchgeführt werden kann. Für jede verkaufte ME erhält das Unternehmen 4,5 GE.

Bestimmen Sie die Funktionsgleichung der **Erlösfunktion** für diese Teesorte.
Stellen Sie den Graphen der Erlösfunktion zusammen mit dem Graphen der Gesamtkosten in einem Koordinatensystem dar.
Bestimmen Sie den Schnittpunkt der beiden Graphen und interpretieren Sie die beiden Koordinaten des Schnittpunktes für die Geschäftsleitung.
Untersuchen Sie die Auswirkungen auf den Verlauf des Graphen, wenn sich der Verkaufspreis verändert.

Lösungen

Funktionsgleichung

$E(x) = \text{Preis} \cdot \text{Menge} \Rightarrow E(x) = 4{,}5\,x$

Zeichnung

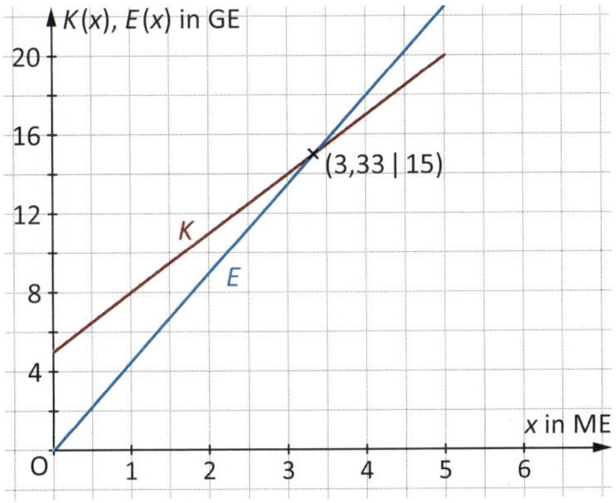

Schnittpunkt ermitteln

$K(x) = E(x) \Rightarrow 3x + 5 = 4{,}5x \Rightarrow 5 = 1{,}5x \Rightarrow x = \frac{5}{1{,}5} = \frac{10}{3} \approx 3{,}3$

$K\left(\frac{10}{3}\right) = E\left(\frac{10}{3}\right) = 4{,}5 \cdot \frac{10}{3} = 15 \Rightarrow S\left(\frac{10}{3} \middle| 15\right)$

Interpretation

Wenn ca. 3,3 ME hergestellt und verkauft werden, dann sind die Gesamtkosten und Erlöse gleich groß, d. h., das Unternehmen *GenussPUR* erzielt weder Gewinn noch Verlust mit der Teesorte *English Breakfast*. Gewinn entsteht, wenn mehr als 3,3 ME produziert werden, und Verlust, wenn bis zu 3,3 ME produziert werden: $D_{ök} = [0; 5]$, Verlustintervall $\left[0; \frac{10}{3}\right)$, Gewinnintervall: $\left(\frac{10}{3}; 5\right]$.

Auswirkungen auf den Verlauf des Graphen

Ändert sich der Verkaufspreis, so ändert sich der Steigungsfaktor m in $E(x) = m \cdot x$, weil dieser den Preis repräsentiert. Steigt der Verkaufspreis, so verläuft der Graph steiler, fällt der Verkaufspreis, so verringert sich die Steigung.

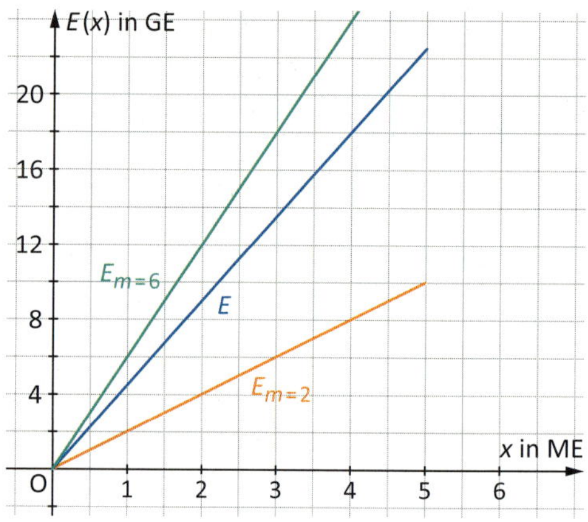

Parametervariationen bei linearen Funktionen

$f(x) = mx + b$		
$m > 0$	positive Steigung	Die Gerade steigt, d. h., sie verläuft von unten links nach oben rechts.
$m < 0$	negative Steigung	Die Gerade fällt, d. h., sie verläuft von oben links nach unten rechts.
$b = 0$	Ursprungsgerade	Die Gerade verläuft durch den **Ursprung** $(0\|0)$.
$b > 0$	Parallelverschiebung nach oben	Die Gerade schneidet die Ordinatenachse bei $(0\|b)$ oberhalb des Ursprungs.
$b < 0$	Parallelverschiebung nach unten	Die Gerade schneidet die Ordinatenachse bei $(0\|b)$, wobei b eine negative Zahl ist und der Schnittpunkt somit unterhalb des Ursprungs liegt.

Beispiel 3

Das Unternehmen *GenussPUR* möchte zukünftig direkt Aussagen über die Gewinn- und Verlustsituation für die Produktion erhalten und verwendet dafür die **Gewinnfunktion**.
Bestimmen Sie die Funktionsgleichung der Gewinnfunktion für die Teesorte *English Breakfast* auf Basis der Beispiele 1 und 2.

Zeichnen Sie den zugehörigen Graphen in das Koordinatensystem mit der Kosten- und Erlösgeraden (aus den Beispielen 1 und 2) und beschreiben Sie die Auffälligkeiten im Vergleich mit den beiden vorhandenen Graphen.

Lösungen

Funktionsgleichung

$G(x) = E(x) - K(x) = 4{,}5x - (3x + 5) = 1{,}5x + 5$

Zeichnung

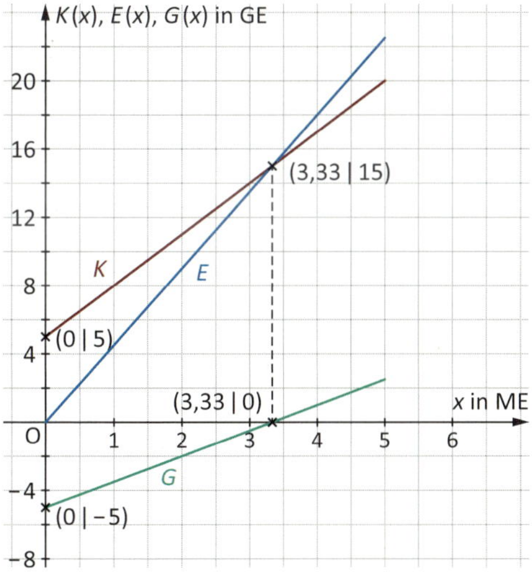

Auffälligkeiten

Der Graph der Gewinnfunktion schneidet die Ordinatenachse bei −5, dies sind die **negativen Fixkosten**. Die Gerade der Gewinnfunktion schneidet die Abszissenachse bei ca. 3,3 ME. Dies ist die Schnittstelle der beiden anderen Geraden. Die Nullstelle der Gewinnfunktion ist die **Gewinnschwelle**, hier realisiert das Unternehmen weder Verlust noch Gewinn.

Die Schnittpunkte zweier Geraden können auf unterschiedliche Weise ermittelt werden:

Verfahren	Beispiel
Gleichsetzungsverfahren Die Terme der beiden Funktionsgleichungen werden gleichgesetzt und dann nach x umgestellt. Der für x ermittelte Wert wird in eine der beiden Gleichungen eingesetzt und so der zugehörige Funktionswert bestimmt.	$K(x) = E(x)$ $3x + 5 = 4{,}5x \Rightarrow 5 = 1{,}5x \Rightarrow x = \frac{5}{1{,}5} = \frac{10}{3}$ Einsetzen in eine der beiden Funktionsgleichungen, um den Funktionswert zu bestimmen $K\left(\frac{10}{3}\right) = E\left(\frac{10}{3}\right) = 4{,}5 \cdot \frac{10}{3} = 15$ $S\left(\frac{10}{3} \middle| 15\right)$
Einsetzungsverfahren Das Verfahren bietet sich immer dann an, wenn eine Variable auf einer Seite der Gleichung allein steht (hier y). Der Term für y wird in die zweite Gleichung eingesetzt, sodass eine Gleichung mit einer Unbekannten (hier x) entsteht. Diese wird nach x aufgelöst und das Ergebnis in die andere Gleichung eingesetzt, um y zu ermitteln.	$\begin{vmatrix} y = 3x + 5 \\ 6 = 2x - 3y \end{vmatrix} \Rightarrow 6 = 2x - 3(3x + 5)$ $6 = 2x - 9x - 15 \Rightarrow 21 = -7x \Rightarrow x = -3$ Einsetzen in die andere Gleichung, um y zu bestimmen $y = 3 \cdot (-3) + 5 = -4$ $S(-3 \mid -4)$
Additionsverfahren Bei diesem Verfahren werden die beiden Gleichungen zuerst mit einer passenden Zahl multipliziert und dann addiert. Es soll aus zwei Gleichungen mit zwei Unbekannten eine Gleichung mit einer Unbekannten entstehen. Dies ist möglich, wenn der Faktor vor einer Unbekannten betragsmäßig identisch ist, die Vorzeichen aber unterschiedlich sind.	$\begin{vmatrix} 10 = 2x + 5y \\ 15 = 3x + 4y \end{vmatrix} \begin{matrix} \mid \cdot -3 \\ \mid \cdot 2 \end{matrix}$ $\begin{vmatrix} -30 = -6x - 15y \\ 30 = 6x + 8y \end{vmatrix}$ Addieren der beiden Gleichungen $\Rightarrow 0 = -7y \Rightarrow y = 0$ Einsetzen in eine der beiden Gleichungen, um x zu ermitteln $30 = 6x + 8 \cdot 0 \Rightarrow x = 5$ $S(5 \mid 0)$
GTR/CAS Lösung über den Grafik-Modus oder über den EQUA-Modus	

Beispiel 4

Die Geschäftsleitung von *GenussPUR* analysiert die Gewinn- und Verlustsituation für die nächsten Produktionsentscheidungen für die Teesorte *Rotbusch-Vanille*. Folgende Angaben sind bekannt:

x	4	8
$K(x)$	10	18
$G(x)$	2	6

Die Kapazitätsgrenze liegt bei 10 ME.
Bestimmen Sie die Funktionsgleichungen der Gesamtkostenfunktion, der Erlösfunktion und der Gewinnfunktion.
Interpretieren Sie die Funktionsterme.
Geben Sie das Gewinn- und das Verlustintervall an.
Untersuchen Sie die **Auswirkungen einer Verkaufspreiserhöhung** um 1 GE/ME.

Lösungen

Funktionsgleichungen bestimmen

- Gesamtkostenfunktion $K(x) = mx + b$
  GTR/CAS **lineare Regression**: $K(x) = 2x + 2 \Rightarrow K_v(x) = 2x$ und $K_f(x) = 2$
  Die variablen Gesamtkosten pro Stück betragen 2 GE, die Fixkosten für die Produktion liegen ebenfalls bei 2 GE.
- Gewinnfunktion $G(x) = mx + b$
  b entspricht den negativen Fixkosten $\Rightarrow b = -2 \Rightarrow G(x) = mx - 2$ mit $P(4|2)$
  $\Rightarrow G(4) = m \cdot 4 - 2 = 2 \Rightarrow m = 1 \Rightarrow G(x) = x - 2$
- Erlösfunktion $E(x) = G(x) + K(x) \Rightarrow E(x) = (x - 2) + (2x + 2) = 3x$
  Der Verkaufspreis beträgt 3 GE/ME.

Gewinn- und Verlustintervalle angeben

$G(x) = 0 \Rightarrow x - 2 = 0 \Rightarrow x = 2$. Bei 2 ME liegt die Gewinnschwelle.

- Verlustintervall: [0; 2) Bei einer Produktion von $0 \leq x < 2$ ME wird Verlust realisiert.
- Gewinnintervall: (2; 10] Bei einer Produktion von $2 < x \leq 10$ ME wird Gewinn erzielt.

Auswirkungen bei einer Verkaufspreiserhöhung um 1 GE/ME

$E(x) = (3 + 1)x = 4x$
$G(x) = E(x) - K(x) = 4x - (2x + 2) = 2x - 2$
$G(x) = 0 \Rightarrow 0 = 2x - 2 \Rightarrow x = 1$
Die Gewinnschwelle liegt jetzt bei 1 ME, d. h., das Gewinnintervall beginnt früher:
(1; 10]

ISBN 978-3-8120-0685-9

Funktionsterme für lineare Funktionen können unterschiedlich ermittelt werden:

Bestimmen des Funktionsterms		Beispiel
Wirtschaftlicher Kontext	$K(x) = K_v(x) + K_f$ $E(x) = \text{Preis} \cdot \text{Menge}$	Die Gesamtkosten setzen sich aus Fixkosten in Höhe von 5 GE und aus variablen Gesamtkosten in Höhe von 3 GE/ME zusammen. $\Rightarrow K(x) = 3x + 5$ Der Verkaufspreis pro ME liegt bei 4,5 GE. $\Rightarrow E(x) = 4{,}5x$
Zwei Punkte P_1 und P_2 sind bekannt	Steigung	$P_1(1\|8)$ und $P_2(2\|11)$ $m = \frac{f(x_2) - f(x_1)}{x_2 - x_1} = \frac{11-8}{2-1} = \frac{3}{1} = 3$ $K(x) = mx + b = 3x + b$ $8 = 3 \cdot 1 + b \Rightarrow b = 5$ $K(x) = 3x + 5$
	Regression	GTR/CAS Statistik-Modus, lineare Regression
	Gleichungssystem	$K(x) = mx + b$ $\left\| \begin{array}{l} 8 = m \cdot 1 + b \\ 11 = m \cdot 2 + b \end{array} \right\|$ Additionsverfahren $\Rightarrow -3 = -m \Rightarrow 3 = m$ $8 = 3 \cdot 1 + b \Rightarrow b = 5$ $K(x) = 3x + 5$

Übungen

1 Zeichnen Sie jeweils ein Steigungsdreieck an die Gerade.
Bestimmen Sie die Terme der zugehörigen Funktionsgleichungen

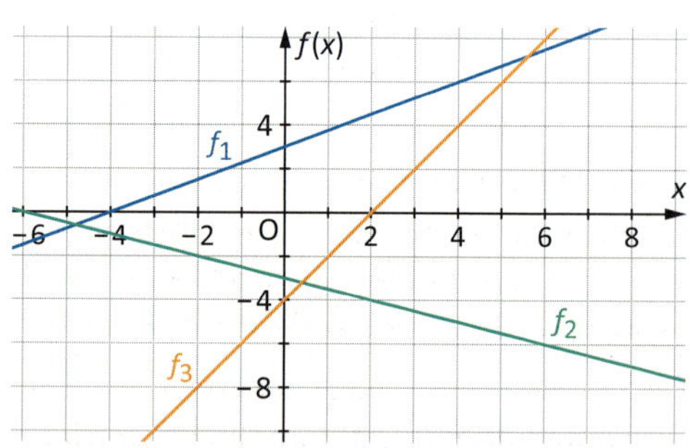

2 Bestimmen Sie jeweils den Funktionsterm der zugehörigen linearen Funktion.

a) $P_1(1|5)$ und $P_2(4|-1)$

b) $m = \frac{1}{4}$ und $P_1(-2|-4{,}5)$

c) Die Fixkosten betragen 5 GE. Die variablen Kosten liegen bei 2 GE pro ME.

d) Die Nullstelle liegt bei $x = -2$ und die Gerade schneidet die Ordinatenachse bei 1.

3 Ermitteln Sie die Schnittpunkte mit den Koordinatenachsen und beschreiben Sie den Verlauf des Graphen.

a) $f(x) = -7x + 21$ b) $f(x) = \frac{2}{3}x + 6$ c) $f(x) = -\frac{1}{5}x - 1$ d) $f(x) = 4x - 5$

4 Beschreiben Sie, wie die Funktionsgleichung der Gewinnfunktion ermittelt wird. Erklären Sie den Zusammenhang zwischen dem Absolutglied der Gewinnfunktion und der Gesamtkostenfunktion.

Beschreiben Sie die Bedeutung der Nullstellen der Gewinnfunktion.

5 Ein Unternehmen, das Garagen herstellt, untersucht die Gewinn- und Verlustsituation für das Modell *Standard*. Die grafische Analyse ist ansatzweise schon vorhanden. Die Kapazitätsgrenze liegt bei 5 Mengeneinheiten (ME). Für die Analyse sollen die Grafik vervollständigt und Rechnungen ergänzt werden:

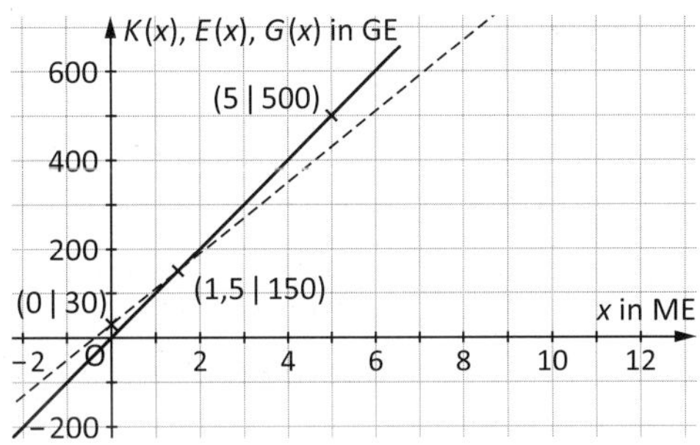

Bestimmen Sie die Funktionsgleichungen der Gesamtkostenfunktion, der Erlösfunktion und der Gewinnfunktion.

Geben Sie die Höhe der variablen Gesamtkosten (in GE), der Fixkosten (in GE) und den Verkaufspreis pro Mengeneinheit (in GE/ME) an.

Ergänzen Sie die Grafik um den Graphen der Gewinnfunktion.

Kennzeichnen Sie den ökonomischen Definitionsbereich in der Grafik.

Stellen Sie das Verlust- und das Gewinnintervall auf.

6 Das Unternehmen *Meier* stellt Bohrmaschinen her. Für das Sondermodell *Jubiläum* wurden folgende Werte in der Tabelle zusammengestellt.

x	2	4	6
$K(x)$		9	10,5
$E(x)$	4	8	
$G(x)$	−3,5		1,5

Die Gewinn- und Verlustsituation für das Jubiläumsmodell soll untersucht werden:

Bestimmen Sie die fehlenden Werte in der Tabelle.

Ermitteln Sie die zugehörigen Funktionsgleichungen.

Stellen Sie die Gesamtsituation in einem geeigneten Koordinatensystem dar.

Ermitteln Sie die Gewinnschwelle.

7 Erstellen Sie ein Mindmap mit allen wichtigen Informationen zum Thema „Lineare Funktionen“.

8 Erstellen Sie ein Mindmap mit allen wichtigen Informationen zum Thema „Kostentheorie im Polypol“.

4.5 Quadratische Funktionen

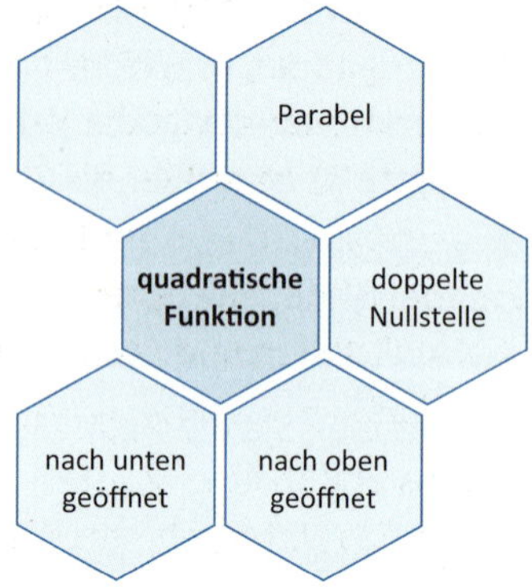

Quadratische Funktionen werden auch als **ganzrationale Funktionen 2. Grades** bezeichnet:
$f(x) = ax^2 + bx^1 + c = ax^2 + bx + c$.
Der Graph einer quadratischen Funktion heißt **Parabel**, der Graph zur Funktion $f(x) = x^2$ wird als **Normalparabel** bezeichnet.

Beispiel 1

Das Unternehmen *GenussPUR* stellt als **Monopolist** *Schokoladen-Tee* her.
Die Geschäftsleitung analysiert die Gewinn- und Verlustsituation für diese Teesorte, um die nächste Produktion zu planen. Die **Preis-Absatz-Funktion** für diesen Tee ist gegeben durch p mit $p(x) = -5x + 20$, die Gesamtkostenfunktion wird durch K mit $K(x) = 5x + 6{,}25$ modelliert.
Bestimmen Sie die Funktionsgleichung für die Erlösfunktion.
Zeichnen Sie die Erlös- und die Gesamtkostenfunktion in ein geeignetes Koordinatensystem, bestimmen Sie dafür im Vorwege die markanten Punkte der Funktionsgraphen. Erläutern Sie die Bedeutung dieser markanten Punkte.
Bestimmen Sie die **Schnittpunkte** der beiden Funktionsgraphen und interpretieren Sie diese für die Analyse der Gewinn- und Verlustsituation.
Geben Sie den ökonomischen Definitions- und Wertebereich an.

Lösungen

Erlösfunktion

$E(x) = p(x) \cdot x = (-5x + 20) \cdot x = -5x^2 + 20x$

Markante Punkte der Erlösfunktion

$E(x) = 0 \Rightarrow 0 = -5x^2 + 20x = (-5x + 20)x$
Der **Satz vom Nullprodukt** sagt aus, dass ein Produkt genau dann null ist, wenn mindestens einer der Faktoren null ist: $0 = x \vee 0 = -5x + 20 \Rightarrow x_1 = 0 \vee x_2 = 4$
$\Rightarrow S_{x_1}(0|0)$ und $S_{x_2}(4|0)$.
$x = 4$ ist auch die Nullstelle der Preis-Absatz-Funktion, d. h., bei 4 ME liegt die **Sättigungsmenge** und damit auch die rechte Grenze des ökonomischen Definitionsbereiches $D_{ök}(E) = [0; 4]$.

Der Funktionsgraph einer quadratischen Funktion ist eine Parabel. Der Faktor vor dem x^2 gibt an, ob die Parabel nach oben oder nach unten geöffnet ist und ob sie gestreckt oder gestaucht ist. Der Faktor ist in diesem Fall -5, d. h. negativ und der Betrag $|-5|$ ist größer als 1, die Parabel ist also im Vergleich mit der Normalparabel nach unten geöffnet und gestreckt. Der Scheitelpunkt oder auch Extrempunkt der Parabel ist der **Hochpunkt** $H(x_H|f(x_H))$. Die **Extremstelle** x_H liegt in der Mitte der beiden Nullstellen und $f(x_H)$ gibt den **größtmöglichen Funktionswert** der Parabel an.
$x_H = \frac{0+4}{2} = 2$ und $f(x_H) = f(2) = -5 \cdot 2^2 + 20 \cdot 2 = 20 \Rightarrow H(2|20)$.
Daraus ergibt sich $W_{ök}(E) = [0|20]$. Bei einer Produktion und dem Absatz von 2 ME erzielt das Unternehmen den **maximalen Erlös** in Höhe von 20 GE.

Markante Punkte der Gesamtkostenfunktion
$K(0) = 5x + 6{,}25 = 6{,}25 \Rightarrow S_y(0|6{,}25)$. Die **Fixkosten** betragen 6,25 GE.
$K(4) = 26{,}25 \Rightarrow R_H(4|26{,}25)$. Dies ist der **Randextrempunkt** der Gesamtkostenfunktion, weil er am rechten Rand des ökonomischen Definitionsbereiches für die Erlösfunktion liegt. Die **maximalen Gesamtkosten** werden bei einer Produktion von 4 ME in Höhe von 26,25 GE erzielt.
Es ergibt sich daraus: $D_{ök}(E, K) = [0; 4]$ und $W_{ök}(K) = [0; 26{,}25]$.

Zeichnung

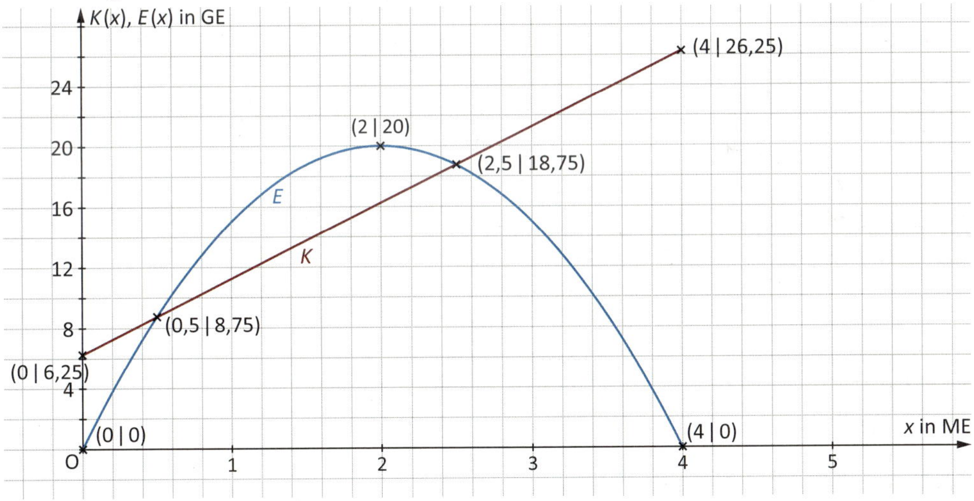

Schnittpunkte ermitteln
$K(x) = E(x)$
$5x + 6{,}25 = -5x^2 + 20x \Rightarrow 0 = -5x^2 + 15x - 6{,}25$
Lösung mithilfe der **p-q-Formel**
$0 = -5x^2 + 15x - 6{,}25 \quad | \;:(-5)$
$0 = x^2 - 3x + 1{,}25$
$x_{1,2} = -\frac{p}{2} \pm \sqrt{\left(\frac{p}{2}\right)^2 - q} \Rightarrow x_{1,2} = \frac{3}{2} \pm \sqrt{\frac{9}{4} - 1{,}25} \Rightarrow x_{1,2} = 1{,}5 \pm 1 \;\; x_1 = 0{,}5 \vee x_2 = 2{,}5$

Bei 0,5 ME liegt die **Gewinnschwelle** und bei 2,5 ME die **Gewinngrenze**.
$K(0{,}5) = E(0{,}5) = 8{,}75 \Rightarrow S_{x_1}(0{,}5 \mid 8{,}75)$
An der Gewinnschwelle betragen die Gesamtkosten und die Erlöse 8,75 GE, es wird weder Gewinn noch Verlust erzielt.
$K(2{,}5) = E(2{,}5) = 18{,}75 \Rightarrow S_{x_1}(2{,}5 \mid 18{,}75)$
An der Gewinngrenze betragen die Gesamtkosten und die Erlöse 18,75 GE, es wird ebenfalls weder Gewinn noch Verlust erzielt.
Verlustintervalle: [0; 0,5) und (2,5; 4]. Bei einer Produktion von $0 \le x < 0{,}5$ und $2{,}5 < x \le 4$ ME wird Verlust erwirtschaftet.
Gewinnintervall: (0,5; 2,5). Bei einer Produktion von $0{,}5 < x < 2{,}5$ ME wird Gewinn erwirtschaftet.

Nullstellenberechnung bei quadratischen Funktionen:

	Allgemein	Beispiel
Satz vom Nullprodukt	Ein Produkt ist genau dann null, wenn mindestens einer der Faktoren null ist.	$E(x) = 0 \Rightarrow -5x^2 + 20x = (-5x + 20)x$ $0 = -5x + 20 \lor 0 = x \Rightarrow x_1 = 4 \lor x_2 = 0$
p-q-Formel	$0 = x^2 - px + q$ $\Rightarrow x_{1,2} = -\frac{p}{2} \pm \sqrt{\left(\frac{p}{2}\right)^2 - q}$	$0 = -5x^2 + 15x - 6{,}25 \quad \mid :(-5)$ $0 = x^2 - 3x + 1{,}25$ $x_{1,2} = -\frac{p}{2} \pm \sqrt{\left(\frac{p}{2}\right)^2 - q} \Rightarrow x_{1,2} = \frac{3}{2} \pm \sqrt{\frac{9}{4} - 1{,}25}$ $\Rightarrow x_{1,2} = 1{,}5 \pm 1$ $\Rightarrow x_1 = 0{,}5 \lor x_2 = 2{,}5$
Quadratische Ergänzung	Die Ausgangsgleichung so umformen, dass vor dem x^2 eine 1 steht. Für die quadratische Ergänzung den Faktor vor dem x (blau gekennzeichnet) halbieren und quadrieren. Das Ergebnis auf beiden Seiten der Gleichung addieren. Mithilfe der Binomischen Formel aus dem blauen Term einen Klammerausdruck erstellen. Den nicht verwendeten Summanden auf die andere Seite der Gleichung bringen. Nachdem die Wurzel gezogen wurde, ergeben sich zwei Lösungen.	$0 = -5x^2 + 15x - 6{,}25 \quad \mid :(-5)$ $\Rightarrow 0 = x^2 - 3x + 1{,}25 \quad \mid +\left(\frac{3}{2}\right)^2$ $\Rightarrow \left(\frac{3}{2}\right)^2 = x^2 - 3x + \left(\frac{3}{2}\right)^2 + 1{,}25$ $\Rightarrow \frac{9}{4} = \left(x - \frac{3}{2}\right)^2 - 1{,}25 \quad \mid +1{,}25$ $\Rightarrow 1 = \left(x - \frac{3}{2}\right)^2 \quad \mid \sqrt{}$ $\Rightarrow \pm 1 = x - \frac{3}{2} \quad \mid +1{,}5$ $\Rightarrow x_{1,2} = 1{,}5 \pm 1$ $\Rightarrow x_1 = 0{,}5 \lor x_2 = 2{,}5$
GTR/CAS	Graph oder EQUA	$x_1 = 0{,}5 \lor x_2 = 2{,}5$

Berechnung des Scheitelpunktes bei quadratischen Funktionen:

	Allgemein	Beispiel
In Abhängigkeit von den beiden Nullstellen	Parabel nach oben geöffnet: $T(x_T \mid f(x_T))$ $x_T = x_1 + \frac{x_2 - x_1}{2}$ mit $x_1 < x_2$ oder Parabel nach unten geöffnet: $H(x_H \mid f(x_H))$ $x_H = x_1 + \frac{x_2 - x_1}{2}$ mit $x_1 < x_2$	$E(x) = -5x^2 + 20x$ Nullstellen ermitteln (Satz vom Nullprodukt) $0 = x \vee 0 = -5x + 20$ $\Rightarrow x_1 = 0 \vee x_2 = 4$ Extremstelle berechnen $x_H = x_1 + \frac{x_2 - x_1}{2}$ $x_H = 0 + \frac{4-0}{2} = 2$ Funktionswert ermitteln $f(x_H) = E(2) = 20$ $\Rightarrow H(2 \mid 20)$
Quadratische Ergänzung	Das Verfahren ist identisch mit der quadratischen Ergänzung bei der Nullstellenberechnung	$E(x) = -5x^2 + 20x \quad \mid :(-5)$ $-\frac{E(x)}{5} = x^2 - 4 \quad \mid +\left(\frac{4}{2}\right)^2$ $-\frac{E(x)}{5} + 4 = x^2 - 4x + 4 \quad \mid$ Binomische Formel $-\frac{E(x)}{5} + 4 = (x-2)^2 \quad \mid -4$ $-\frac{E(x)}{5} = (x-2)^2 - 4 \quad \mid \cdot(-5)$ $E(x) = -5(x-2)^2 + 20$ Der Scheitelpunkt lässt sich nun ablesen $\Rightarrow H(2 \mid 20)$
GTR/CAS	Graph/Max Graph/Min	$E(x) = -5x^2 + 20x$ $H(2 \mid 20)$

Quadratische Funktionen können in unterschiedlichen Darstellungsformen auftreten:

	Allgemein	Beispiel
Normalform	$f(x) = ax^2 + bx + c$	$E(x) = -5x^2 + 20x + 0$
Linearfaktordarstellung	$f(x) = a(x - x_1)(x - x_2)$ x_1, x_2 sind die Nullstellen des Funktionsgraphen	mit $x_1 = 0 \wedge x_2 = 4$ und $a = -5$ $E(x) = -5(x-0)(x-4)$ $= -5 \cdot x \cdot (x-4)$
Scheitelpunktform	$f(x) = a(x-u)^2 + v$, der Scheitelpunkt des Funktionsgraphen liegt bei $S(u \mid v)$	mit $H(2 \mid 20)$ und $a = -5$ $E(x) = -5(x-2)^2 + 20$

Beispiel 2

Das Unternehmen *GenussPUR* stellt als Monopolist eine weitere Teesorte her: *Chili-Rotbusch*. Die Marketingabteilung analysiert umfassend die Erlössituation für diese Teesorte, um ggf. Werbemaßnahmen zu initiieren. Umfragen haben ergeben, dass der **Höchstpreis** bei 12 GE liegt und die **Sättigungsmenge** bei 10 ME.

Bestimmen Sie die Funktionsgleichung der Erlösfunktion.

Untersuchen Sie die Auswirkung eines **veränderten Höchstpreises** auf das Erlösmaximum und die erlösmaximale Menge.

Untersuchen Sie außerdem die Auswirkung einer **veränderten Sättigungsmenge** auf das Erlösmaximum und die erlösmaximale Menge.

Lösungen

Preis-Absatz-Funktion

$p(x) = mx + b$ mit $P_1(0|12)$ und $P_2(10|0)$ $\Rightarrow$ $m = \frac{0-12}{10-0} = -1{,}2$ $\Rightarrow$ $p(x) = -1{,}2x + b$

$p(0) = 1{,}2 \cdot 0 + b = 12$ $\Rightarrow$ $x = 12$ $\Rightarrow$ $p(x) = -1{,}2x + 12$

Erlösfunktion

$E(x) = p(x) \cdot x = (-1{,}2x + 12) \cdot x = -1{,}2x^2 + 12x$

Änderung des Höchstpreises

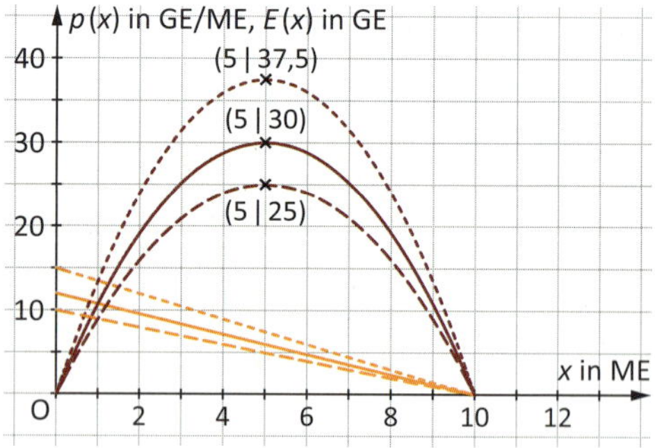

Wenn sich der Höchstpreis ändert, aber die Sättigungsmenge konstant bleibt, dann ändern sich die Steigung und der Ordinatenabschnitt, aber nicht die Nullstelle der Geraden. Dadurch, dass sich die Nullstelle der Preis-Absatz-Funktion nicht ändert, ändert sich auch nicht die zweite Nullstelle der Erlösfunktion. Dies führt dazu, dass auch die erlösmaximale Menge konstant bleibt. Eine Änderung ergibt sich in der Höhe des Erlösmaximums. Steigt der Höchstpreis, so steigt das Erlösmaximum. Sinkt der Höchstpreis, so sinkt das Erlösmaximum.

$E(x) = a(x - x_1)(x - x_2)$

$E(x) = a(x - 0)(x - 10) = a \cdot x \cdot (x - 10) = ax^2 - 10ax$

Mithilfe der quadratischen Ergänzungen kann der Term zur Scheitelpunktform umgeformt werden:

$E(x) = a(x - 5)^2 - 25a = a(x - u)^2 + v.$

Ändert sich der Höchstpreis, so ändert sich der Steigungsfaktor a, d. h., die Parabel ist gestreckter oder gestauchter, dies führt dazu, dass der Funktionswert des Scheitelpunktes v größer oder kleiner wird.

Änderung der Sättigungsmenge

Wenn sich die Sättigungsmenge ändert, aber nicht der Höchstpreis, dann bleibt der Ordinatenabschnitt konstant, aber die Steigung und die Nullstelle nicht. Wenn sich die Nullstelle der Preis-Absatz-Funktion ändert, dann ändert sich auch die zweite Nullstelle der Erlösfunktion. Daraus folgt, dass sich auch die erlösmaximale Menge ändert und die Höhe des Erlösmaximums. Je niedriger die Sättigungsmenge ist, desto geringer sind das Erlösmaximum und die erlösmaximale Menge.

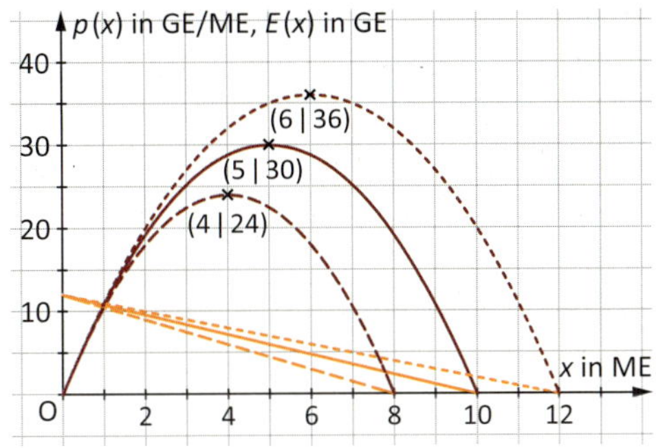

$E(x) = (mx + b) \cdot x = mx^2 + bx$

$E(x) = (mx + 12) \cdot x = mx^2 + 12x$

Bei quadratischen Funktionen wird als Steigungsfaktor a und nicht wie bei linearen Funktionen m verwendet

$\Rightarrow \; E(x) = ax^2 + 12x.$

Ändert sich die Sättigungsmenge, so ändert sich der Steigungsfaktor der Parabel und dadurch, dass die Parabel der Erlösfunktion nach unten geöffnet ist, ändern sich der Abstand der beiden Nullstellen und der Scheitelpunkt.

Parametervariationen bei quadratischen Funktionen

Parameter	Beschreibung	Grafik (Beispiele)
	$f(x) = ax^2 + bx + c$	
$a = 1$	Normalparabel, der Scheitelpunkt liegt im Ursprung, es ist ein Tiefpunkt und gleichzeitig eine doppelte Nullstelle, die Parabel ist nach oben geöffnet, der Graph verläuft durch die Punkte $P_1(1 \mid 1)$ und $P_2(-1 \mid 1)$	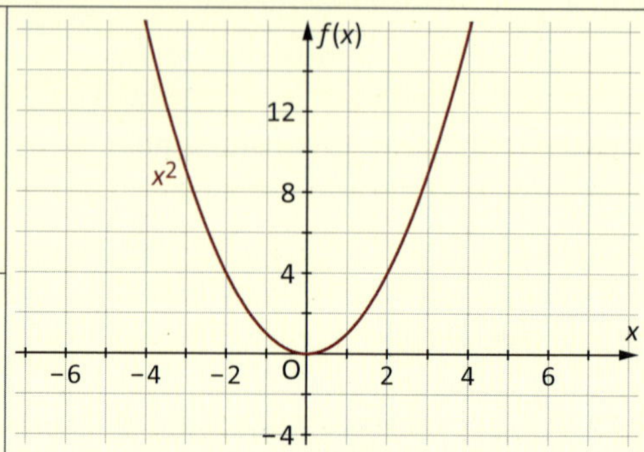
$a > 0$	Parabel nach oben geöffnet, Scheitelpunkt ist ein Tiefpunkt	
$a < 0$	Parabel nach unten geöffnet, Scheitelpunkt ist ein Hochpunkt	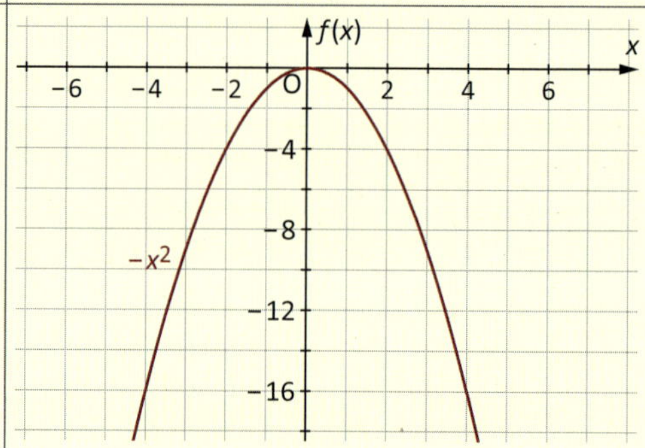
$0 < \|a\| < 1$	Parabel ist gestaucht, Parabelöffnung ist breiter als bei der Normalparabel	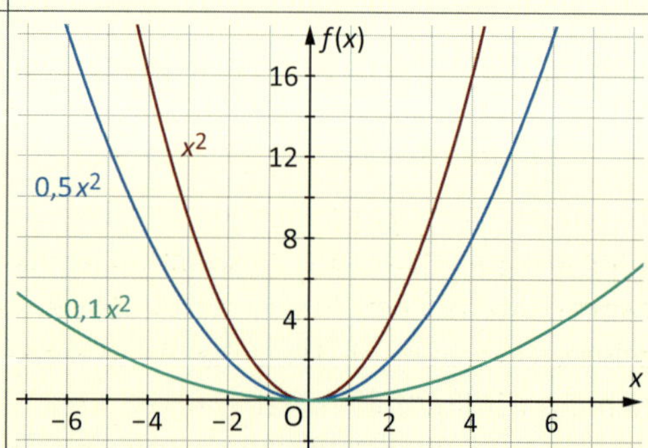
$\|a\| > 1$	Parabel ist gestreckt, Parabelöffnung ist schmaler als bei der Normalparabel	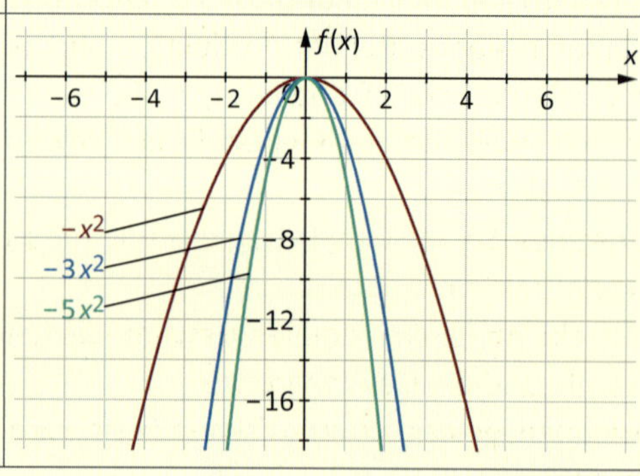

Parameter	Beschreibung	Grafik (Beispiele)
$f(x) = a\,(x - u)^2 + v$		
$u < 0$	Verschiebung der Parabel um u Einheiten nach links $(x - (-3))^2 = (x + 3)^2$	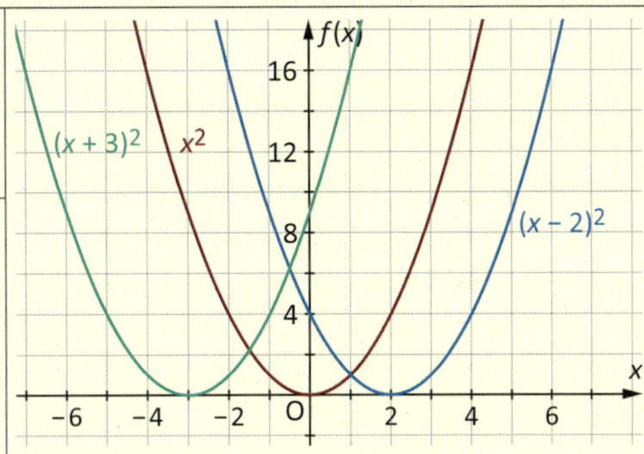
$u > 0$	Verschiebung der Parabel um u Einheiten nach rechts $(x - (+2))^2 = (x - 2)^2$	
$v < 0$	Verschiebung der Parabel um v Einheiten nach unten	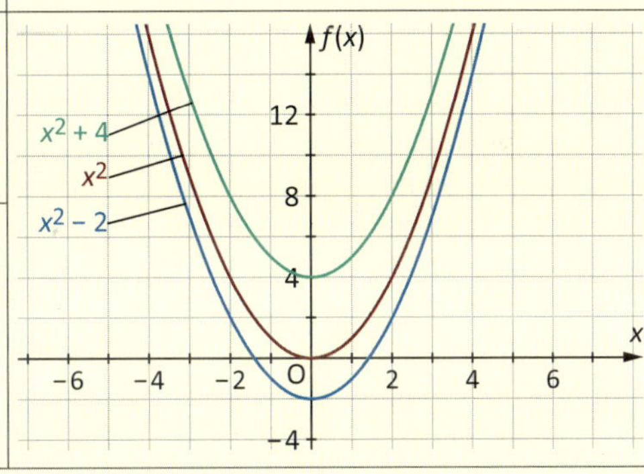
$v > 0$	Verschiebung der Parabel um v Einheiten nach oben	

Beispiel 3

Auch für die Teesorte *Grün-Weiß-Fitness* ist das Unternehmen *GenussPUR* Monopolist. Die Unternehmensleitung analysiert die Gewinnsituation für diese Teesorte, um herauszufinden, ob die Sorte weiterhin produziert werden soll. Die zugehörige Funktionsgleichung wird mithilfe einer **ganzrationalen Funktion 2. Grades** modelliert. Für diese Funktion sind folgende Angaben bekannt: Bei der Produktion und dem Verkauf von 2 ME oder 10 ME entsteht jeweils ein Verlust in Höhe von 6 GE, bei 5 ME entsteht ein Gewinn in Höhe von 1,5 GE.

Bestimmen Sie die Funktionsgleichung für die Gewinnfunktion.

Ermitteln Sie den maximalen Gewinn, die gewinnmaximale Menge, die Gewinnschwelle und die Gewinngrenze.

Berechnen Sie den Cournot'schen Preis, wenn die zugrunde liegenden Preis-Absatz-Funktion $p(x) = -0{,}25\,x + 2$ gilt.

Lösung

Gewinnfunktion

$G(x) = ax^2 + bx + c$

Gegebene Punkte in die Gleichung einsetzen:

$G(2) = -6 \quad \Rightarrow \quad 4a + 2b + c = -6$

$G(10) = -6 \quad \Rightarrow \quad 100a + 10b + c = -6$

$G(5) = 1{,}5 \quad \Rightarrow \quad 25a + 5b + c = 1{,}5$

Drei Gleichungen, um drei Unbekannte zu bestimmen.

Das **Lineare Gleichungssystem** (LGS) wird mithilfe des **Gauß-Algorithmus** gelöst. Der Gauß-Algorithmus basiert auf dem **Additionsverfahren**. Es dürfen Zeilen mit einem Faktor multipliziert und jeweils zwei Zeilen addiert werden. Ein Zeilentausch kann auch durchgeführt werden.

$$\left|\begin{array}{rcrcrcr} 4a &+& 2b &+& c &=& -6 \\ 100a &+& 10b &+& c &=& -6 \\ 25a &+& 5b &+& c &=& 1{,}5 \end{array}\right| \quad \left|\begin{array}{l} \cdot(-25) \\ \\ \cdot 4 \end{array}\right.$$

$$\Rightarrow \left|\begin{array}{rcrcrcr} -100a &-& 50b &-& 25c &=& 150 \\ 100a &+& 10b &+& c &=& -6 \\ 100a &+& 20b &+& 4c &=& 6 \end{array}\right| \quad \left|\begin{array}{l} \text{addieren mit Zeile 2} \\ \\ \\ \end{array}\right.$$

$$\Rightarrow \left|\begin{array}{rcrcrcr} -100a &-& 50b &-& 25c &=& 150 \\ &-& 40b &-& 24c &=& 144 \\ 100a &+& 20b &+& 4c &=& 6 \end{array}\right| \quad \left|\begin{array}{l} \text{addieren mit Zeile 3} \\ \\ \\ \end{array}\right.$$

$$\Rightarrow \left|\begin{array}{rcrcrcr} -100a &-& 50b &-& 25c &=& 150 \\ &-& 40b &-& 24c &=& 144 \\ &-& 30b &+& -21c &=& 156 \end{array}\right| \quad \left|\begin{array}{l} \\ \cdot(-3) \\ \cdot 4 \end{array}\right.$$

$$\Rightarrow \left|\begin{array}{rcrcrcr} -100a &-& 50b &-& 25c &=& 150 \\ && 120b &+& 72c &=& -432 \\ && -120b &-& 84c &=& 624 \end{array}\right| \quad \left|\begin{array}{l} \\ \text{addieren mit Zeile 3} \\ \\ \end{array}\right.$$

$$\Rightarrow \left|\begin{array}{rcrcrcr} -100a &-& 50b &-& 25c &=& 150 \\ && 120b &+& 72c &=& -432 \\ &&&& -12c &=& 192 \end{array}\right| \quad \left|\begin{array}{l} \\ \\ \text{auflösen nach } c \end{array}\right.$$

$$\Rightarrow \left|\begin{array}{rcrcrcr} -100a &-& 50b &-& 25c &=& 150 \\ && 120b &+& 72c &=& -432 \\ &&&& c &=& -16 \end{array}\right| \quad \left|\begin{array}{l} c \text{ einsetzen} \\ c \text{ einsetzen} \\ \\ \end{array}\right.$$

$$\Rightarrow \left|\begin{array}{rcrcrcr} -100a &-& 50b &+& 400 &=& 150 \\ && 120b &-& 1152 &=& -432 \\ &&&& c &=& -16 \end{array}\right| \quad \left|\begin{array}{l} \\ \text{nach } b \text{ auflösen} \\ \\ \end{array}\right.$$

$$\Rightarrow \left|\begin{array}{rcrcrcr} -100a &-& 50b &+& 400 &=& 150 \\ && b &&&=& 6 \\ &&&& c &=& -16 \end{array}\right| \quad \left|\begin{array}{l} b \text{ einsetzen} \\ \\ \\ \end{array}\right.$$

$$\Rightarrow \begin{vmatrix} -100a - 300 + 400 = 150 \\ b = 6 \\ c = -16 \end{vmatrix} \quad \text{nach } a \text{ auflösen}$$

$$\Rightarrow \begin{vmatrix} a = -0{,}5 \\ b = 6 \\ c = -16 \end{vmatrix} \Rightarrow G(x) = -0{,}5x^2 + 6x - 16$$

Alternativ kann das LGS auch mit dem GTR/CAS gelöst werden. Außerdem können die fehlenden Werte für a, b, c auch über eine **quadratische Regression** mithilfe des GTR/CAS ermittelt werden.

Gewinnschwelle und Gewinngrenze

$G(x) = -0{,}5x^2 + 6x - 16 = 0 \Rightarrow x_1 = 4 \vee x_2 = 8$

Die Gewinnschwelle liegt bei 4 ME, die Gewinngrenze bei 8 ME. Die gewinnmaximale Menge liegt in der Mitte zwischen 4 ME und 8 ME, d. h. bei 6 ME.

$G(6) = -0{,}5 \cdot 6^2 + 6 \cdot 6 - 16 = 2$

Der maximale Gewinn beträgt 2 GE.

Cournot'schen Preis berechnen

$p(x) = -0{,}25x + 2 \Rightarrow p(6) = -0{,}25 \cdot 6 + 2 = 0{,}5$

Wenn 6 ME produziert und am Markt für 0,5 GE/ME abgesetzt werden, erzielt das Unternehmen den maximalen Gewinn in Höhe von 2 GE.

Aufstellen von quadratischen Funktionstermen

Lösungsweg	
Lineares Gleichungssystem (LGS)	Die gegebenen Punkte werden in die gesuchte Funktionsgleichung $f(x) = ax^2 + bx + c$ eingesetzt und dann wird ein LGS aufgestellt. Für jede Unbekannte wird eine Gleichung für das LGS benötigt, also in diesem Fall drei Gleichungen. Das LGS wird mithilfe des Gauß-Algorithmus algebraisch gelöst oder mithilfe des GTR/CAS.
Linearfaktordarstellung	Der Steigungsfaktor und die beiden Nullstellen sind bekannt und werden in die Gleichung $f(x) = a(x - x_1)(x - x_2)$ eingesetzt; durch Auflösen der Klammern entsteht die Normalform der quadratischen Funktion.
Scheitelpunktform	Der Steigungsfaktor und der Scheitelpunkt sind bekannt und werden in die Gleichung $f(x) = a(x - u)^2 + v$ eingesetzt; durch Auflösen der Klammer mithilfe der Binomischen Formel entsteht die Normalform der quadratischen Funktion.
Quadratische Regression	GTR/CAS

Übungen

1 Ordnen Sie die Funktionsgleichungen den Graphen zu und formen Sie die Terme so um, dass die beiden jeweils fehlenden Darstellungsformen entstehen.

Linearfaktordarstellung	Normalform	Scheitelpunktform
$-(x-20)(0{,}05x)$		
	$0{,}02x^2-0{,}2x+4$	
		$0{,}5(x-22)^2-2$

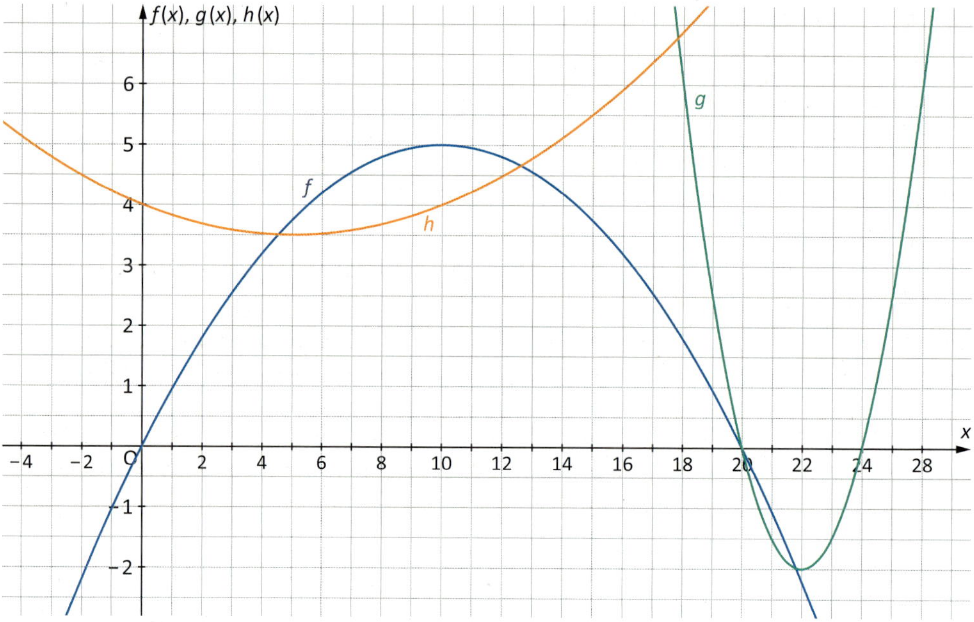

2 Ermitteln Sie die Schnittpunkte mit den Koordinatenachsen und beschreiben Sie die Veränderungen des Graphen im Vergleich mit dem Graphen für $f(x)=x^2$.

a) $f(x)=2(x-4)^2+6$

b) $f(x)=-0{,}25(x+2)(x+6)$

c) $f(x)=x^2-8x+16$

d) $f(x)=-2x^2-12x-18$

3 Beschreiben Sie die Zusammenhänge der drei verschiedenen Darstellungsformen von quadratischen Funktionen. Geben Sie jeweils die Vorteile der Darstellungsformen an.

4 Das Unternehmen *Wäsche Max* stellt Berufsbekleidung für Hotels und Gaststätten her und muss im Rahmen der nächsten Produktionsplanung einige Analysen anstellen:
Die Bekleidungsserie für Köche wird untersucht. Für die weitere Produktion soll die derzeitige Gewinn- und Verlustsituation analysiert werden.
Die rechts abgebildete Grafik ist für die Analyse schon erstellt worden. Beschriften Sie die Achsen sowie die Graphen und kennzeichnen Sie den ökonomisch sinnvollen Definitionsbereich. Die Gesamtkostenfunktion setzt sich aus variablen Kosten in Höhe von 0,5 Geldeinheiten (GE) pro Mengeneinheit (ME) und Fixkosten in Höhe von 3 GE zusammen. Die Erlösfunktion ist gegeben mit $E(x) = -0{,}2x(x - 14)$.

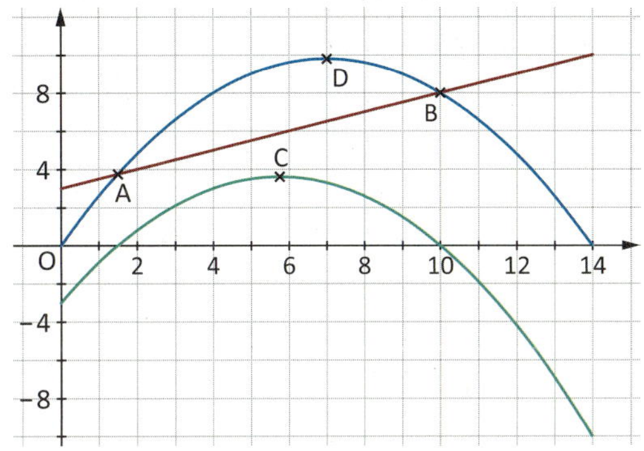

Bestimmen Sie die Koordinaten der in der Grafik angegebenen Punkte A, B, C und D. Interpretieren Sie die Koordinaten im Sinne der Aufgabenstellung.
Geben Sie in Intervallschreibweise die Intervalle an, in denen das Unternehmen *Wäsche Max* mit der Bekleidungsserie für Köche Verlust bzw. Gewinn erwirtschaftet.

5 Das Unternehmen *Wäsche Max* stellt Berufsbekleidung für Hotels und Gaststätten her und muss im Rahmen der nächsten Produktionsplanung einige Analysen erstellen:
Die Produktion der Bekleidungsserie *Klassik* für das Rezeptions-Personal soll analysiert werden. Die Preis-Absatzfunktion lautet: $p(x) = -0{,}3x + 27$.
Bestimmen Sie den Funktionsterm der Gewinnfunktion in Normalform unter der Voraussetzung, dass die Steigung $-0{,}3$ beträgt, die Gewinnschwelle bei 20 ME liegt und die Gewinngrenze bei 60 ME.
Bestimmen Sie den Funktionsterm der Erlösfunktion und der Kostenfunktion.
Zeichnen Sie für $D_{ök}$ die Graphen der Gesamtkostenfunktion, der Erlösfunktion und der Gewinnfunktion in ein geeignetes Koordinatensystem.
Bestimmen Sie den Cournot'schen Punkt und interpretieren Sie die beiden Koordinaten im Sinne der Aufgabenstellung.

6 Erstellen Sie ein Mindmap mit allen wichtigen Informationen zum Thema „Quadratische Funktionen“.

7 Erstellen Sie ein Mindmap mit allen wichtigen Informationen zum Thema „Kostentheorie im Monopol“.

4.6 Potenzfunktionen

Potenzfunktionen mit positiven Exponenten bilden die Summanden der ganzrationalen Funktionen:

Art der Potenzfunktion			Grafik	Beschreibung
Positiver Exponent	gerader Exponent größer als 1	Parabeln	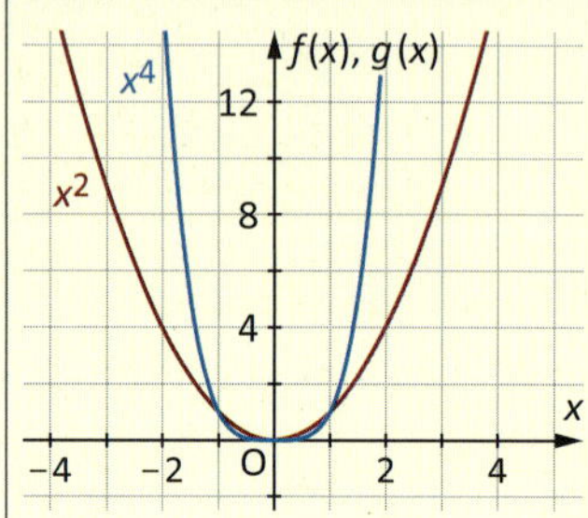 $D_{math} = \mathbb{R}$	$f(x) = x^2$, $g(x) = x^4$ Der Graph ist eine nach oben geöffnete Parabel, die durch den Ursprung und durch die Punkte $P_1(-1\|1)$ und $P_2(1\|1)$ verläuft. Der Graph ist **achsensymmetrisch zur Ordinatenachse**.
	ungerader Exponent größer als 1	Wendeparabeln	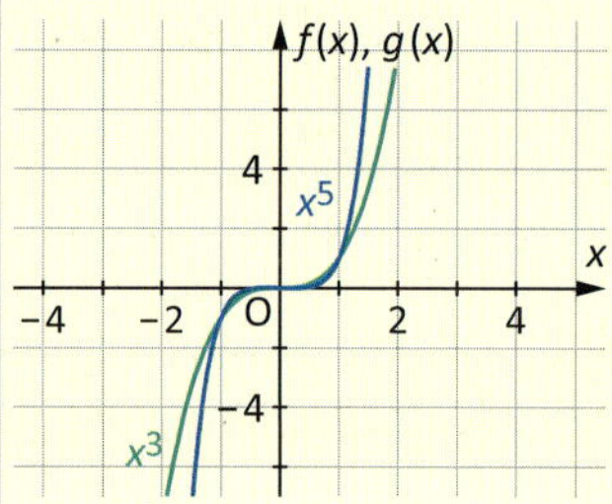 $D_{math} = \mathbb{R}$	$f(x) = x^3$, $g(x) = x^5$ Der Graph ist eine Wendeparabel, die durch den Ursprung und durch die Punkte $P_1(-1\|-1)$ und $P_2(1\|1)$ verläuft. Der Graph kommt aus dem negativ Unendlichen und geht ins positiv Unendliche. Der Graph ist **punktsymmetrisch zum Ursprung**.

Symmetrie-Eigenschaften	
Achsensymmetrie zur Ordinatenachse	$f(x) = f(-x)$ Der Funktionsterm einer ganzrationalen Funktion beinhaltet nur gerade Exponenten (Hinweis: Null ist auch eine gerade Zahl).
Punktsymmetrie zum Ursprung	$f(x) = -f(-x)$ Der Funktionsterm einer ganzrationalen Funktion beinhaltet nur ungerade Exponenten.

Haben die Potenzfunktionen f *mit* $f(x) = x^n$ einen negativen Exponenten n mit $n \in \mathbb{Z}_-$, dann gehören sie in die Gruppe der **gebrochenrationalen Funktionen**, bei denen die Variable x (auch) im Nenner steht: $f(x) = x^{-n} = \frac{1}{x^n}$. Für diese Art der Potenzfunktionen gilt: $D_{math} = \mathbb{R}\setminus\{0\}$. Aus dem Definitionsbereich muss die Null ausgeschlossen werden, weil die Division durch null nicht definiert ist.

Art der Potenzfunktion			Grafik	Beschreibung
negativer Exponent	gerader Exponent Der Betrag des Exponenten ist größer als 1.	Gebrochenrationale Funktionen	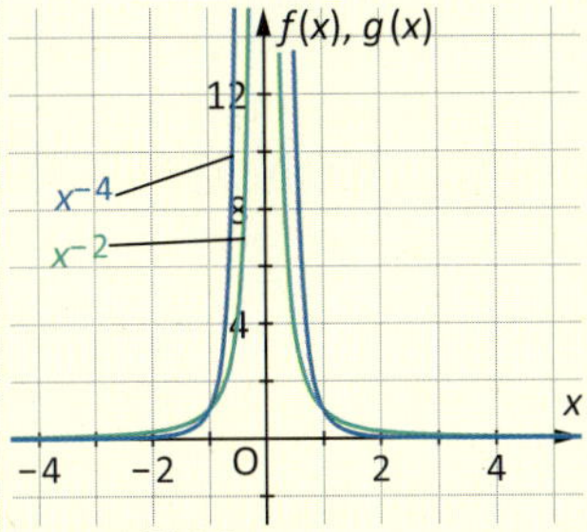 $D_{math} = \mathbb{R}\setminus\{0\}$	$f(x) = x^{-2} = \frac{1}{x^2}$, $g(x) = x^{-4} = \frac{1}{x^4}$ Der Graph besteht aus zwei einzelnen Hyperbeln, die oberhalb der Abszissenachse liegen und sich jeweils an die Ordinaten- und Abszissenachse anschmiegen, ohne sie zu schneiden[1]. Die Punkte $P_1(-1\|1)$ und $P_2(1\|1)$ liegen auf den Funktionsgraphen.
	ungerader Exponent Der Betrag des Exponenten ist größer als 1.		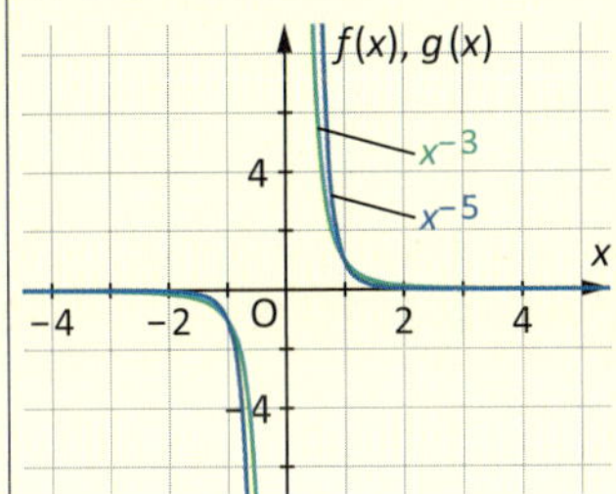 $D_{math} = \mathbb{R}\setminus\{0\}$	$f(x) = x^{-3} = \frac{1}{x^3}$, $g(x) = x^{-5} = \frac{1}{x^5}$ Der Graph besteht aus zwei einzelnen Hyperbeln. Der linke Hyperbelast liegt unterhalb der Abszissenachse, der rechte oberhalb. Sie schmiegen sich jeweils an die Ordinaten- und Abszissenachse an, ohne sie zu schneiden[2]. $P_1(-1\|-1)$ und $P_2(1\|1)$ liegen auf den Funktionsgraphen.

Potenzfunktionen f *mit* $f(x) = x^n$ können auch Exponenten aufweisen, für die gilt $0 < |n| < 1$ mit $n \in \mathbb{R}$. Diese gehören zu den **Wurzelfunktionen**, die die **Umkehrfunktionen** der Potenzfunktionen $f(x) = x^n$ mit positivem Exponenten größer 1 sind. Die Umkehrfunktion entsteht dadurch, dass die Variablen ausgetauscht werden $\Rightarrow x = (f(x))^n$ und die neue Gleichung nach $f(x)$ umgestellt wird $\Rightarrow \sqrt[n]{x} = f(x)$.

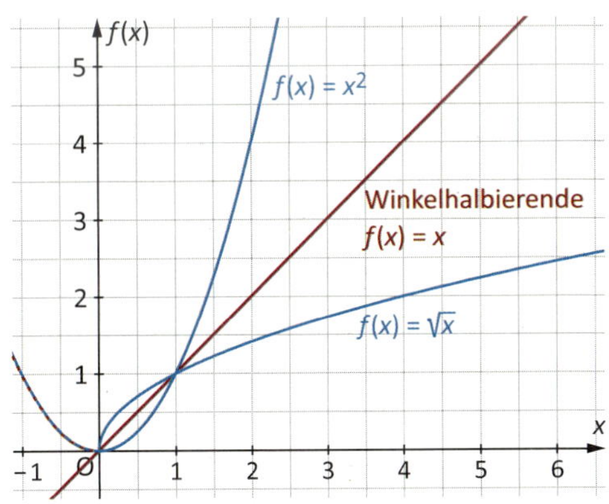

Nach einer weiteren Umformung wird deutlich, dass es sich ebenfalls um eine Potenzfunktion handelt $\Rightarrow f(x) = x^{\frac{1}{n}}$.
Die Umkehrfunktion entsteht grafisch durch Spiegelung des Graphen an der Winkelhalbierenden.

1 Die Abszissenachse ist in diesem Fall gleichzeitig die Asymptote, die Ordinatenachse gleichzeitig der Pol.
2 Die Abszissenachse ist in diesem Fall gleichzeitig die Asymptote, die Ordinatenachse gleichzeitig der Pol.

Der mathematische Definitionsbereich muss für diese Wurzelfunktionen eingeschränkt werden, weil die Spiegelung der gesamten Funktion dazu führen würde, dass der gespiegelte Graph keine Funktion wiedergibt, sondern eine Relation. Bei einer **Funktion** wird jedem Element aus dem Definitionsbereich D genau ein Element aus dem Wertebereich W zugeordnet; bei einer **Relation** werden mindestens einem Element aus D mehrere Elemente aus W zugeordnet. Außerdem muss beachtet werden, dass aus negativen Zahlen nur „ungerade Wurzeln" gezogen werden können.

Art der Potenzfunktion			Grafik	Beschreibung
Positiver Exponent	$f(x) = x^{\frac{m}{n}} = \sqrt[n]{x^m}$ mit $m,\ n \in \mathbb{N}$ und gerade Zahlen	Wurzelfunktionen	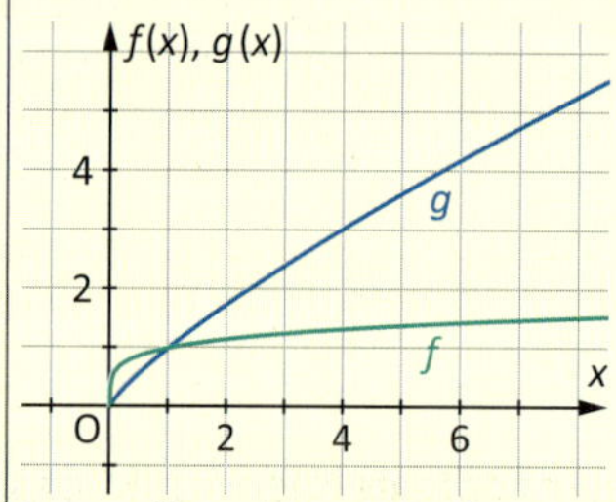 $D_{math} = \mathbb{R}_+$ oder $D_{math} = \mathbb{R}_-$	$f(x) = x^{0,2} = x^{\frac{2}{10}} = \sqrt[10]{x^2}$ $g(x) = x^{0,8} = x^{\frac{8}{10}} = \sqrt[10]{x^8}$
	$f(x) = x^{\frac{m}{n}} = \sqrt[n]{x^m}$ mit $m,\ n \in \mathbb{N}$ und ungerade Zahlen		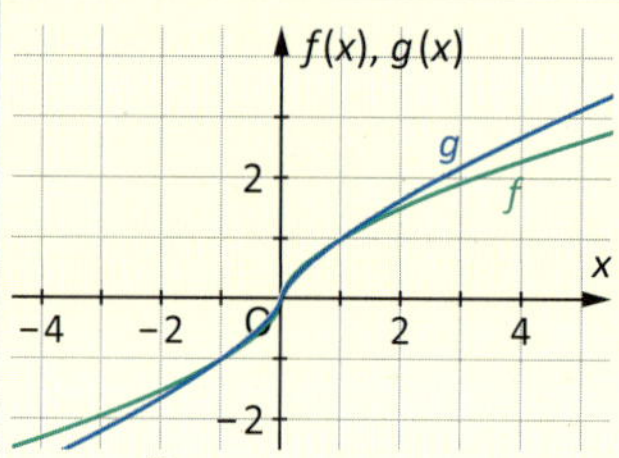 $D_{math} = \mathbb{R}$	$f(x) = x^{\frac{3}{5}} = \begin{cases} \sqrt[5]{x^3}, & x \in \mathbb{R}_+ \\ -\sqrt[5]{x^3}, & x \in \mathbb{R}_- \end{cases}$ $g(x) = x^{\frac{5}{7}} = \begin{cases} \sqrt[7]{x^5}, & x \in \mathbb{R}_+ \\ -\sqrt[7]{x^5}, & x \in \mathbb{R}_- \end{cases}$
Positiver Exponent	$f(x) = x^{\frac{m}{n}} = \sqrt[n]{x^m}$ mit $m, n \in \mathbb{N}$ sowie m gerade und n ungerade	Wurzelfunktionen	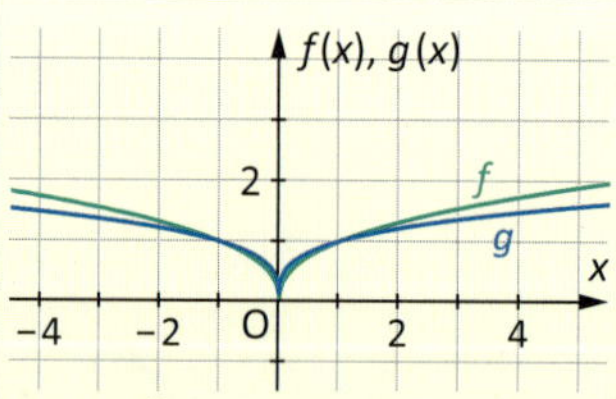 $D_{math} = \mathbb{R}$	$f(x) = x^{\frac{2}{5}} = \sqrt[5]{x^2}$ $g(x) = x^{\frac{2}{7}} = \sqrt[7]{x^2}$
	$f(x) = x^{\frac{m}{n}} = \sqrt[n]{x^m}$ mit $m, n \in \mathbb{N}$ sowie m ungerade und n gerade		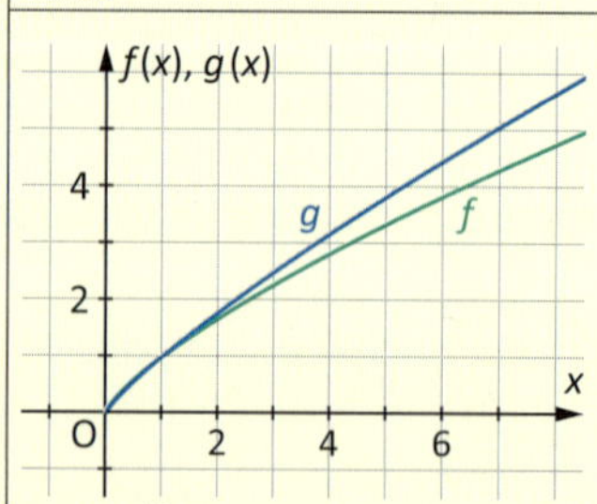 $D_{math} = \mathbb{R}_+$	$f(x) = x^{\frac{3}{4}} = \sqrt[4]{x^3}$ $g(x) = x^{\frac{5}{6}} = \sqrt[6]{x^5}$

Übungen

1 Geben Sie an, zu welcher Art Potenzfunktion der Graph gehört.
Geben Sie eine mögliche Funktionsgleichung an.

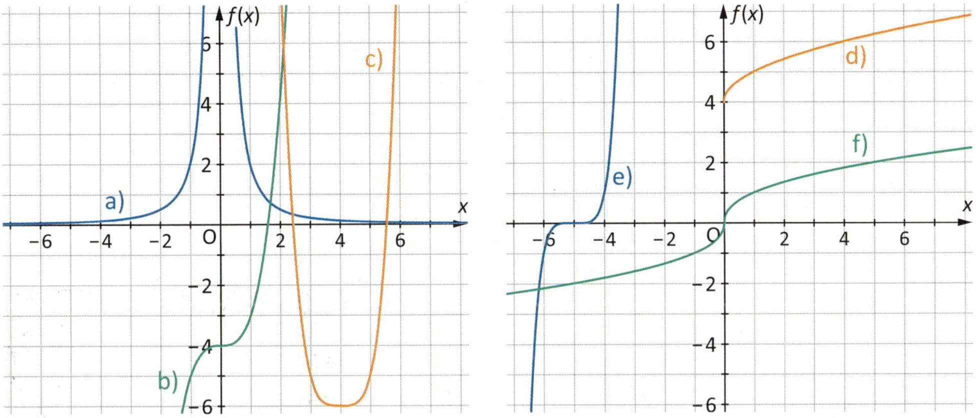

2 Skizzieren Sie die Graphen zu den nachfolgenden Funktionsgleichungen. Beschreiben Sie jeweils den Verlauf des Graphen, verweisen Sie dabei auch auf eine mögliche Symmetrie.

a) $f(x) = x^2 + 2$ b) $f(x) = x^{\frac{3}{4}}$ c) $f(x) = x^{-3} - 1$ d) $f(x) = x^{\frac{2}{3}}$

e) $f(x) = (x - 5)^3 + 1$ f) $f(x) = x^{\frac{2}{6}}$ g) $f(x) = x^{\frac{1}{3}}$ h) $f(x) = -x^4 - 1$

3 Beschreiben Sie die Auswirkungen des Parameters a, b, c oder d auf den Verlauf des Graphen.

a) $f(x) = ax^4$ b) $f(x) = x^3 + d$ c) $f(x) = (x - 2)^3 + c$

d) $f(x) = x^{-2} + d$ e) $f(x) = (x - b)^4$ f) $f(x) = (x - b)^{-3}$

4.7 Kubische Funktionen

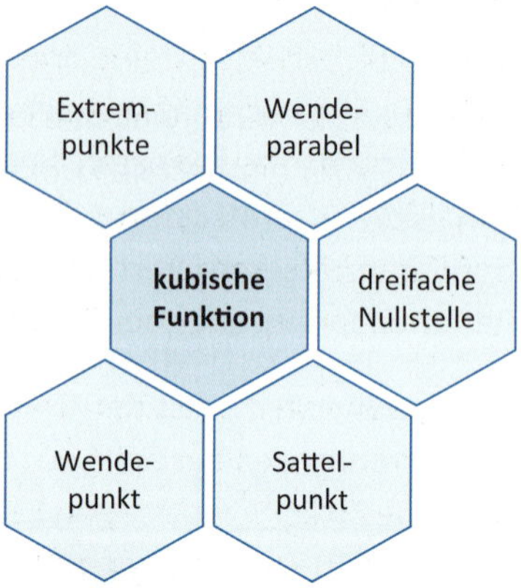

Kubische Funktionen werden auch als **ganzrationale Funktionen 3. Grades** bezeichnet:
$f(x) = ax^3 + bx^2 + cx + d$.
Der Graph einer kubischen Funktion heißt **Wendeparabel**.

Beispiel 1

Das Unternehmen *GenussPUR* hat eine neue Abfüllanlage angeschafft, dadurch haben sich die Produktionskosten für die Sorte *English Breakfast* geändert. Bisher konnte die Kostenentwicklung[1] durch K_{alt} mit $K_{alt}(x) = 3x + 5$ modelliert werden; nun gilt ein **ertragsgesetzlicher Gesamtkostenverlauf**[2], der durch K_{neu} mit
$K_{neu}(x) = 0{,}05x^3 - 0{,}5x^2 + 3{,}5x + 6$
modelliert wird. Die zugehörigen Graphen sind unten abgebildet. Die alte Maschine hatte eine Kapazitätsgrenze von 5 ME, die neue hat eine von 8 ME.
Vergleichen Sie den Verlauf der beiden Graphen u. a. mithilfe der eingezeichneten Punkte.
Interpretieren Sie den Verlauf im Hinblick auf die Neuanschaffung der Abfüllmaschine.

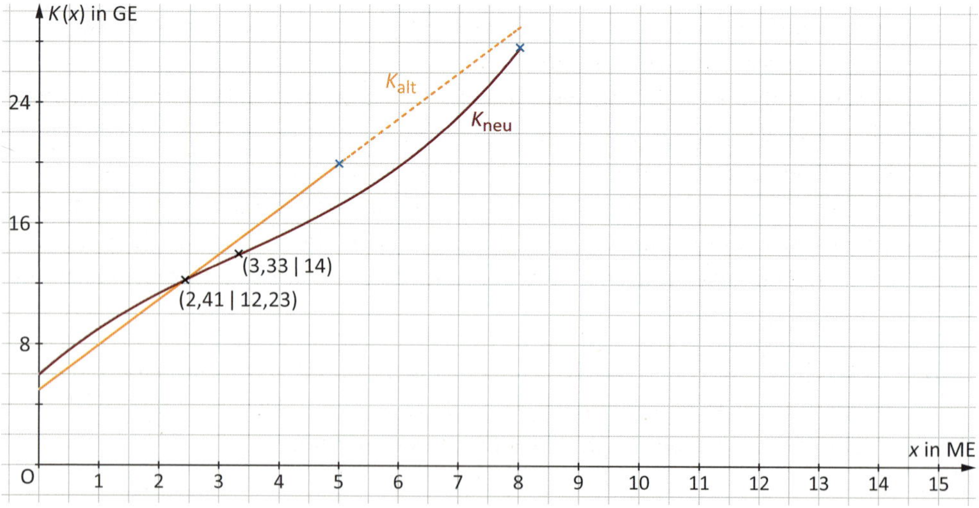

1 Beispiel 1, lineare Funktionen, Seite 57 f.
2 Der ertragsgesetzliche Verlauf wird auch s-förmiger Verlauf genannt.

Lösungen

Der Graph von K_{alt} ist eine lineare Funktion, die im ökonomischen Definitonsbereich $D_{ök} = [0; 5]$ gleichmäßig steigend verläuft. Der Ordinatenschnittpunkt liegt bei $S_y(0|5)$, d. h., die Fixkosten liegen bei 5 GE. Die Steigung der Geraden gibt an, dass die variablen Gesamtkosten 3 GE/ME betragen. Die maximalen Gesamtkosten werden an der Kapazitätsgrenze erreicht und betragen 20 GE, denn es gilt $K(5) = 20$, d. h., der Randhochpunkt liegt bei $R_{H,\ alt}(5|20)$.

Der Graph von K_{neu} ist der Graph einer **kubischen Funktion**. Der Schnittpunkt mit der Ordinatenachse liegt bei $S_y(0|6)$, weil $K_{neu}(0) = 0{,}05x^3 - 0{,}5x^2 + 3{,}5x + 6 = 6$ gilt, d. h., die Fixkosten betragen 6 GE. Der Graph verläuft im $D_{ök} = [0; 8]$ steigend, aber nicht gleichmäßig steigend. Im Intervall [0; 3,33) steigen die Gesamtkosten **degressiv** an, d. h., die bei einer höheren Produktion zusätzlich entstehenden Gesamtkosten steigen an, der Anstieg wird aber immer geringer. Der Graph verläuft in diesem Interall in einer **Rechtskrümmung**. In dem Intervall (3,33; 8] steigen die Gesamtkosten hingegen **progressiv** an, d. h., die Zunahme der Gesamtkosten wird immer größer, je mehr produziert wird. Der Graph verläuft in einer **Linkskrümmung**. Bei einer Produktion von 3,33 ME entstehen Gesamtkosten in Höhe von 14 GE. Hier liegt ein **Krümmungswechsel** vor, dies ist die **Wendestelle**, der **Wendepunkt** liegt bei $W(3{,}33|14)$. Die maximalen Gesamtkosten entstehen an der Kapazitätsgrenze und belaufen sich auf 27,6 GE, weil $K(8) = 27{,}6$ gilt; damit liegt der Randhochpunkt bei $R_{H,\ neu}(8|27{,}6)$.

Bei einem Vergleich der beiden Kostenverläufe ergeben sich folgende Sachverhalte:
- Die Fixkosten der neuen Maschine sind um 1 GE höher als bei der alten Maschine.
- In dem Intervall [0; 2,41) liegt der Graph von K_{alt} unterhalb des Graphen von K_{neu}, d. h., die Gesamtkosten sind in dem Produktionsintervall durch die neue Maschine angestiegen.
- Bei einer Produktion von 2,41 ME sind die Kosten bei beiden Maschinen gleich hoch, sie belaufen sich auf 12,23 GE.
- Werden mehr als 2,41 ME produziert, dann sind die Gesamtkosten bei der Produktion mit der neuen Maschine niedriger als bei der alten. Dies wird ersichtlich dadurch, dass der Graph unterhalb des alten Graphen verläuft.
- Die Kapazitätsgrenze der neuen Maschine ist höher als bei der alten Maschine. Die Gesamtkosten an der neuen Kapazitätsgrenze sind bei der neuen Maschine niedriger, als sie bei der alten Maschine wären, wenn diese auch 8 ME hätte produzieren können.

Fazit: Die Anschaffung der neuen Maschine hat sich gelohnt, denn zum einen ist die Kapazitätsgrenze höher und zum anderen sind die Gesamtkosten trotz höherer Fixkosten niedriger, wenn mehr als 2,41 ME produziert werden.

Beispiel 2

Das Unternehmen *GenussPUR* muss nach der Anschaffung der neuen Abfüllmaschine die Gewinn- und Verlustanalyse aktualisieren. Die Gesamtkostenfunktion $K_{neu}(x) = 0{,}05x^3 - 0{,}5x^2 + 3{,}5x + 6$ und die Erlösfunktion[1] $E(x) = 4{,}5x$ werden für die Analyse verwendet. Aufgrund einer geänderten Einstellung der Abfüllmaschine liegt die Kapazitätsgrenze nun bei 11 ME.
Bestimmen Sie die Funktionsgleichung der Gewinnfunktion in **Normalform** sowie in **Linearfaktordarstellung** und zeichnen Sie den Graphen in ein geeignetes Koordinatensystem, nachdem Sie die **markanten Punkte** mithilfe Ihres GTR/CAS ermittelt haben. Der **Krümmungswechsel** des Graphen liegt bei $x_W \approx 3{,}33$ ME.
Beschreiben Sie den Verlauf des Graphen aus ökonomischer Sicht.

Lösungen

Gewinnfunktion

$G(x) = E(x) - K(x)$

$G(x) = 4{,}5x - (0{,}05x^3 - 0{,}5x^2 + 3{,}5x + 6)$

Normalform der kubischen Funktion $G(x) = ax^3 + bx^2 + cx + d$

$G(x) = -0{,}05x^3 + 0{,}5x^2 + x - 6$

Markante Punkte

$D_{ök} = [0; 11]$

Schnittpunkte mit den Koordinatenachsen

$G(0) = -6 \Rightarrow S_y(0|6)$

$G(x) = 0 \Rightarrow x_1 \approx -3{,}77 \vee x_2 \approx 2{,}94 \vee x_3 \approx 10{,}82$

$x_1 \notin D_{ök}$, die Gewinnschwelle liegt bei ca. 2,94 ME und die Gewinngrenze bei ca. 10,82 ME.

Linearfaktordarstellung der kubischen Funktion $G(x) = a(x - x_1)(x - x_2)(x - x_3)$

$G(x) = -0{,}05(x + 3{,}77)(x - 2{,}94)(x - 10{,}82)$

Extrempunkte

$T(-0{,}88|-6{,}46)$ und $H(7{,}55|8{,}53)$

Der Tiefpunkt liegt nicht im ökonomischen Definitionsbereich.

Wendepunkt (Krümmungswechsel)

$W(3{,}33|1{,}03)$

Randextrempunkt

$R_T(11|-1{,}05)$

1 Beispiel 2, lineare Funktionen, Seite 61 f.

Zeichnung

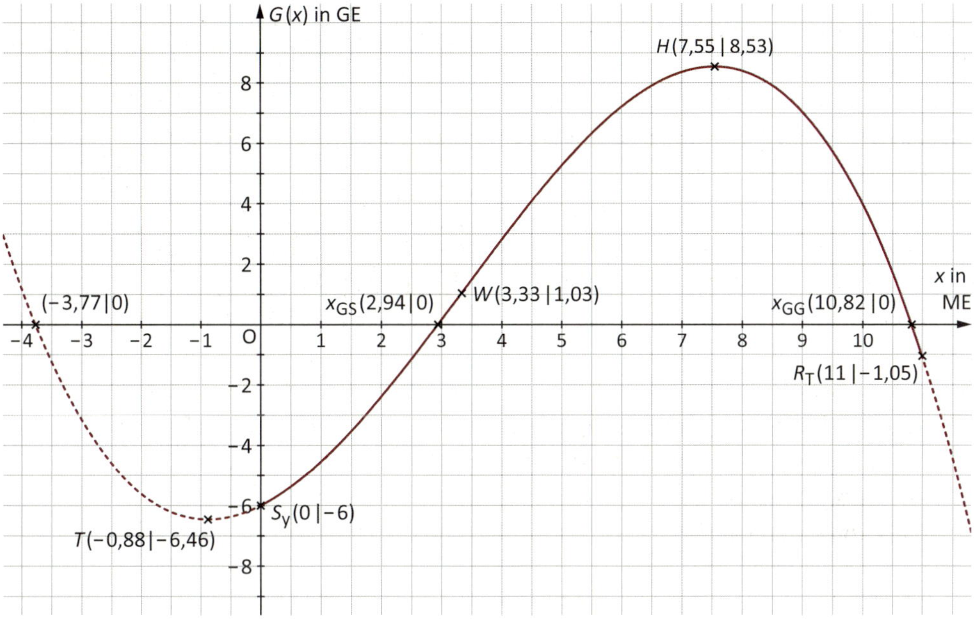

Ökonomische Beschreibung

Der maximale Verlust in Höhe von 6 GE tritt ein, wenn keine ME abgesetzt werden. Der Graph steigt im Verlustintervall [0; 2,94) **progressiv** in einer **Linkskrümmung** an, d. h., dass der Verlust mit zunehmenden ME geringer und die Abnahme immer größer wird.

Bei 2,94 ME liegt die Gewinnschwelle, hier wird weder Gewinn noch Verlust erzielt. Der Graph steigt bis ca. 3,33 ME weiter progressiv an.

Bei 3,33 ME liegt die **Wendestelle**, d. h., hier ist die Gewinnzunahme maximal. Danach steigt der Graph bis 7,55 ME **degressiv** mit einer **Rechtskrümmung** monoton an. Die Höhe des Gewinns nimmt weiter zu, aber diese Zunahme wird geringer.

Bei 7,55 ME wird der maximale Gewinn in Höhe von 8,53 GE erreicht. Danach fällt der Graph **progressiv** in einer Rechtskrümmung.

Bei 10,82 ME wird die Gewinngrenze erreicht. Das Gewinnintervall liegt bei (2,94; 10,82). Danach entsteht bis zur Kapazitätsgrenze von 11 ME wieder Verlust. Das Intervall liegt bei (10,82; 11]. Der Verlust beträgt an der Kapazitätsgrenze 1,05 GE.

Graphen von kubischen Funktion weisen unterschiedliches Steigungs- und Krümmungsverhalten auf:

Das **Steigungsverhalten** ändert sich bei den Extrempunkten.		
Degressiv steigend	Die Funktionswerte werden größer, die Zunahme wird aber geringer. Die Steigung wird kleiner.	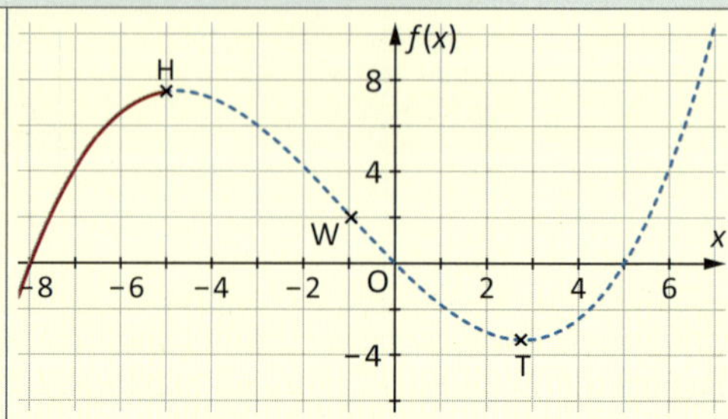
Degressiv fallend	Die Funktionswerte werden geringer, die Abnahme wird kleiner. Das Gefälle wird geringer.	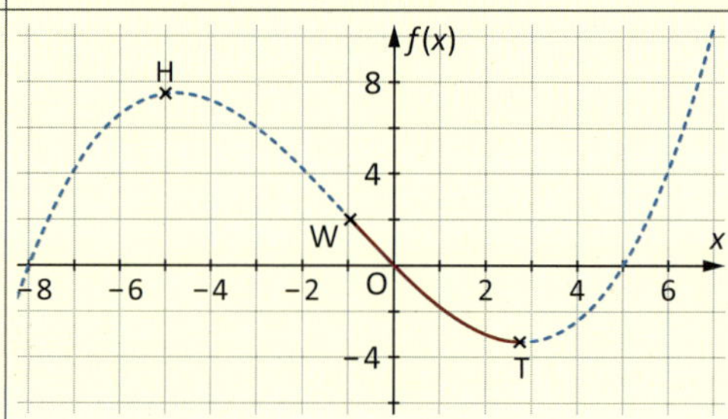
Progressiv steigend	Die Steigung des Graphen nimmt zu und diese Zunahme wird größer.	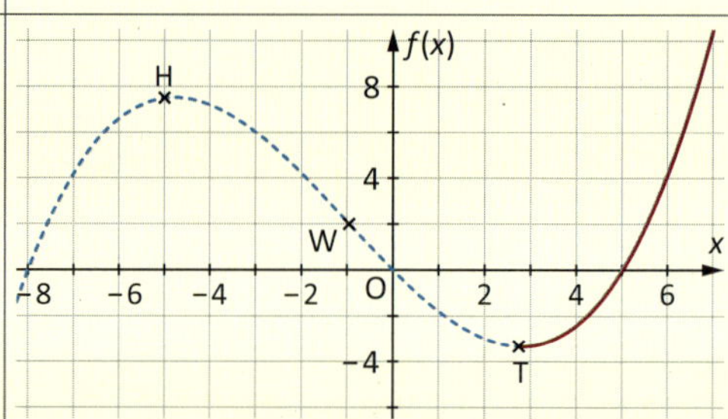
Progressiv fallend	Das Gefälle des Graphen nimmt zu und diese Zunahme wird größer.	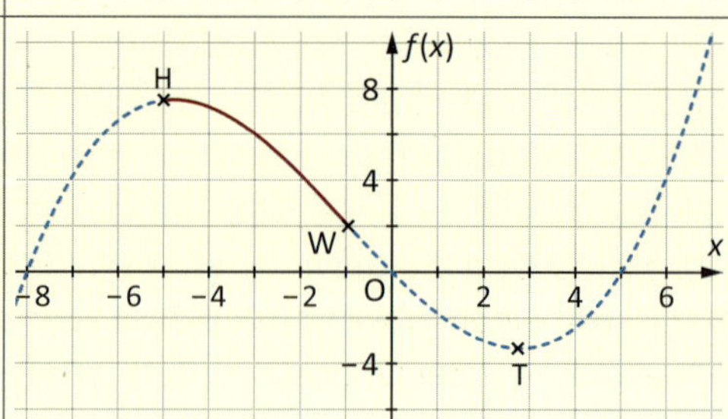

Das **Krümmungsverhalten** ändert sich beim Wendepunkt.		
Rechts-krümmung	Wäre der Graph eine Straße, die mit einem Fahrrad befahren wird, dann müsste der Lenker nach rechts eingeschlagen werden, damit die Straße nicht verlassen wird.	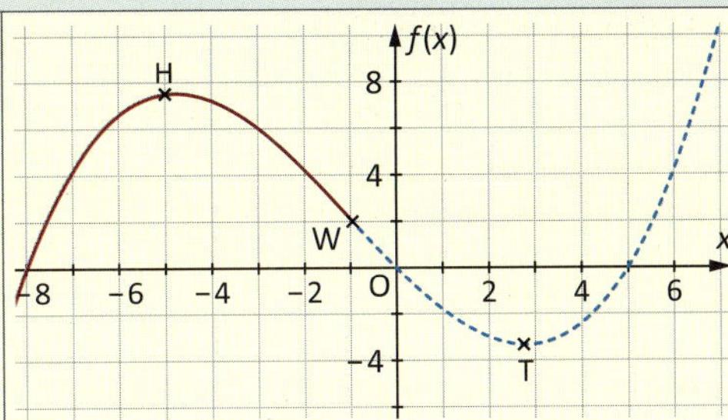
Links-krümmung	Wäre der Graph eine Straße, die mit einem Fahrrad befahren wird, dann müsste der Lenker nach links eingeschlagen werden, damit die Straße nicht verlassen wird.	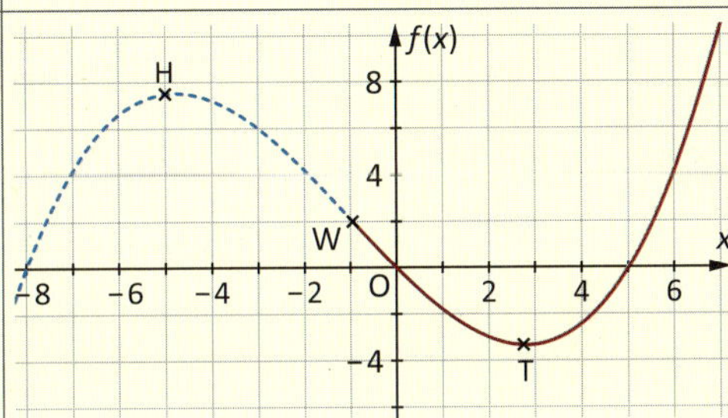

Zusammenfassung

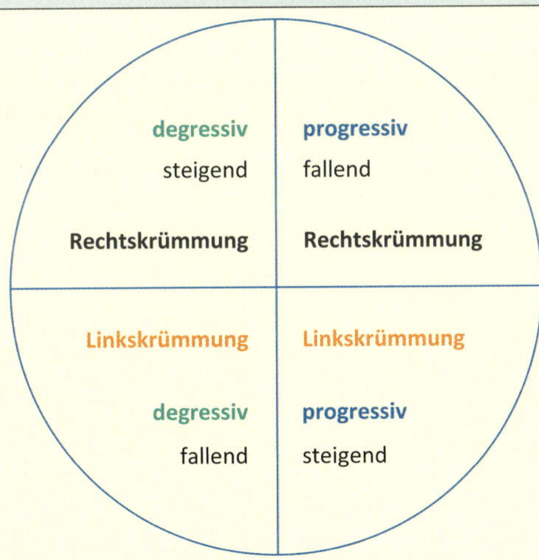

Der Graph einer kubischen Funktion kann ganz unterschiedlich verlaufen, dies hängt u. a. von den vorhandenen Nullstellen ab.

Nullstellenarten bei kubischen Funktionen:

Drei **einfache** Nullstellen	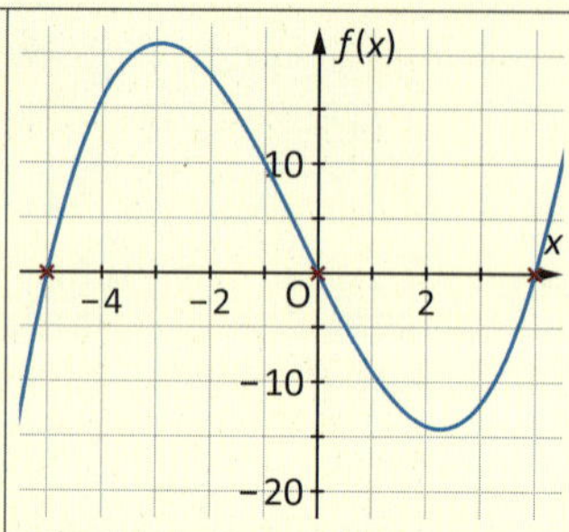	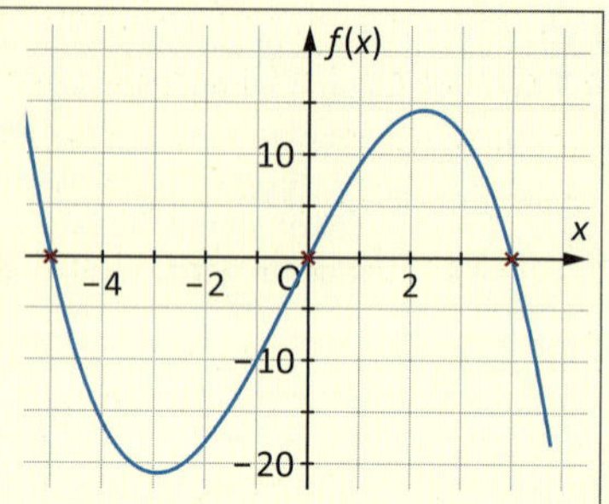
Eine **doppelte** und eine einfache Nullstelle	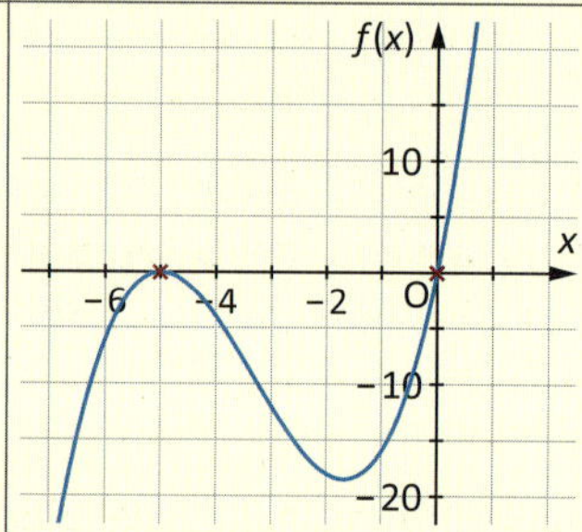	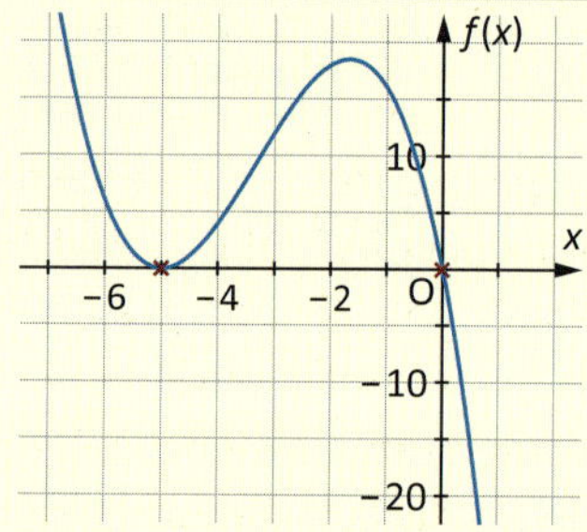
Eine **dreifache** Nullstelle (Sattelpunkt[1])	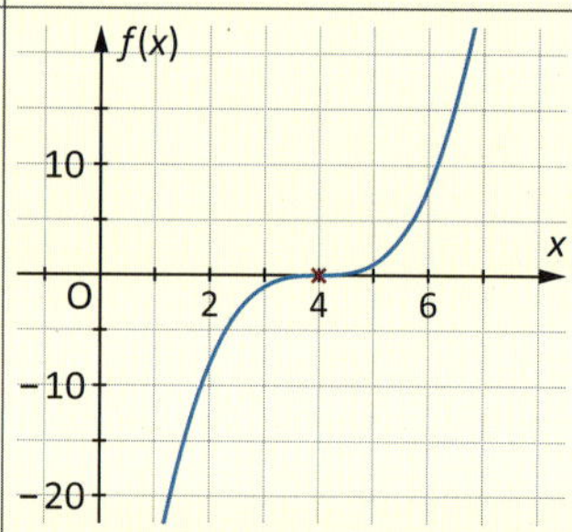	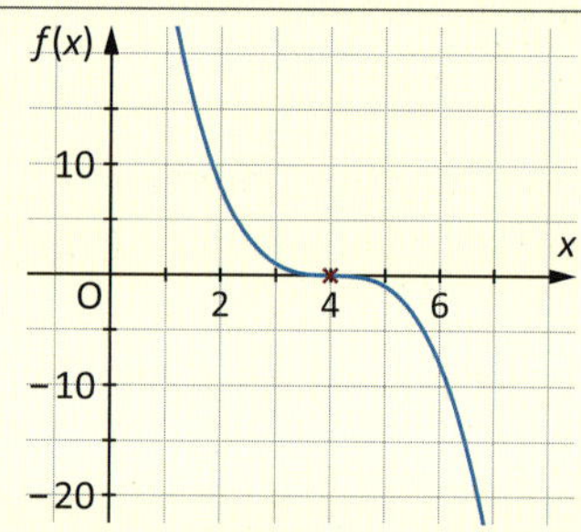
Eine **einfache** Nullstelle	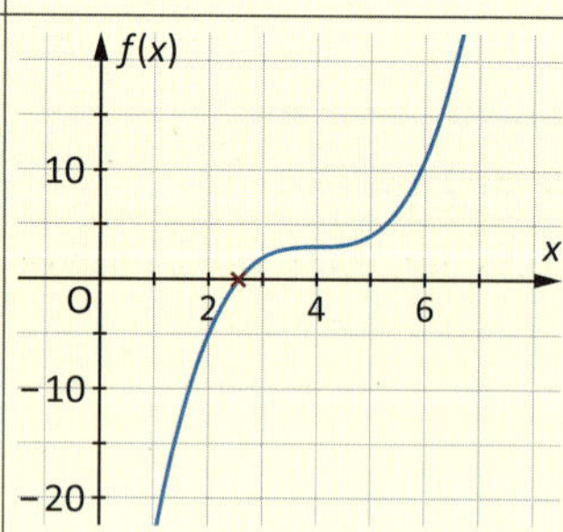	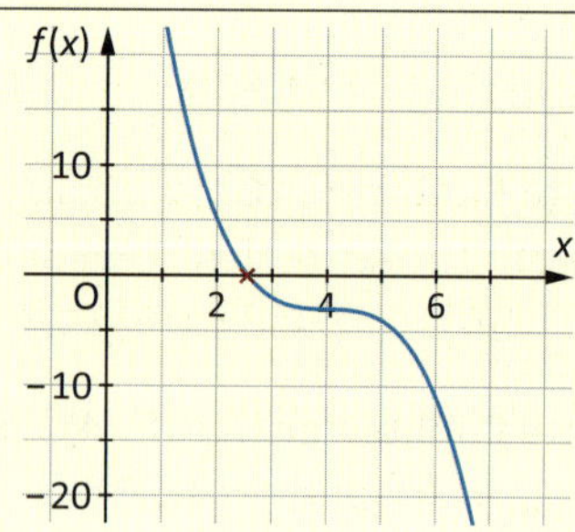

1 Sattelpunkt, siehe Seite 171 und Seite 174.

Beispiel 3

Aufgrund der neuen Abfüllmaschine ändert sich auch die Gesamtkostenentwicklung für den *Schokoladen-Tee*. In der letzten Produktionsperiode wurden folgende variable Gesamtkosten erfasst:

x	1	3	5	6
$K_v(x)$	3,8	6,6	7	7,8

Die Fixkosten betragen 4 GE. Der Erlös wird zukünftig mit $E(x) = -3x^2 + 18x$ modelliert.
Für die neue Gewinn- und Verlustanalyse soll eine Grafik erstellt werden.
Bestimmen Sie die Funktionsgleichung für die Gesamtkostenfunktion.
Ermitteln Sie mithilfe des GTR/CAS die markanten Punkte für die Gesamtkosten- und die Erlösfunktion und erstellen Sie die benötigte Grafik.
Hinweis: Die Wendestelle liegt bei 4 ME.
Ermitteln Sie die Schnittpunkte der beiden Graphen und interpretieren Sie die Koordinaten für die Analyse.

Lösungen

Funktionsterm bestimmen

$$K(x) = \underbrace{ax^3 + bx^2 + cx}_{K_v} + \underbrace{d}_{K_f} \Rightarrow K(x) = K_v(x) + 4$$

GTR/CAS **kubische Regression**

x	1	3	5	6
$K(x)$	3,8 + 4 = 7,8	6,6 + 4 = 10,6	7 + 4 = 11	7,8 + 4 = 11,8

$K(x) = 0{,}1x^3 - 1{,}2x^2 + 4{,}9x + 4$

Markante Punkte der Gesamtkostenfunktion

Ertragsgesetzlicher Verlauf $\rightarrow$ erst degressiver, dann progressiver Anstieg
$S_y(0|4)$, $W(4|10{,}8)$ und $R_H(6|11{,}8)$

Markante Punkte der Erlösfunktion

$S_{x_1}(0|0)$, $S_{x_2}(6|0)$ und $H(3|27)$

Zeichnung

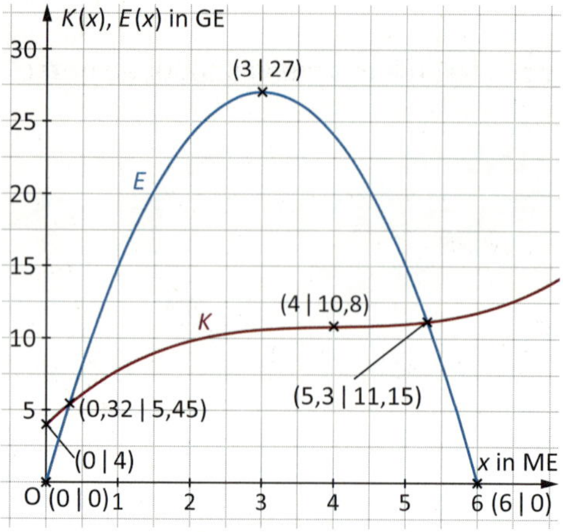

Schnittpunkte ermitteln

$K(x) = E(x)$ mittels GTR/CAS $x_1 \approx 0{,}32 \vee x_2 \approx 5{,}3$

$K(0{,}32) = E(0{,}32) \approx 5{,}45$ und $K(5{,}3) = E(5{,}3) \approx 11{,}15$

Die Gewinnschwelle liegt bei 0,32 ME und die Gewinngrenze bei 5,3 ME. Bei diesen Produktionsmengen entstehen Kosten in Höhe von 5,45 GE bzw. 11,15 GE. Werden diese Produkte abgesetzt, so entsteht in derselben Höhe jeweils der Erlös. Es ergibt sich für das Unternehmen weder Gewinn noch Verlust.

Aufstellen von kubischen Funktionstermen

	Lösungsweg
Lineares Gleichungs-system (LGS)	Die gegebenen Punkte werden in die gesuchte Funktionsgleichung $f(x) = ax^3 + bx^2 + cx + d$ eingesetzt und dann ein LGS aufgestellt. Für jede Unbekannte wird eine Gleichung für das LGS benötigt, also in diesem Fall vier Gleichungen. Das LGS wird mithilfe des Gauß-Algorithmus algebraisch gelöst oder mithilfe des GTR/CAS.
Linearfaktordarstellung	Der Steigungsfaktor und die drei Nullstellen sind bekannt und werden in die Gleichung $f(x) = a(x - x_1)(x - x_2)(x - x_3)$ eingesetzt; durch Auflösen der Klammern entsteht die Normalform der kubischen Funktion.
Kubische Regression	GTR/CAS

Übungen

1 Bestimmen Sie die Funktionsterme der abgebildeten kubischen Funktionen unter Beachtung der jeweiligen Steigungsfaktoren a.

a) $|a| = 0{,}2$ b) $|a| = 0{,}1$ c) $|a| = 1$
d) $|a| = 1$ e) $|a| = 0{,}01$ f) $|a| = 0{,}08$

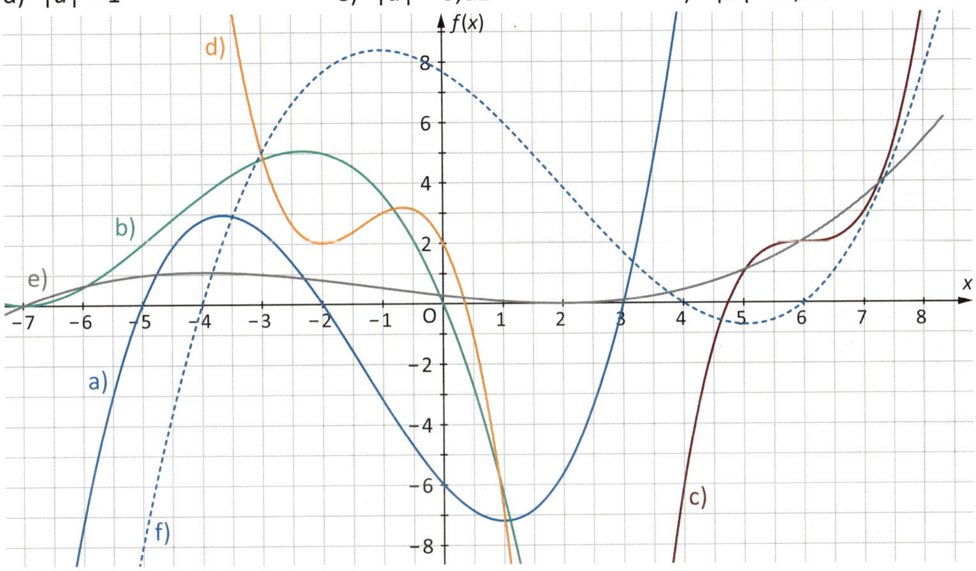

2 Zeichnen Sie eine beliebige ertragsgesetzliche Gesamtkostenfunktion in ein Koordinatensystem und beschreiben Sie den Verlauf des Graphen unter Verwendung des Fachvokabulars.

3 Ein Polypolist hat folgende Gesamtkosten- und Erlösfunktion für eines seiner Produkte: $K(x) = x^3 - 8x^2 + 30x + 10$ und $E(x) = 20x$. Die Kapazitätsgrenze liegt bei 7 ME.
Zeichnen Sie die zugehörigen Graphen in ein geeignetes Koordinatensystem. Berechnen Sie dafür im Vorwege die markanten Punkte (Hinweis: Der Krümmungswechsel tritt bei $x_W = \frac{16}{6}$ auf).
Ergänzen Sie Ihre Zeichnung um die Gewinnfunktion und kennzeichnen Sie die Verlust- und Gewinnintervalle.

4 Eine niedersächsische Brauerei untersucht die Gewinn- und Verlustsituation für ein alkoholfreies Weizenbier. Der Verkaufspreis pro ME beträgt 12 GE. Die Gesamtkosten sind exemplarisch der Tabelle zu entnehmen:

x	1	3	5	7
$K(x)$	18	30	82	222

Die Brauerei benötigt für die nächste Produktion die Angabe der Gewinnschwelle und Gewinngrenze.
Bestimmen Sie die Funktionsgleichung für die Erlösfunktion und für die ertragsgesetzlich verlaufende Gesamtkostenfunktion.
Ermitteln Sie die Gewinnschwelle und die Gewinngrenze.

5 Das Unternehmen *Hugo* stellt Werkzeuge für private Haushalte her. Die in der Zeichnung abgebildeten Graphen dienen der Gewinn- und Verlustanalyse der Schraubendreher-Serie *Mini*.
Erläutern Sie dafür die Bedeutung der Graphen, beschreiben Sie den Verlauf der Graphen und interpretieren Sie die Koordinaten der eingezeichneten Punkte.
Ergänzen Sie in der Zeichnung den Graphen der Gewinnfunktion.
Ermitteln Sie das Gewinnintervall.
Bestimmen Sie den Cournot'schen Punkt und interpretieren Sie dessen Koordinaten.

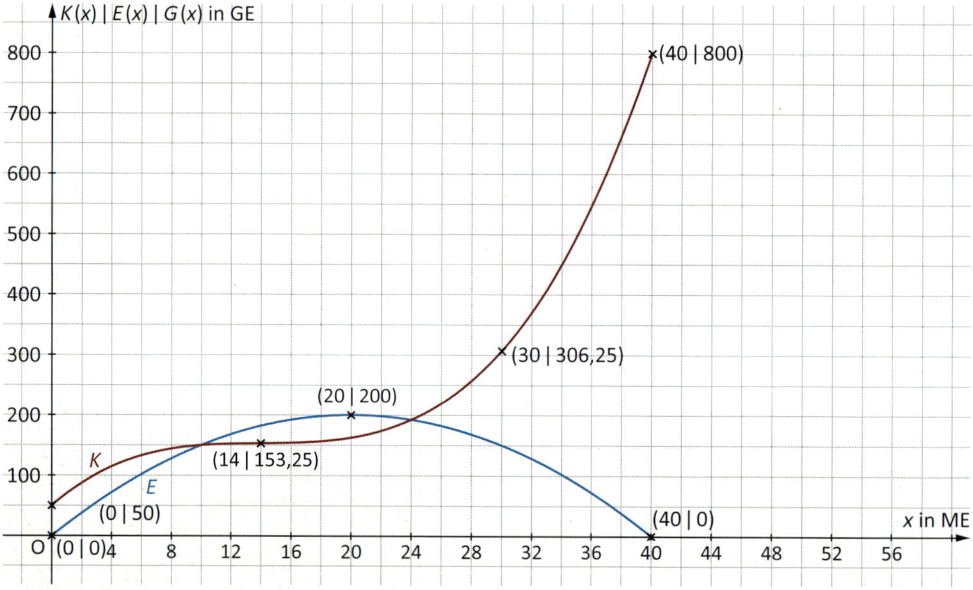

6 Erstellen Sie eine Liste mit den GTR/CAS Befehlen, die Sie benötigten, um den Graphen einer kubischen Funktion zu zeichnen.

7 Erstellen Sie ein Mindmap mit allen wichtigen Informationen zum Thema „Kubische Funktionen".

8 Erstellen Sie ein Mindmap mit allen wichtigen Informationen zum Thema „ertragsgesetzliche Gesamtkostenfunktion".

4.8 Übungsaufgaben für Klausuren und Prüfungen

Aufgabe 1 (mit Hilfsmitteln)

Das Unternehmen *Horch* stellt als Polypolist Ersatzteile für Autos her. Die Produktion von Bremssystemen soll analysiert werden, um Schlussfolgerungen für das nächste Produktionsjahr zu ziehen. x gibt die Produktionsmenge in Mengeneinheiten (ME) an, die Funktionswerte werden in Geldeinheiten (GE) angegeben.

	$x_1 = 2$	$x_2 = 4$
$K(x)$	8	14
$E(x)$	7	14
$G(x)$		

Untersuchen Sie die Kosten-, Erlös- und Gewinnsituation für diese Produktion: Bestimmen Sie dafür die Terme der linearen Gesamtkostenfunktion und der Erlösfunktion. Ermitteln Sie den Term der Gewinnfunktion.
Zeichnen Sie die Gesamtsituation in ein geeignetes Koordinatensystem.
Beschreiben Sie die Situationen in Form einer Stellungnahme, verwenden Sie das Fachvokabular und die mathematischen Schreibweisen.

Aufgabe 2 (mit Hilfsmitteln)

Das Unternehmen *Radle* stellt als Monopolist sogenannte Konferenz-Räder her. Dies sind Fahrräder, die von sechs Personen gemeinsam gefahren werden. Bei der Produktion von 3 Mengeneinheiten (ME) entstehen Gesamtkosten in Höhe von 16 Geldeinheiten (GE). Die Fixkosten dieser Produktion betragen 4 GE.

Werden die 3 ME am Markt abgesetzt, so erzielt das Unternehmen einen Erlös in Höhe von 12 GE, wenn 1 ME abgesetzt wird, entstehen Erlöse in Höhe von 8 GE. Der maximale Erlös wird bei 2,5 ME erreicht und beträgt 12,5 GE. Die wichtigsten Produktionszahlen sollen schriftlich für die Geschäftsleitung in einem Info-Paper zusammengefasst werden:

- Kapazitätsgrenze
- Verlustintervall
- Gewinnintervall
- maximaler Gewinn

Erstellen Sie das Info-Paper mit allen benötigten Angaben.

Aufgabe 3 (mit Hilfsmitteln)

Das Unternehmen *Handbag* produziert als Polypolist individuelle Handtaschen. Im Rahmen von Neuinvestitionen müssen einige Untersuchungen angestellt werden: Die Anschaffung einer neuen Produktionsmaschine soll nur dann durchgeführt werden, wenn bei einer Produktion von 4 ME bis 8 ME Gewinn erwirtschaftet wird. Die s-förmige Gesamtkostenfunktion für die Produktion wird durch K beschrieben:

x in ME	0	1	3	10
$K(x)$ in GE	15	30	42	417

Der Marktpreis für die Tasche liegt bei 22 GE/ME.
Untersuchen Sie, ob die Maschine angeschafft werden sollte.

Aufgabe 4 (mit Hilfsmitteln)

Das Unternehmen *Milky* ist für Joghurtbutter Monopolist. Für die Marketingstrategie einer neuen Sorte Butter soll von der Marketingabteilung eine Präsentation erstellt werden, damit das Werbebudget vom Vorstand freigegeben wird. Für diese Präsentation müssen verschiedene Untersuchungen durchgeführt werden und einige Grafiken erstellt werden. Die Kosten-, Erlös- und Gewinnsituation des Unternehmens sollen dargestellt werden. Dafür sind folgende Informationen von der Finanzabteilung vorgelegt worden:

Es ergeben sich Gesamtkosten, die durch die Funktion K mit $K(x) = x^3 - 4x^2 + 8x + 20$ beschrieben werden können. Die quadratische Erlössituation wird anhand der nebenstehenden Tabelle dargestellt.

Produktionsmenge in ME	1	2	3
Erlöse in GE	40	48	24

Die zugehörige Gewinnfunktion G für die Herstellung der Joghurtbutter lautet:
$G(x) = -x^3 - 12x^2 + 48x - 20$.

Analysieren Sie die Gewinn- und Verlustsituation des Unternehmens anhand folgender Aufgabenstellungen:

Bestimmen Sie den ökonomischen Definitionsbereich und erläutern Sie die beiden Grenzen.

Berechnen Sie die Produktionsmenge, bei der die Erlöse maximal werden. Geben Sie die Höhe der maximalen Erlöse an.

Untersuchen Sie, welchen Preis das Unternehmen für die Joghurtbutter pro ME festsetzen muss, damit der maximale Gewinn erzielt wird.

Geben Sie die Produktionsintervalle an, in denen das Unternehmen mit der Joghurtbutter Verlust erwirtschaftet und in denen es Gewinn erzielt.

Beschreiben Sie den Verlauf des Graphen der Gesamtkostenfunktion mathematisch und ökonomisch.

Aufgabe 5 (mit Hilfsmitteln)

Der Finanzausschuss des Unternehmens *Kosmet* – ein Unternehmen, das verschiedene Kosmetikartikel herstellt – tagt nächste Woche. Auf der Tagesordnung steht u. a. die Analyse des Gewinns, der aus dem Verkauf des Herren-Duschgels *MenPower* resultiert. Der Gewinn $G(x)$ in Geldeinheiten (GE) ist abhängig von der Produktionsmenge x in Mengeneinheiten (ME) und wird beschrieben durch die Funktion G mit $G(x) = -0{,}9x^3 + 12x^2 - 7{,}5x - 80$. Es gilt $D_{ök} = [0; 13]$.

Beschreiben Sie für den Finanzausschuss den Verlauf des Graphen im ökonomischen Definitionsbereich anhand von sieben Merkmalen und geben Sie dabei konkrete Werte an. Stellen Sie diese in Ihrer Zeichnung dar, um Ihre Beschreibung zu verdeutlichen.

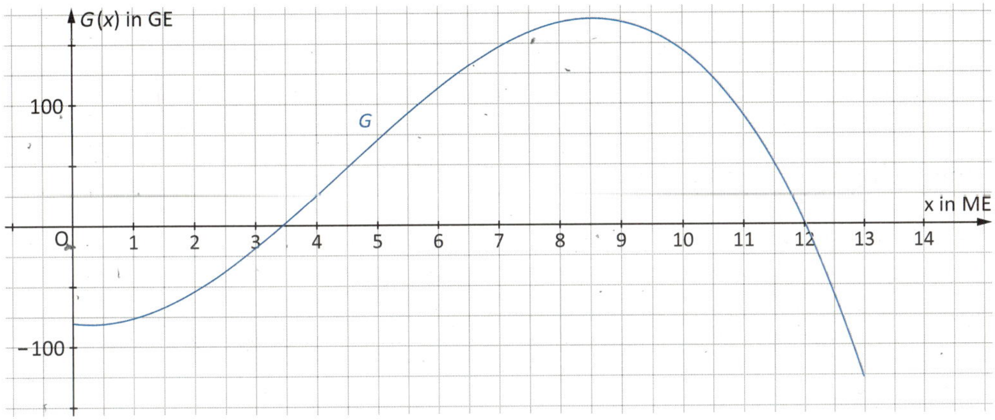

Aufgabe 6 (mit Hilfsmitteln)

Das Unternehmen *Lauf-Schuh* stellt maßangefertigte Wanderschuhe her. Um individuelle Preise zu kalkulieren, sollen im ersten Schritt eine Gesamtkostenanalyse durchgeführt und die derzeitige Gewinnsituation beschrieben werden. Die Gesamtkostenfunktion K: $K(x) = x^3 - 30x^2 + 300x + 128$ und der aktuelle Preis in Höhe von 150 GE/ME sind bekannt.

Untersuchen Sie grafisch und rechnerisch die Gesamtkostensituation und analysieren Sie ebenfalls grafisch und rechnerisch die Gewinnsituation für das Unternehmen. Berechnen Sie dafür alle relevanten Punkte der beiden Funktionsgraphen.

Beschreiben Sie Ihre Grafiken mithilfe eines kurzen Textes, damit die Unterlagen als Tischvorlage für das nächste Teammeeting verwendet werden können.

5 Angebot und Nachfrage

Das Thema **Angebot und Nachfrage** ist Teil der Volkswirtschaftslehre und innerhalb dieser gehört das Thema zur Makroökonomie. Die Makroökonomie fasst Handelnde zu Wirtschaftssubjekten zusammen, wie z. B. private Haushalte zum Haushaltssektor und Unternehmen zum Unternehmenssektor. Für die Marktanalyse wird das Verhalten **aller** Anbieter und **aller** Nachfrager erfasst; dieses Verhalten ist abhängig vom Preis des Gutes, das auf einem Markt verkauft werden soll.

5.1 Lernsituationen

Lernsituation 1

Benötigte Kompetenzen für die Lernsituation 1
Kenntnisse aus der Sek. I, lineare Funktionen

Inhaltsbezogene Kompetenzen der Lernsituation 1
Lineare Funktionen; Schnittpunkte mit den Koordinatenachsen; Schnittpunkte zweier Funktionen; Aufstellen von Funktionstermen; grafische Darstellung von Funktionen

Prozessbezogene Kompetenzen der Lernsituation 1
Mathematisch argumentieren; Probleme mathematisch lösen; mathematisch modellieren; mit symbolischen, formalen und technischen Elementen umgehen; kommunizieren.

Methode
Gruppenarbeit in Zufallsgruppen.

Zeit
2 Doppelstunden

Von einem Umfrageinstitut ist die Marktsituation für eine *Smartwatch* untersucht worden. Dabei sind folgende Fakten zusammengefasst worden:

Der aktuelle Marktpreis liegt bei 5 GE/ME. Weitere Zusammenhänge sind der Tabelle zu entnehmen:

Preis in Geldeinheiten pro Mengeneinheit (GE/ME)	Angebot in Mengeneinheiten (ME)	Nachfrage in Mengeneinheiten (ME)
1,6	2	16
2,2	4	14,5
4,6	12	8,5
5,8	16	5,5

Diese Ergebnisse sollen analysiert werden, damit sie für eine Veröffentlichung geeignet sind.
Der Zusammenhang zwischen Angebotsmenge und Preis soll durch eine lineare Funktion p_A modelliert werden, genauso wie der Zusammenhang p_N zwischen Nachfragemenge und Preis.

Stellen Sie die Umfrageergebnisse in einem geeigneten Koordinatensystem dar.
Bestimmen Sie den Höchstpreis, den Mindestangebotspreis, den Gleichgewichtspreis, die Gleichgewichtsmenge und die Sättigungsmenge, erläutern Sie diese fünf Begriffe und kennzeichnen Sie diese in der Grafik.
Untersuchen Sie die aktuelle Marktsituation.

Der Staat hat ein Interesse daran, dass sich diese Uhren verbreiten, weil das Gesundheitsministerium aufgrund einer Studie zu der Erkenntnis gekommen ist, dass Handynutzung zu nachhaltigen Haltungsschäden führt. Diese Schäden sollen durch die Nutzung einer *Smartwatch* verringert werden. Der Staat überlegt, den höchsten Preis mithilfe von staatlichen Eingriffen auf 3,5 GE/ME festzulegen.
Untersuchen Sie die Auswirkungen dieser Preisobergrenze auf die Marktsituation.

Erstellen Sie ein **Plakat** mit den wichtigsten Informationen; das Plakat soll selbsterklärend sein und die Basis für die Veröffentlichung darstellen.

Lernsituation 2

Benötigte Kompetenzen für die Lernsituation 1
Kenntnisse aus der Sek. I, quadratische und kubische Funktionen

Inhaltsbezogene Kompetenzen der Lernsituation 1
Quadratische und kubische Funktionen; Schnittpunkte mit den Koordinatenachsen; Schnittpunkte zweier Funktionen; Aufstellen von Funktionstermen; grafische Darstellung von Funktionen; Definitions- und Wertebereich; verschiedene Darstellungsformen von Funktionstermen; Bestimmen von Extrempunkten mit dem GTR/CAS.

Prozessbezogene Kompetenzen der Lernsituation 1
Mathematisch argumentieren; Probleme mathematisch lösen; mathematisch modellieren; mit symbolischen, formalen und technischen Elementen umgehen; kommunizieren.

Methode
Gruppenarbeit mit leistungshomogenen Gruppen.

Zeit
2 Doppelstunden

Ein Meinungsforschungsinstitut hat den Markt für *Smart TV Geräte* untersucht und anhand der Ergebnisse folgende Grafik erstellt.

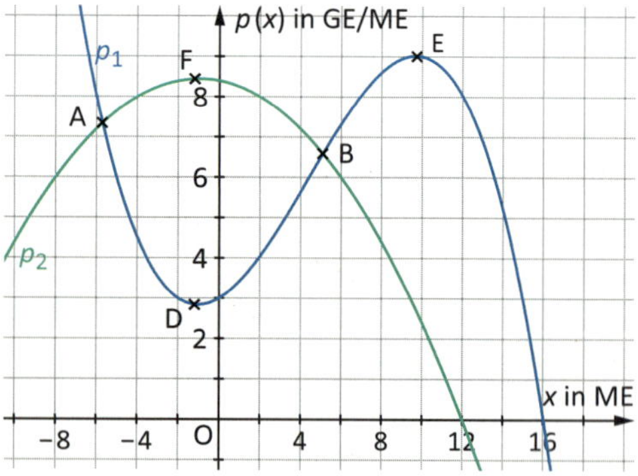

Die beiden Funktionsgleichungen p_1 und p_2 mit $p_1(x) = -0{,}01\,x\,(x-15)\,(x+2)+3$ und $p_2(x) = -0{,}05\,x^2 - 0{,}1\,x + 8{,}4$ gelten als geeignete Modellierung für die Analyse der Marktsituation. Dabei wird x in Mengeneinheiten (ME) und $p(x)$ in Geldeinheiten pro ME (GE/ME) angegeben.

Führen Sie eine vollständige rechnerische Analyse der Umfrageergebnisse für *Smart TV Geräte* durch und erstellen Sie eine zugehörige aussagekräftige Grafik. Beachten Sie dabei die ökonomisch relevanten Definitions- und Wertebereiche.

5.2 Wirtschaftliche Zusammenhänge

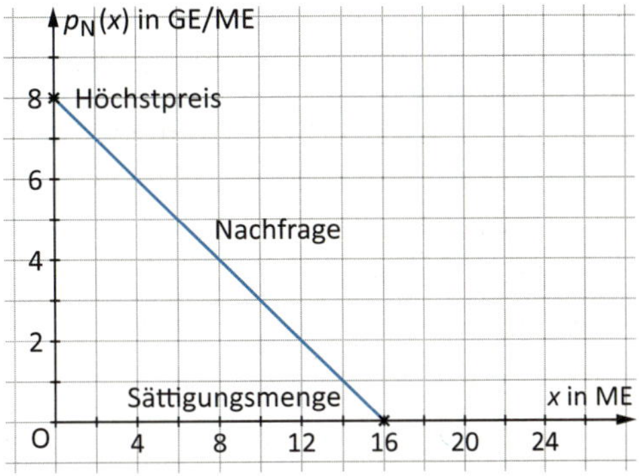

Die gesamtwirtschaftliche **Nachfragefunktion** stellt den Zusammenhang zwischen dem Preis für eine Mengeneinheit eines Produktes (GE/ME) und der nachgefragten Menge (ME) dieses Produktes dar. **Je höher der Preis ist, desto niedriger ist die nachgefragte Menge**. Aus diesem Zusammenhang ergibt sich, dass der Graph einer Nachfragefunktion immer monoton fallend ist. Der Schnittpunkt mit der Ordinatenachse gibt an, bei welchem Preis die Nachfrager nicht mehr bereit sind, das Produkt zu kaufen. Der Funktionswert entspricht dem **Höchstpreis**. Daraus folgt, dass der ökonomisch sinnvolle Wertebereich im Bereich $W_{ök}(p_N) = [0; p_N(0)] = [0; \text{Höchstpreis}]$ liegt. Der Schnittpunkt mit der Abszissenachse gibt an, wie hoch die maximale Nachfragemenge wäre, wenn das Produkt verschenkt werden würde, also 0 GE/ME kosten würde. Die Schnittstelle entspricht der **Sättigungsmenge**. Der ökonomisch sinnvolle Definitionsbereich ergibt sich daraus $D_{ök}(p_N) = [0; x_{\text{Sättigung}}]$.

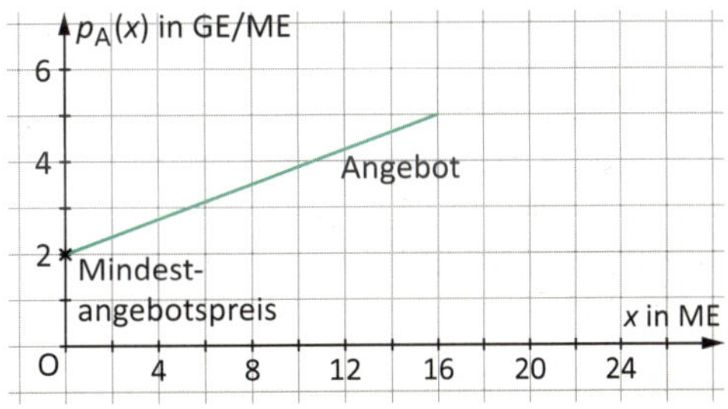

Die gesamtwirtschaftliche **Angebotsfunktion** stellt den Zusammenhang zwischen dem Preis für eine Mengeneinheit eines Produktes (GE/ME) und der angebotenen Menge (ME) dieses Produktes dar. **Je höher der Preis ist, desto höher ist die angebotene Menge**. Aus diesem Zusammenhang ergibt sich, dass der Graph einer Angebotsfunktion immer monoton steigend ist.

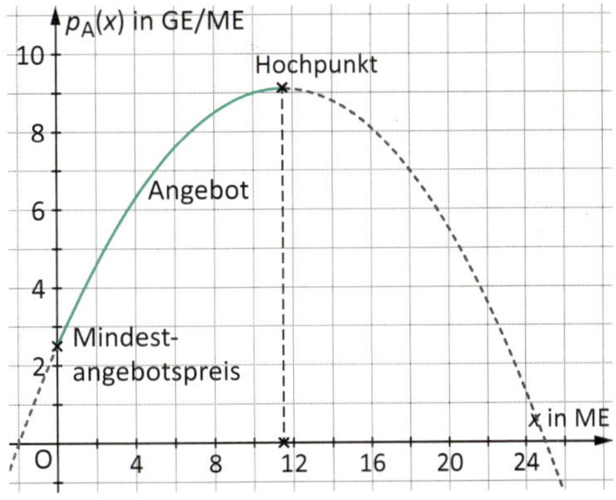

Sollte der Graph der zum Modellieren verwendeten Funktion einen Hochpunkt aufweisen mit $x_{\text{Hochpunkt}} > 0$, dann endet dort der ökonomisch sinnvolle Definitionsbereich $D_{ök}(p_A) = [0; x_{\text{Hochpunkt}}]$, ansonsten strebt der rechte Rand des Definitionsbereiches gegen unendlich $D_{ök}(P_A) = [0; \infty)$. Der Schnittpunkt mit der Ordinatenachse gibt an, ab welchem Preis die Anbieter erst bereit sind, das Produkt auf den Markt zu bringen.

Der Funktionswert entspricht dem **Mindestangebotspreis**. Der Wertebereich ergibt sich – genau wie der Definitionsbereich – aus der Kenntnis, ob der Graph einen Hochpunkt $x_{Hochpunkt} > 0$ aufweist:
$W_{ök}(p_A) = [p_A(0); p_A(x_{Hochpunkt})] = [\text{Mindestangebotspreis}; p_A(x_{Hochpunkt})]$ oder
$W_{ök}(p_A) = [p_A(0); \infty) = [\text{Mindestangebotspreis}; \infty)$.

Werden die Graphen der Nachfrage- und der Angebotsfunktion in einem Koordinatensystem veranschaulicht, dann lässt sich die gesamtwirtschaftliche Marktsituation analysieren. Der Schnittpunkt der beiden Graphen verdeutlicht das **Marktgleichgewicht** (MG).
Wird die Ware zum **Gleichgewichtspreis** p_G angeboten, wird der Markt geräumt, weil die Nachfrager zu diesem Preis genau so viele ME des Produktes kaufen, wie die Anbieter auf den Markt bringen; es handelt sich um die **Gleichgewichtsmenge** x_G.

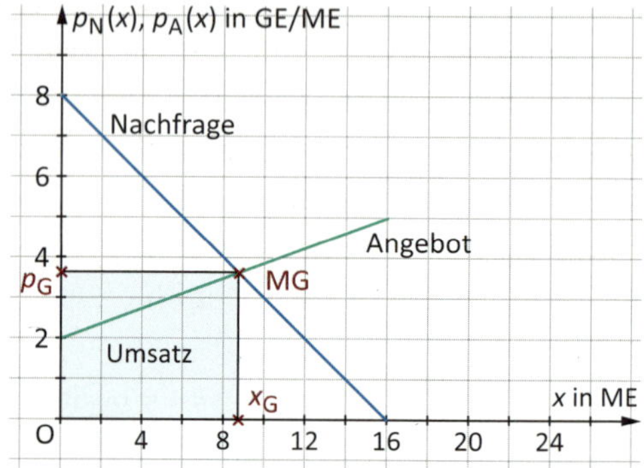

Der **Umsatz** im Marktgleichgewicht berechnet sich durch die Multiplikation des Gleichgewichtspreises mit der Gleichgewichtsmenge: $\text{Umsatz} = p_G \cdot x_G$, der Umsatz wird in GE angegeben.

Liegt der aktuelle Marktpreis oberhalb des Gleichgewichtspreises $p > p_G$, dann entsteht ein **Angebotsüberschuss**. Es werden mehr Produkte auf dem Markt angeboten, als von den Nachfragern gekauft werden $x_N < x_A$.

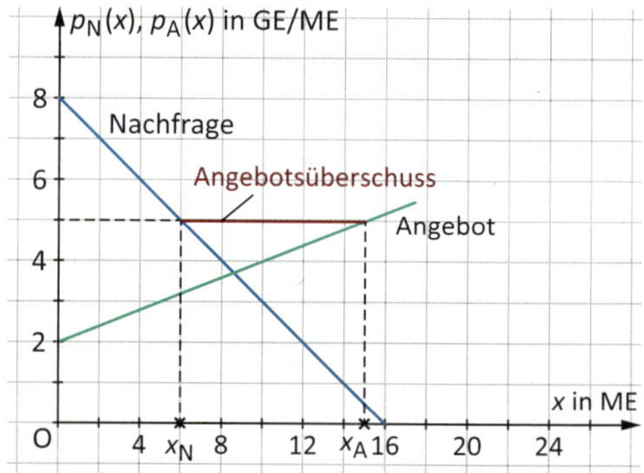

Liegt der aktuelle Marktpreis hingegen unterhalb des Gleichgewichtspreises $p < p_G$, dann entsteht ein **Nachfrageüberschuss**. Es werden weniger Produkte auf dem Markt angeboten, als von den Nachfragern gekauft werden würden $x_N > x_A$.

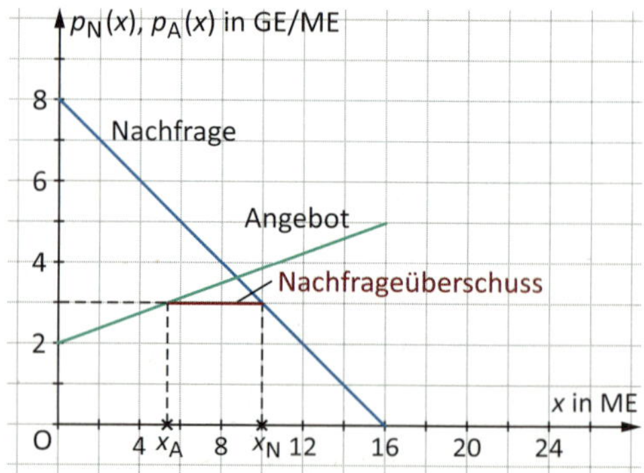

5.3 Definitions- und Wertebereich

Der **Definitions-** und der **Wertebereich** für die Marktanalyse ergeben sich aus den jeweiligen Definitions- und Wertebereichen der Angebots- und der Nachfragefunktion. Dabei muss beachtet werden, dass der Graph einer Angebotsfunktion immer monoton steigt und der Graph der Nachfragefunktion immer monoton fällt. Der Definitionsbereich für den Gesamtmarkt umfasst die Werte, die in beiden Definitionsbereichen vorhanden sind, also die Schnittmenge. Der Wertebereich ergibt sich dann aus dem festgelegten ökonomischen Definitionsbereich.

Bestimmen des Definitions- und Wertebereiches

<table>
<tr><th>Grafik</th><th>Angebot und Nachfrage</th><th>Gesamtmarkt</th></tr>
<tr><td>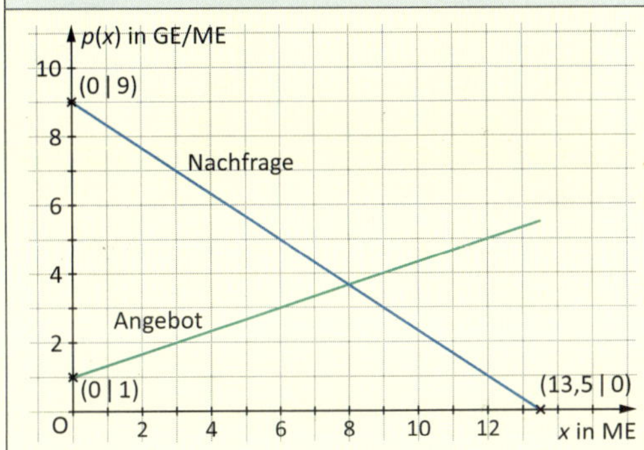
</td><td>▪ $D_{ök}(p_A) = [0; \infty)$
▪ Sättigungsmenge bei 13,5 ME
$\Rightarrow D_{ök}(p_N) = [0; 13,5]$
▪ Mindestangebotspreis bei 1 GE/ME
$\Rightarrow W_{ök}(p_A) = [1; \infty)$
▪ Höchstpreis bei 9 GE/ME
$\Rightarrow W_{ök}(p_N) = [0; 9]$</td><td>$D_{ök} = [0; 13,5]$
$W_{ök} = [0; 9]$</td></tr>
<tr><td>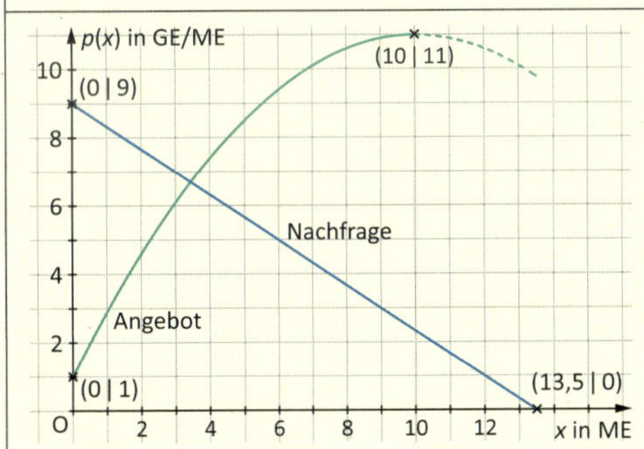
</td><td>▪ Extremstelle bei 10 ME
$\Rightarrow D_{ök}(p_A) = [0; 10]$
▪ Sättigungsmenge bei 13,5 ME
$\Rightarrow D_{ök}(p_N) = [0; 13,5]$
▪ Mindestangebotspreis bei 1 GE/ME und Maximum bei 11 GE/ME
$\Rightarrow W_{ök}(p_A) = [1; 11]$
▪ Höchstpreis bei 9 GE/ME
$\Rightarrow W_{ök}(p_N) = [0; 9]$</td><td>$D_{ök} = [0; 10]$
$W_{ök} = [0; 11]$</td></tr>
<tr><td>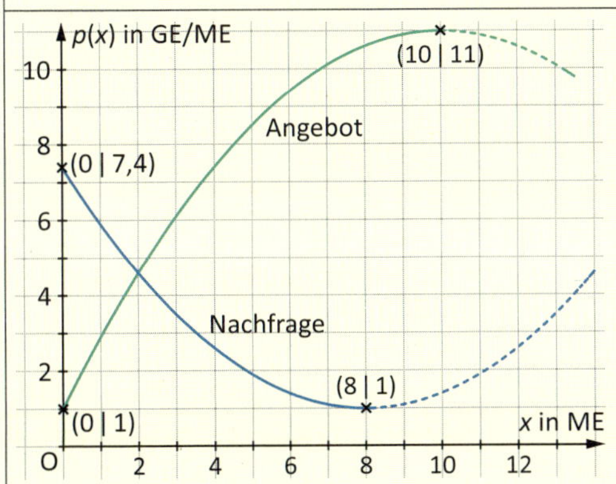
</td><td>▪ Extremstelle bei 10 ME
$\Rightarrow D_{ök}(p_A) = [0; 10]$
▪ Sättigungsmenge nicht vorhanden, aber Extremstelle bei 8 ME
$\Rightarrow D_{ök}(p_N) = [0; 8]$
▪ Mindestangebotspreis bei 1 GE/ME und Maximum bei 11 GE/ME
$\Rightarrow W_{ök}(p_A) = [1; 11]$
▪ Höchstpreis bei 7,4 GE/ME und Minimum bei 1 GE/ME
$\Rightarrow W_{ök}(p_N) = [1; 7,4]$</td><td>$D_{ök} = [0; 8]$
$p_A(8) = 10,6$
$\Rightarrow$
$W_{ök} = [1; 10,6]$</td></tr>
</table>

5.4 Lineare Funktionen

Lineare Funktionen können zum Modellieren von Angebots- und Nachfragesituationen verwendet werden. Dafür muss der Definitionsbereich im ökonomischen Sinne eingeschränkt werden. Die Analyse erfolgt dann über die Schnittpunkte mit den Koordinatenachsen, über den Schnittpunkt der beiden Graphen und anhand von ausgewählten Punkten.

Beispiel 1

Der Wochenmarkt einer niedersächsischen Kleinstadt wird immer weniger besucht. Der örtliche Gewerbeverein analysiert deshalb das Angebot und die Nachfrage von verschiedenen Obst- und Gemüsesorten.
Der Markt für Frühkartoffeln lässt sich durch die Funktionen p_N mit $p_N(x) = -0{,}5x + 15$ und p_A mit $p_A(x) = 0{,}25x + 1$ modellieren.
Dabei ist x in Mengeneinheiten (ME) angegeben und $p(x)$ in Geldeinheiten pro Mengeneinheiten (GE/ME). Der aktuelle Marktpreis liegt bei 4 GE/ME.
Erstellen Sie eine Wertetabelle für $x = \{5; 10; 15\}$.
Zeichnen Sie die Funktionsgraphen für den ökonomischen Definitionsbereich in ein geeignetes Koordinatensystem.
Bestimmen Sie die Schnittpunkte der beiden Graphen mit den Koordinatenachsen und miteinander, kennzeichnen Sie die Punkte im Koordinatensystem und interpretieren Sie jeweils die Koordinaten der Schnittpunkte für die Marktanalyse.
Ermitteln Sie den Umsatz im Marktgleichgewicht.
Untersuchen Sie die aktuelle Marktsituation.

Lösungen

Wertetabelle erstellen

x	5	10	15
$p_N(x)$	12,5	10	7,5
$p_A(x)$	2,25	3,5	4,75

Zeichnung inkl. berechneter Punkte

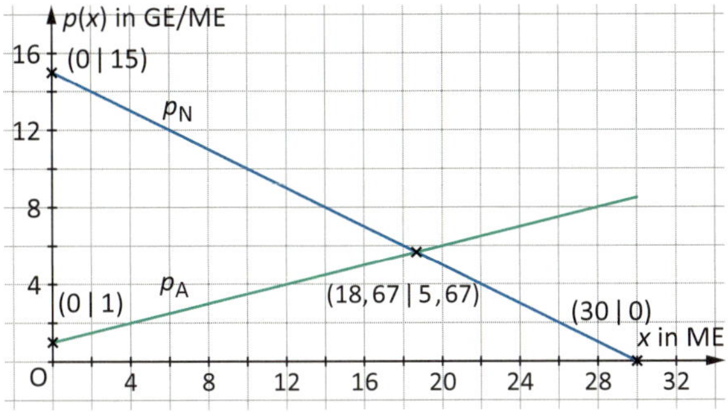

Schnittpunkte mit den Koordinatenachsen bestimmen und interpretieren

$p_N(x) = -0{,}5x + 15$

$p_N(0) = -0{,}5 \cdot 0 + 15 = 15 \Rightarrow S_y(0|15)$ Der **Höchstpreis** liegt bei 15 GE/ME.

$p_N(x) = 0 = -0{,}5x + 15 \Rightarrow x = 30 \Rightarrow S_x(30|0)$ Die **Sättigungsmenge** liegt bei 30 ME.

$p_A(x) = 0{,}25x + 1$

$p_A(0) = 0{,}25 \cdot 0 + 1 = 1 \Rightarrow S_y(0|1)$ Der **Mindestangebotspreis** liegt bei 1 GE/ME.

$p_A(x) = 0 = 0{,}25x + 1 \Rightarrow x = -4 \notin D_{ök}$

Schnittpunkt der beiden Graphen

$p_A(x) = p_N(x) \Rightarrow 0{,}25x + 1 = -0{,}5x + 15 \Rightarrow 0{,}75x = 14 \Rightarrow x = \frac{56}{3} \approx 18{,}67$

$p_A\left(\frac{56}{3}\right) = p_N\left(\frac{56}{3}\right) = \frac{17}{3} \approx 5{,}67$

Das **Marktgleichgewicht** liegt bei 18,67 ME (**Gleichgewichtsmenge**) und einem Preis von 5,67 GE/ME (**Gleichgewichtspreis**).

Umsatz im Marktgleichgewicht

$U = p_G \cdot x_G = \frac{56}{3} \cdot \frac{17}{3} = \frac{952}{9} \approx 105{,}78$

Der Umsatz im Marktgleichgewicht beläuft sich auf ca. 105,78 GE.

Marktsituation

$p_N(x) = -0{,}5x + 15 = 4 \Rightarrow x_N = 22$

$p_A(x) = 0{,}25x + 1 = 4 \Rightarrow x_A = 12$

Bei einem Preis von 4 GE/ME liegt die Nachfragemenge bei 22 ME, die Angebotsmenge aber nur bei 12 ME. Er herrscht ein **Nachfrageüberschuss** in Höhe von 10 ME. Daraus resultiert, dass einige Kunden ihre Frühkartoffeln aufgrund des zu geringen Angebotes nicht auf dem Wochenmarkt kaufen können und deshalb ggf. all ihre Einkäufe woanders tätigen.

Koordinaten von Punkten bestimmen, die auf einer Geraden liegen

	Beispiel	Erklärung/Lösungsmöglichkeiten
x ist gegeben, Funktionswert $f(x)$ soll bestimmt werden	$f(x) = 2{,}5x + 3$ mit $x = 2$ $\Rightarrow f(2) = 2{,}5 \cdot 2 + 3 = 8$	**Algebraisch:** Der Wert für x wird in die Funktionsgleichung eingesetzt. Der Term wird zusammengefasst. **GTR/CAS:** Kalkulieren des Funktionswertes
Funktionswert $f(x)$ ist gegeben, x soll bestimmt werden	$f(x) = 2{,}5x + 3$ mit $f(x) = 13$ $\Rightarrow f(x) = 2{,}5 \cdot x + 3 = 13$ $\Rightarrow 2{,}5 \cdot x = 10$ $\Rightarrow x = 4$	**Algebraisch:** Der Wert für $f(x)$ wird in die Funktionsgleichung eingesetzt. Die Gleichung wird nach x aufgelöst. **GTR/CAS:** Kalkulieren des x-Wertes

Beispiel 2

Der Markt für grünen Spargel wird ebenfalls untersucht.
Umfragen haben ergeben, dass der Höchstpreis bei 30 GE/ME liegt und der Mindestangebotspreis bei 5 GE/ME.
Die Sättigungsmenge liegt bei 15 ME und die Gleichgewichtsmenge bei 10 ME.
Der Marktpreis liegt zurzeit bei 12 GE/ME.
Bestimmen Sie für weitere Analysen die linearen Funktionsgleichungen für die Angebots- und die Nachfragefunktion.
Geben Sie die ökonomischen Definitions- und Wertebereiche für die Nachfragesituation, für die Angebotssituation und für den Gesamtmarkt an.
Ermitteln Sie den Gleichgewichtspreis und den Umsatz im Gleichgewicht.
Untersuchen Sie die Marktsituation.
Erstellen Sie für die gesamte Analyse eine Zeichnung.

Lösungen

Funktionsterm der Nachfragefunktion bestimmen

$p_N(x) = mx + b$, $b \triangleq$ Höchstpreis $\Rightarrow$ $p_N(x) = mx + 30$

Die Sättigungsmenge entspricht der Nullstelle der linearen Nachfragefunktion

$\Rightarrow$ $p_N(15) = m \cdot 15 + 30 = 0$ $\Rightarrow$ $m = -2$

$p_N(x) = -2x + 30.$

Gleichgewichtspreis und Umsatz ermitteln

$p_N(10) = -2 \cdot 10 + 30 = 10$ Der Gleichgewichtspreis liegt bei 10 GE/ME.

$U = p_G \cdot x_G = 10 \cdot 10 = 100$ Der Umsatz im Marktgleichgewicht beläuft sich auf 100 GE.

Funktionsterm der Angebotsfunktion ermitteln

$p_A(x) = mx + b$, $b \mathrel{\widehat{=}}$ Mindestangebotspreis $\Rightarrow p_A(x) = mx + 5$

Das Marktgleichgewicht liegt bei $MG(10; 10) \Rightarrow p_A(10) = m \cdot 10 + 5 = 10 \Rightarrow m = 0{,}5$

$p_A(x) = 0{,}5x + 5$.

Definitions- und Wertebereiche

Nachfragesituation: Der Höchstpreis und die Sättigungsmenge sind angegeben

$\Rightarrow D_{ök}(p_N) = [0; x_{Sättigung}] = [0; 15]$ und $W_{ök}(p_N) = [0; p_N(0)] = [0; 30]$.

Der Graph der Angebotsfunktion verläuft steigend, weil der Steigungsfaktor positiv ist. Der Mindestangebotspreis ist angegeben $\Rightarrow D_{ök}(p_A) = [0; \infty)$ und $W_{ök}(p_A) = [p_A(0); \infty) = [5; \infty)$.

Marktsituation

Der Definitionsbereich der Nachfragefunktion ist kleiner als der von der Angebotsfunktion $\Rightarrow D_{ök}(p) = [0; x_{Sättigung}] = [0; 15]$.

Die rechte Grenze des Wertebereiches ergibt sich aus dem Vergleich der Funktionswerte für $x_N = 0$ (weil die Gerade fällt) und $x_A = 15$ (weil die Gerade steigt)

$\Rightarrow p_N(0) = 30 > p_A(15) = 12{,}5$

$\Rightarrow W_{ök}(p) = [0; 30]$.

Marktsituation untersuchen

Der aktuelle Marktpreis liegt oberhalb des Gleichgewichtspreises, d. h., es liegt ein **Angebotsüberschuss** vor.

$p_N(x) = -2x + 30 = 12 \Rightarrow x_N = 9$

$p_A(x) = 0{,}5x + 5 = 12 \Rightarrow x_A = 14$

Es werden 5 ME von dem grünen Spargel mehr angeboten, als die Kunden kaufen wollen. Der Verkauf des grünen Spargels bietet keinen Grund dafür, dass die Kunden weniger auf dem Wochenmarkt kaufen.

Zeichnung

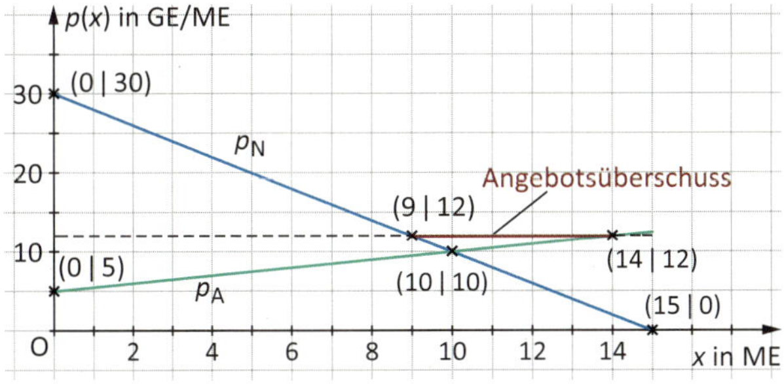

Funktionsterme erstellen mithilfe wirtschaftlicher Informationen

Angebotsfunktion $p_A(x) = mx + b$	Mindestangebotspreis und ein beliebiger weiterer Punkt sind gegeben $P_{Mindestangebotspreis}(0\|b)$ und $P_{beliebig}(x\|p(x))$ $m = \frac{p(x) - b}{x - 0} = \frac{p(x) - b}{x}$
Nachfragefunktion $p_N(x) = mx + b$	Höchstpreis und Sättigungsmenge sind gegeben $P_{Höchstpreis}(0\|b)$ und $P_{Sättigung}(x_{Sättigung}\|0)$ $m = -\frac{\text{Höchstpreis}}{\text{Sättigungsmenge}}$

Beispiel 3

Die Marktanalyse für Möhren ist grafisch aufbereitet worden.
Schreiben Sie den zugehörigen Analysetext und integrieren Sie alle relevanten Informationen aus der Grafik sowie die verwendeten Funktionsgleichungen.

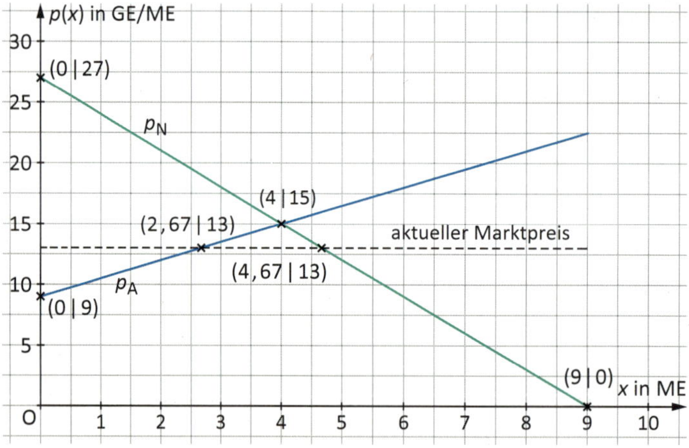

Lösungen

Bestimmen der Funktionsgleichungen

$p_A(x) = mx + b$

$P_{Mindestangebotspreis}(0|9)$ und $P_{Gleichgewicht}(4|15)$ $\Rightarrow$ $m = \frac{p(x) - b}{x} = \frac{15 - 9}{4} = \frac{6}{4} = 1{,}5$

$\Rightarrow$ $p_A(x) = 1{,}5x + 9$

$p_N(x) = mx + b$

$P_{Höchstpreis}(0|27)$ und $P_{Sättigung}(9|0)$ $m = -\frac{\text{Höchstpreis}}{\text{Sättigungsmenge}} = -\frac{27}{9} = -3$

$\Rightarrow$ $p_N(x) = -3x + 27$

Analysetext

Für die Marktanalyse werden folgende Funktionen verwendet: Die Angebotsfunktion p_A mit $p_A(x) = 1{,}5x + 9$ und die Nachfragefunktion p_N mit $p_N(x) = -3x + 27$.
Die Analyse hat ergeben, dass das **Marktgleichgewicht** bei einer **Gleichgewichtsmenge** von 4 ME und einem **Gleichgewichtspreis** in Höhe von 15 GE/ME eintritt. Die Nachfrager sind bereit, einen **Höchstpreis** von 27 GE/ME für Möhren zu bezahlen. Die **Sättigungsmenge** liegt bei 9 ME. Der **Mindestangebotspreis** beträgt 9 GE/ME, der **aktuelle Marktpreis** 13 GE/ME. Die Nachfragemenge liegt bei diesem Preis bei 4,67 ME, die Angebotsmenge aber nur bei 2,67 ME. Es liegt ein **Nachfrageüberschuss** vor, d. h., 2 ME könnten am Markt mehr abgesetzt werden.
Nicht alle Kunden können ihre Möhren auf dem Wochenmarkt kaufen und tätigen deshalb ggf. all ihre Einkäufe woanders.

Analyse der Marktsituation

Nachfragefunktion	Graph monoton fallend Schnittpunkt mit der Ordinatenachse → Höchstpreis Nullstelle → Sättigungsmenge
Angebotsfunktion	Graph monoton steigend Schnittpunkt mit der Ordinatenachse → Mindestangebotspreis
Markt	Ökonomischer Definitions- und Wertebereich Schnittpunkte der beiden Graphen → Marktgleichgewicht (Gleichgewichtsmenge und Gleichgewichtspreis) Umsatz im Marktgleichgewicht
Aktueller Marktpreis	Vergleich von Nachfrage- und Angebotsmenge Nachfrageüberschuss → Nachfragemenge > Angebotsmenge Angebotsüberschuss → Nachfragemenge < Angebotsmenge

Übungen

1 Bestimmen Sie die Terme für die Funktionsgleichungen und geben Sie an, welche Geraden eine Nachfragefunktion repräsentieren könnten.
Geben Sie für diese Funktionen den ökonomischen Definitions- und Wertebereich an.

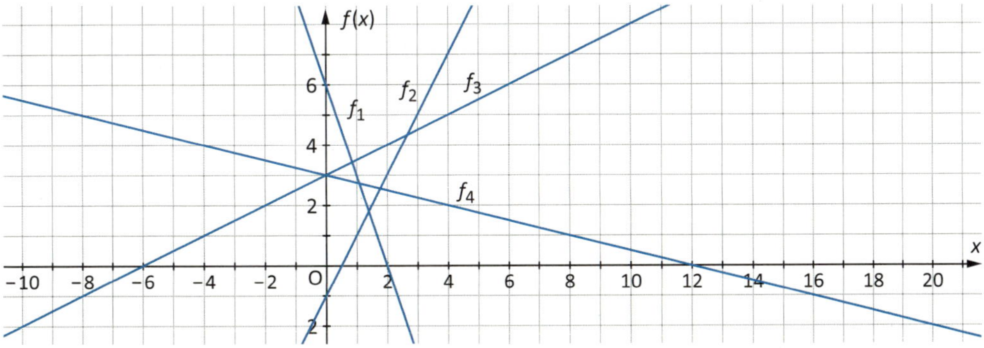

2 Die Wertetabelle spiegelt die Angebots- und Nachfragesituation für ein Produkt wider. Stellen Sie die Marktsituation in einem geeigneten Koordinatensystem dar und bestimmen Sie die zugehörigen linearen Funktionsterme, das Marktgleichgewicht und den Umsatz im Marktgleichgewicht.

x	10	15	20	25
$p_A(x)$	5	5,5	6	6,5
$p_N(x)$	10	9	8	7

3 Das Unternehmen *Flora* stellt Flüssigdünger her. Um für diesen die Preise festsetzen zu können, hat das Unternehmen den Markt für Flüssigdünger analysiert. Folgende funktionale Zusammenhänge haben sich ergeben:
$p_1(x) = 2x + 6$ und $p_2(x) = -4x + 28$

a) Geben Sie an, welche der beiden Funktionen die Angebotssituation widerspiegelt und begründen Sie Ihre Wahl.

b) Berechnen Sie das Marktgleichgewicht, den Höchstpreis und die Sättigungsmenge.
Sprechen Sie dem Unternehmen eine Empfehlung für die Preisfestsetzung aus und begründen Sie diese. Gehen Sie dabei darauf ein, wie hoch der Preis für den Flüssigdünger sein sollte und welche Menge das Unternehmen anbieten sollte.
Verwenden Sie dabei auch die Begriffe Nachfrageüberschuss und Angebotsüberschuss.

c) Untersuchen Sie die Auswirkungen auf das Marktgleichgewicht, wenn sich nur
- der Höchstpreis ändert
- die Sättigungsmenge ändert
- der Mindestangebotspreis ändert.

4 Erstellen Sie ein Handout zum Thema „Angebot und Nachfrage“ und integrieren Sie ein selbst erstelltes Beispiel inkl. Lösung unter Verwendung von linearen Funktionen.

5.5 Quadratische Funktionen

Wird die Angebots- und Nachfragesituation eines Produktes mithilfe von quadratischen Funktionen modelliert, sind nicht nur die Schnittpunkte relevant, sondern es müssen auch die Scheitelpunkte der Graphen beachtet werden.

Beispiel 1

Die abgebildete Grafik zeigt zwei Graphen, mit deren Hilfe die Marktsituation für Erdbeeren auf dem Wochenmarkt untersucht werden soll.
Beschreiben Sie den Verlauf der Graphen im ökonomisch sinnvollen Bereich.

Bestimmen Sie die Terme der zugehörigen Funktionsgleichungen und berechnen Sie die für die Analyse relevanten Punkte.

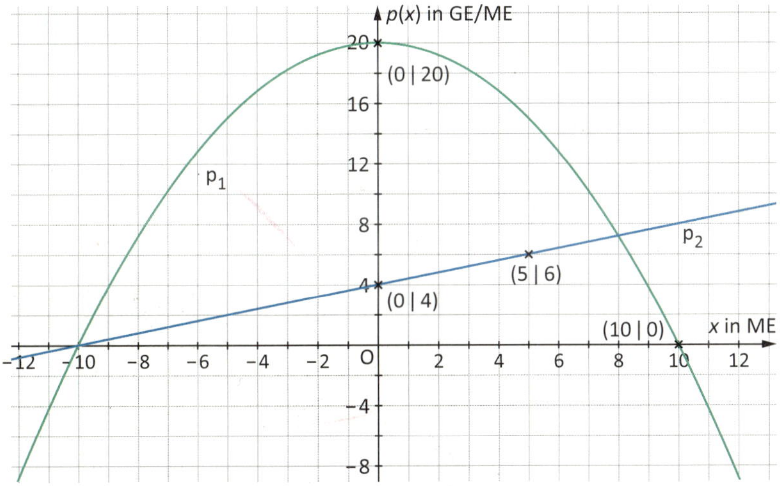

Lösungen

Je höher der Preis, desto niedriger ist die Nachfragemenge. Daraus folgt, dass die **Nachfragesituation** im ökonomisch sinnvollen Bereich (also für positive *x*-Werte) monoton fallend sein muss. Die Nachfragefunktion wird demnach durch die quadratische Funktion modelliert. Der Scheitelpunkt der Parabel liegt auf der Ordinatenachse, die Parabel ist nach unten geöffnet. Der Scheitelpunkt liegt bei $S(0|20)$, d. h., der Höchstpreis liegt bei 20 GE/ME. Der Graph schneidet die Abszissenachse im positiven Bereich bei $S_x(10|0)$, d. h., die Sättigungsmenge beträgt 10 ME. Aus diesen beiden Angaben lässt sich mithilfe der Scheitelpunktform für quadratische Funktionen der Funktionsterm ermitteln:

$p_N(x) = a(x-u)^2 + v$. Das Einsetzen des Scheitelpunktes führt zu
$\Rightarrow\ p_N(x) = a(x-0)^2 + 20$.
Durch das Einsetzen der Koordinaten des Schnittpunktes mit der Abszissenachse folgt $p_N(x) = a(10-0)^2 + 20 = 0\ \Rightarrow\ 100a = -20\ \Rightarrow\ a = -0{,}2$.
Die Nachfragesituation auf dem Erdbeermarkt wird modelliert durch die ganzrationale Funktion 2. Grades p_N mit $p_N(x) = -0{,}2x^2 + 20$.
Je höher der Preis, desto höher ist die Angebotsmenge, d. h., der Graph muss monoton steigend verlaufen. Die **Angebotsfunktion** wird durch eine lineare Funktion modelliert. Die Gerade schneidet die Ordinatenachse bei 4, d. h., der Mindestangebotspreis liegt bei 4 GE/ME.
$\Rightarrow\ p_A(x) = mx + b\ \Rightarrow\ p_A(x) = mx + 4$. Die Gerade verläuft durch den Punkt $P(5\,|\,6)$
$\Rightarrow\ p_A(5) = m \cdot 5 + 4 = 6\ \Rightarrow\ m = 0{,}4$.
Die Angebotssituation auf dem Erdbeermarkt wird modelliert durch eine lineare Funktion p_A mit $p_A(x) = 0{,}4x + 4$.
Da die Angebotsfunktion monoton steigend ist und die Nachfragefunktion eine Nullstelle bei $x = 10$ hat, ergibt sich $D_{ök} = [0; 10]$. Aus dem Vergleich der Funktionswerte $p_N(0) = 20$ und $p_A(10) = 8$ ergibt sich $W_{ök} = [0; 20]$.
Das **Marktgleichgewicht** berechnet sich aus $p_A(x) = p_N(x)$:
$0{,}4x + 4 = -0{,}2x^2 + 20\ \Rightarrow\ 0 = -0{,}2x^2 - 0{,}4x + 16$.
Diese quadratische Gleichung kann mithilfe der **p-q-Formel**, der **quadratischen Ergänzung** oder dem **GTR/CAS** gelöst werden: $x_1 = -10 \notin D_{ök} \vee x_2 = 8$ und $p_A(8) = p_N(8) = 7{,}2$.
Der Gleichgewichtspreis liegt bei 7,2 GE/ME und die Gleichgewichtsmenge bei 8 ME.

Beispiel 2

Eine weitere Analyse wird auf dem Wochenmarkt für Frühkirschen durchgeführt. Der aktuelle Marktpreis liegt bei 4 GE/ME. Folgende Funktionsgleichungen sind zur Modellierung erstellt worden:
$p_1(x) = 0{,}1(x-9)^2$ und
$p_2(x) = -0{,}1(x+1)(x-20)$.
Untersuchen Sie rechnerisch die vollständige Marktsituation.

Lösung

Zuordnen der Funktionsgleichungen zur Angebots- und Nachfragesituation

Mithilfe des GTR/CAS werden die Graphen gezeichnet und dann zugeordnet.

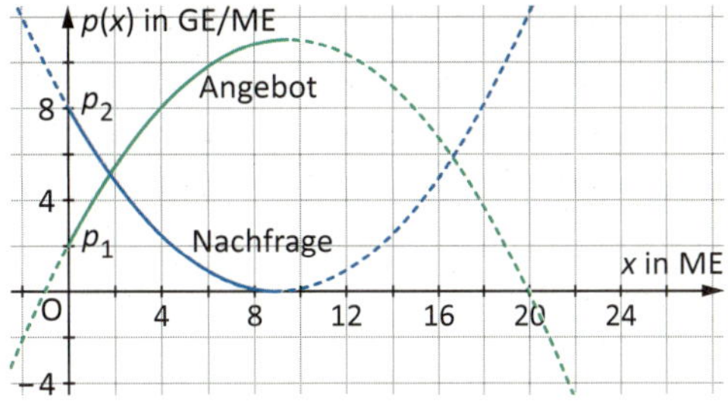

Der Term von p_2 ist eine Linearfaktordarstellung, die Nullstellen liegen bei $x = -1$ und bei $x = 20$. Der Steigungsfaktor ist negativ, d. h., die Parabel ist nach unten geöffnet. Demnach modelliert diese Funktion die Angebotsfunktion, denn der Graph steigt im Intervall $[0; x_{\text{Hochpunkt}}]$.

Der Term von p_1 ist eine Scheitelpunktform, weist einen positiven Steigungsfaktor auf, d. h., die Parabel ist nach oben geöffnet und hat eine doppelte Nullstelle bei $x = 9$. Der Graph dieser Funktion repräsentiert die Nachfragefunktion, weil der Graph im Intervall [0; 9] fällt.

Ökonomische Definitions- und Wertebereiche

Die Schnittpunkte des Graphen von p_N mit den Koordinatenachsen liegen bei $S_y(0; 8{,}1)$ und $S_x(0; 9)$

$\Rightarrow \; D_{ök}(p_N) = [0; 9]$ und $W_{ök}(p_N) = [0; 8{,}1]$.

Die Extremstelle des Graphen von p_A liegt in der Mitte zwischen den Nullstellen

$x_H = -1 + \frac{20-(-1)}{2} = 9{,}5 \;\Rightarrow\; p_A(9{,}5) = 11{,}025$.

Der Schnittpunkt mit der Ordinatenachse liegt bei $S_y(0|2)$

$\Rightarrow \; D_{ök}(p_A) = [0; 9{,}5]$ und $W_{ök}(p_A) = [2; 11{,}025]$.

Ein Vergleich der Bereiche ergibt, dass die Marktsituation durch die Intervalle $D_{ök} = [0; 9]$ und $W_{ök} = [0; 11]$ begrenzt wird, weil $p_A(9) = 11$ ist.

Es werden mehr Kirschen angeboten, als nachgefragt werden, denn die Sättigungsmenge liegt bei 9 ME und der Definitionsbereich der Angebotsfunktion geht bis zu 9,5 ME.

Analyse der Graphen

Höchstpreis: Schnittpunkt der Nachfragefunktion mit der Ordinatenachse

$p_N(0) \;\Rightarrow\; S_y(0|8{,}1)$.

Der Höchstpreis liegt bei 8,1 GE/ME.

Sättigungsmenge: Nullstelle der Nachfragefunktion $p_N(x) = 0 \;\Rightarrow\; S_x(0|9)$.

Die Sättigungsmenge liegt bei 9 ME.

Mindestangebotspreis: Schnittpunkt der Angebotsfunktion mit der Ordinatenachse

$p_A(0) \;\Rightarrow\; S_y(0|2)$.

Der Mindestangebotspreis liegt bei 2 GE/ME.

8 Patyna - ISBN 978-3-8120-0685-9

Marktgleichgewicht und Umsatz

$p_N(x) = p_A(x)$

$0{,}1(x-9)^2 = -0{,}1(x+1)(x-20) \Rightarrow (x-9)^2 = -(x+1)(x-20)$

GTR/CAS $S_1(1{,}83|5{,}14)$ und $S_2(16{,}67|5{,}88)$

Der Punkt S_2 liegt außerhalb des $D_{ök}$, deshalb liegt der Gleichgewichtspreis für Kirschen bei 5,14 GE/ME und die Gleichgewichtsmenge bei 1,83 ME. Daraus ergibt sich der Umsatz in Höhe von $U = p_G \cdot x_G = 1{,}83 \cdot 5{,}14 \approx 9{,}41$ GE.

Marktsituation bei 4 GE/ME

$p_N(x) = 0{,}1(x-9)^2 \Rightarrow 4 = 0{,}1(x-9)^2 \Rightarrow 40 = (x-9)^2 \Rightarrow \pm 6{,}32 \approx x-9$

$x_1 \approx 2{,}68 \vee x_2 \approx 15{,}32 \notin D_{ök}$

$p_A(x) = -0{,}1(x+1)(x-20) \Rightarrow 4 = -0{,}1(x+1)(x-20) \Rightarrow 0 = -0{,}1(x^2-19x-20)-4$

$0 = -0{,}1x^2 + 1{,}9x - 2$ GTR/CAS $\Rightarrow x_1 \approx 1{,}12 \vee x_2 \approx 17{,}88 \notin D_{ök}$

Die Nachfragemenge ist größer als die Angebotsmenge, es liegt ein Nachfrageüberschuss vor.

Übungen

1 Ermitteln Sie die Schnittpunkte der beiden Graphen miteinander.

a) $f_1(x) = 2x - 8$ und $f_2(x) = \frac{1}{4}(x+8)(x-4)$

b) $f_1(x) = 1{,}6x - 2$ und $f_2(x) = -\frac{1}{10}x^2 - \frac{4}{5}x + \frac{61}{10}$

c) $f_1(x) = -4x + 6$ und $f_2(x) = (x+4)^2 + 0{,}95$

d) $f_1(x) = 0{,}25x^2 - 2x - 3{,}2$ und $f_2(x) = -0{,}05(x-2)^2 + 5$

2 Stellen Sie die quadratische Funktionsgleichung auf, die jeweils die nachfolgenden Bedingungen erfüllt.

a) Eine nach unten geöffnete Parabel, die um den Faktor 0,75 gestaucht ist und ihre Nullstellen bei $x = 3$ und $x = -5$ hat.

b) Eine Parabel, die im Vergleich mit der Normalparabel um 4 Einheiten nach rechts und 3 Einheiten nach unten verschoben ist. Sie ist außerdem gestreckt um den Faktor 2.

c) Der rechte Parabelast einer Normalparabel kann zur Modellierung einer Nachfragefunktion dienen. Der Scheitelpunkt liegt auf der Ordinatenachse. Der Höchstpreis liegt bei 55 GE/ME.

d) Der rechte Parabelast einer gestauchten Parabel kann zur Modellierung einer Angebotsfunktion dienen. Die doppelte Nullstelle liegt bei $x = -4$ und der Mindestangebotspreis bei 12 GE/ME.

3 Die Marktsituation für Bohrmaschinen soll analysiert werden. Die Nachfragesituation wird durch eine lineare Funktion modelliert. Der Höchstpreis ist nicht bekannt, aber die Sättigungsmenge liegt bei 160 ME. Die Angebotssituation wird durch die quadratische Funktion p_A mit $p_A(x) = 0{,}75\,(x + 8)^2$ modelliert.

Stellen Sie die Situation grafisch in einem geeigneten Koordinatensystem dar, indem Sie vier verschiedene mögliche Nachfragefunktionen einzeichnen.
Vergleichen Sie den Verlauf der vier Nachfragefunktionen.
Beschreiben Sie die Auswirkungen der Höchstpreisvariation auf das Marktgleichgewicht und auf den Umsatz.

4 Der Hersteller von Haushaltsgeräten *Rupps* möchte Informationen über die Marktsituation für Dampfbügeleisen erhalten. Die Marketingabteilung hat schon einige Informationen zusammengestellt: Die Nachfragesituation wird durch eine quadratische Funktion modelliert, deren Scheitelpunkt auf der Abszissenachse liegt. Für den Steigungsfaktor gilt $a = 0{,}08$. Die Sättigungsmenge ist unbekannt. Die Angebotssituation wird durch die lineare Funktion p_A mit $p_A(x) = 0{,}3x + 2$ modelliert.
Stellen Sie die Situation grafisch in einem geeigneten Koordinatensystem dar, indem Sie drei verschiedene mögliche Nachfragefunktionen einzeichnen.
Beschreiben Sie für die Geschäftsführung die Auswirkungen der veränderten Sättigungsmenge auf den Höchstpreis und die Auswirkungen auf das Marktgleichgewicht und den Umsatz.

5 Das Marktforschungsinstitut *Umfrage* hat die Marktsituation für Winkelschleifer aus Baumärkten analysiert. Folgende Ergebnisse hat es erhalten:

x in ME	2	3	5	7
$p_A(x)$ in GE/ME	1,48	1,92	3,04	4,48
$p_N(x)$ in GE/ME	2,16	1,5	0,54	0,06

Die Modellierung soll durch ganzrationale Funktionen 2. Grades erfolgen. Das Marktforschungsinstitut *Umfrage* benötigt weitere Informationen, um diese den Baumärkten für ihre Disposition zur Verfügung zu stellen.

Bestimmen Sie den Höchstpreis, die Sättigungsmenge, den Mindestangebotspreis und das Marktgleichgewicht.
Geben Sie den ökonomisch sinnvollen Definitionsbereich an.

5.6 Kubische Funktionen

Lässt sich die Angebots- und Nachfragesituation auf einem Markt am besten durch kubische Funktionen modellieren, dann müssen zusätzlich zu den Standardanalysen auch die Extrempunkte der Funktion[1] beachtet werden, um die ökonomischen Definitionsbereiche festlegen zu können.

Beispiel 1

Der Gewerbeverein der niedersächsischen Kleinstadt analysiert auch das Angebot von Backwaren auf dem Wochenmarkt, um festzustellen, warum immer weniger Kunden auf dem Markt einkaufen. Die Analyse des Brötchenverkaufes ist grafisch schon aufbereitet worden. Das Angebot wird durch eine kubische Funktion modelliert, die Nachfrage durch eine lineare Funktion.

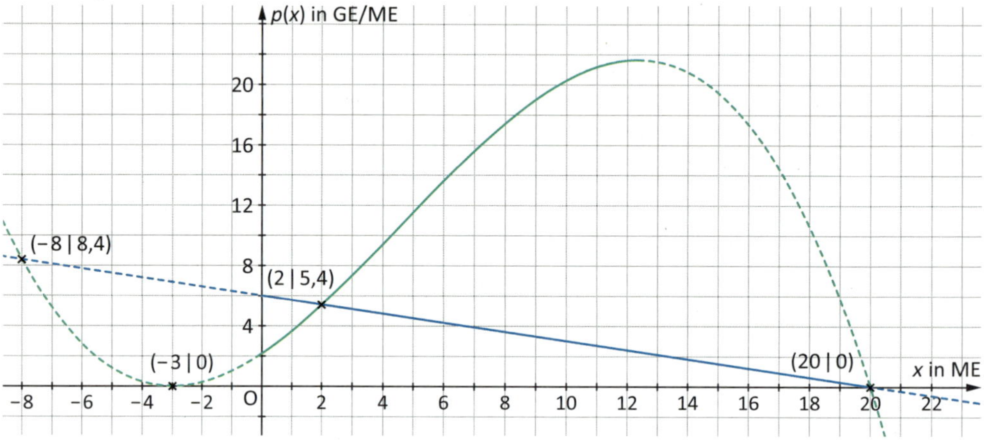

Bestimmen Sie für weitere Analysen die Funktionsgleichungen für die Angebots- und die Nachfragesituation und geben Sie die ökonomischen Definitionsbereiche an.
Beschreiben Sie den Verlauf des Angebotsgraphen.
Ermitteln Sie den Umsatz im Marktgleichgewicht und die Konsumentenrente.
Erklären Sie die Bedeutung der Konsumentenrente für den Brötchenverkauf.

1 Bei quadratischen Funktionen wurde an dieser Stelle der Scheitelpunkt beachtet.

Lösungen

Funktionsgleichungen bestimmen

Angebotsfunktion: Kubische Regression $p_A(x) = ax^3 + bx^2 + cx + d$ mithilfe der in der Grafik angegebenen vier Punkte $\Rightarrow p_A(x) = -\frac{3}{250}x^3 + \frac{21}{125}x^2 + \frac{333}{250}x + \frac{54}{25}$.

Nachfragefunktion: Lineare Regression $p_N(x) = mx + b$ mithilfe der in der Grafik angegebenen drei Punkte $\Rightarrow p_N(x) = -0{,}3x + 6$.

Angebotsfunktion beschreiben

Mit dem GTR/CAS bestimmen: $S_y(0|2{,}16)$ und $H(12{,}33|21{,}63)$.

Der Mindestangebotspreis beträgt 2 GE/ME. Das Angebot nimmt mit steigendem Preis erst progressiv und ab der Wendestelle dann degressiv zu. Mehr als 12,33 ME werden nicht angeboten; dies geschieht bei einem Preis von 21,63 GE/ME.

Definitionsbereiche angeben

$D_{ök}(p_A) = [0;\ 12{,}33]$, $D_{ök}(p_N) = [0;\ 20]$ und $D_{ök} = [0;\ 12{,}33]$ für die gesamte Marktsituation

Umsatz im Marktgleichgewicht ermitteln

Gemäß Grafik: $MG(2;\ 5{,}4) \Rightarrow U = p_G \cdot x_G = 2 \cdot 5{,}4 = 10{,}8$ GE

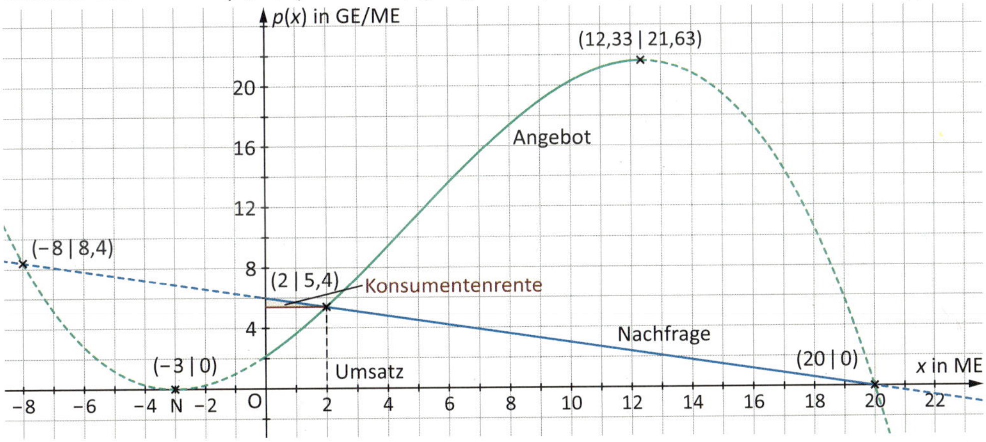

Konsumentenrente ermitteln

Das in der Grafik rot eingefärbte Dreieck spiegelt die Konsumentenrente wider. Die Flächenmaßzahl gibt die Höhe der Konsumentenrente an. Der Höchstpreis liegt bei $p_N(0) = -0{,}3 \cdot 0 + 6 = 6$ GE/ME.

$$A_\triangle = \frac{\text{Grundseite} \cdot \text{Höhe}}{2} = \frac{x_G \cdot (\text{Höchstpreis} - p_G)}{2} \Rightarrow A_\triangle = \frac{2 \cdot (6 - 5{,}4)}{2} = 0{,}6$$

Die Einheit für diese Flächenmaßzahl ergibt sich ebenfalls aus

$$A_\triangle = \frac{\text{Grundseite} \cdot \text{Höhe}}{2} = \frac{\text{ME} \cdot \frac{\text{GE}}{\text{ME}}}{2} = \text{GE}.$$

Die Konsumentenrente beträgt 0,6 GE. Die **Konsumentenrente** gibt an, wie viele Geldeinheiten einige Konsumenten (Nachfrager) sparen, die bereit gewesen wären, einen höheren Preis für die Brötchen zu bezahlen, als auf dem Markt verlangt wurde.

Bedeutung der Konsumentenrente erklären

Da die Konsumentenrente sehr niedrig ist, scheint der Gleichgewichtspreis relativ hoch zu sein. Dadurch lässt sich auch die niedrige Gleichgewichtsmenge erklären. Es gibt viele Kunden, die bei einem niedrigeren Preis bereit gewesen wären, mehr Brötchen zu kaufen.

Beispiel 2

Der Gewerbeverein führt für Backwaren eine zweite Analyse durch, nämlich für Brote. Das Angebot wird mithilfe der linearen Funktion p_A mit $p_A(x) = 0{,}5x + 3$ modelliert.
Die Nachfragefunktion ist eine ganzrationale Funktion 3. Grades der Form $p_N(x) = a(x-u)^3 + v$; der Wendepunkt liegt bei $W(-1|7)$ und der Steigungsfaktor beträgt $-0{,}05$.
Bestimmen Sie die Produzentenrente und interpretieren Sie den Wert im Hinblick auf den Brotverkauf auf dem Wochenmarkt.

Lösungen

Marktgleichgewicht bestimmen

Angebotsfunktion: $p_A(x) = 0{,}5x + 3$

Nachfragefunktion: $p_N(x) = -0{,}05(x+1)^3 + 7$

Schnittpunkt der beiden Graphen im ökonomischen Definitionsbereich mit GTR/CAS bestimmen (gerundet auf zwei Nachkommastellen):

$p_A(x) = p_N(x) \Rightarrow 0{,}5x + 3 = -0{,}05(x+1)^3 + 7 \Rightarrow MG(2{,}75;\ 4{,}37)$

Zeichnung

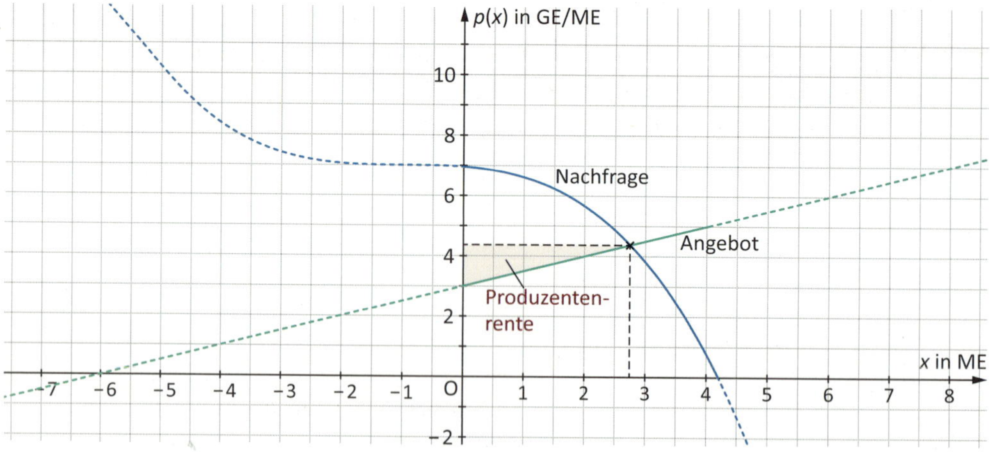

Produzentenrente bestimmen

Das in der Grafik rot eingefärbte Dreieck spiegelt die Produzentenrente wider.
Die Flächenmaßzahl gibt die Höhe der **Produzentenrente** an.
Der Mindestangebotspreis liegt bei $p_A(0) = 0{,}5 \cdot 0 + 3 = 3$ GE/ME.

$$A_\triangle = \frac{\text{Grundseite} \cdot \text{Höhe}}{2} = \frac{x_G \cdot (p_G - \text{Mindestangebotspreis})}{2}$$

$$\Rightarrow A_\triangle = \frac{2{,}75 \cdot (4{,}37 - 3)}{2} \approx 1{,}88 \text{ GE.}$$

Die Produzentenrente beträgt ca. 1,88 GE. Die Produzentenrente gibt an, wie viele Geldeinheiten einige Produzenten (Anbieter) zusätzlich eingenommen haben, die bereit gewesen wären, einen niedrigeren Preis für Brot zu verlangen, als sie auf dem Markt realisieren konnten.

Interpretation der Produzentenrente

Da die Produzentenrente relativ niedrig ist, scheint der Gleichgewichtspreis angemessen zu sein. Dies zeigt sich auch an der relativ geringen Abweichung der Gleichgewichtsmenge von der Sättigungsmenge. Es gibt nicht mehr so viele Kunden, die bei einem niedrigeren Preis bereit gewesen wären, noch mehr Brot zu kaufen.

Übungen

1 Zeichnen Sie die Funktionsgraphen zu den nachfolgenden Funktionsgleichungen.

a) $f(x) = (x-4)^3$

b) $f(x) = x(x-3)(x+6)$

c) $f(x) = x^3 - 2$

d) $f(x) = (x+5)^2(x-5)$

2 Bestimmen Sie die Funktionsgleichungen für eine ganzrationale Funktion 3. Grades.

a) $f(x) = ax^3 + bx^2 + cx + d$ mit

x	2	5	8	9
$f(x)$	14	212	914	1316

b) $f(x) = ax^3 + bx^2 + cx + d$ mit $S_{x_1}(-2|0)$, $S_{x_2}(2|0)$, $S_y(0|0)$, $S(4|24)$

c) $f(x) = x^3 - 12x^2 + cx + d$ mit $S_1(3|1)$, $S_2(6|10)$

d) $f(x) = ax^3 + bx^2 + cx + d$ mit $W(1|-3)$, $T(-1|-19)$

3 Die Verkaufsabteilung eines Herstellers für Handtaschen analysiert den Markt für Business Bags. Folgende Funktionen wurden zum Modellieren verwendet:
$p_A(x) = 2x + 20$ und
$p_N(x) = -0{,}0024x^3 + 150$.
Die grafische Analyse ist schon vorbereitet:

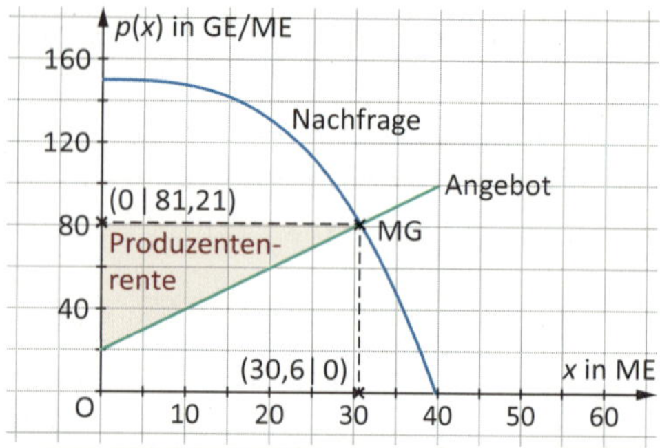

Die Verkaufsabteilung benötigt zur künftigen Preiskalkulation folgende Angaben: Marktgleichgewicht, Umsatz im Marktgleichgewicht, Sättigungsmenge und Höchstpreis sowie die Höhe der Produzentenrente. Die Produzentenrente ist in der Grafik durch die rote Dreiecksfläche dargestellt.
Ermitteln Sie die benötigten Werte und interpretieren Sie den Wert für die Produzentenrente im ökonomischen Zusammenhang.

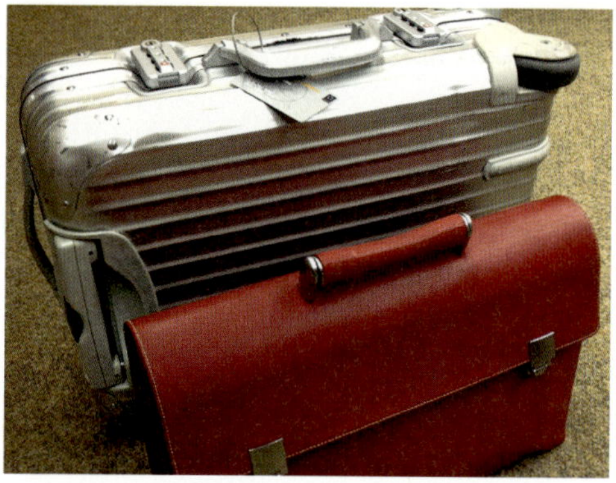

4 Die Marketingabteilung des Unternehmens *Maß-Hemden*, das maßgeschneiderte Herrenhemden herstellt, benötigt eine Marktanalyse, um daraus Werbemaßnahmen abzuleiten, damit zukünftig der eigene Marktanteil größer wird.
Die Analyse der Konkurrenz hat ergeben, dass sich sie gesamtwirtschaftliche Angebotsfunktion mithilfe der Funktion p_A mit $p_A(x) = \frac{1}{100}(x-6)^3 + 4$ modellieren lässt.
Eine Befragung der Stammkunden und potentieller Kunden hat folgende Nachfragefunktion ergeben: p_N mit
$p_N(x) = -\frac{1}{3}x + 9$.

Analysieren Sie für das Unternehmen die Marktsituation grafisch und rechnerisch.

5 Schreiben Sie einen Artikel für ein Mathematiklexikon über die Verwendung von kubischen Funktionen zur Modellierung von Angebotssituationen bei der Marktanalyse.

5.7 Biquadratische Funktionen

Biquadratische Funktionen werden auch als **ganzrationale Funktionen 4. Grades** bezeichnet: $f(x) = ax^4 + bx^3 + cx^2 + dx + e$. Der Verlauf des zugehörigen Graphen kann zwei prinzipielle Formen aufweisen:

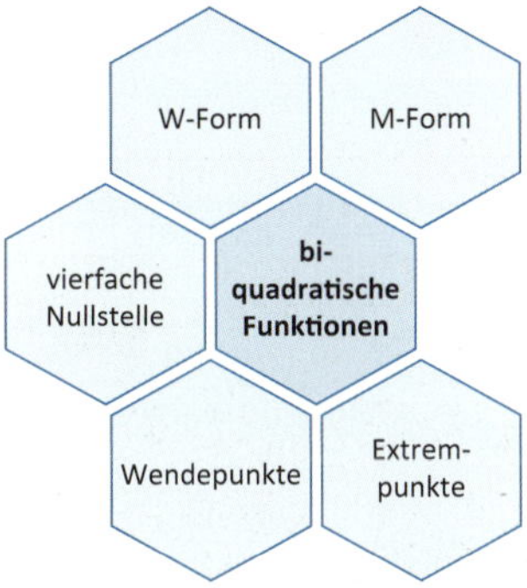

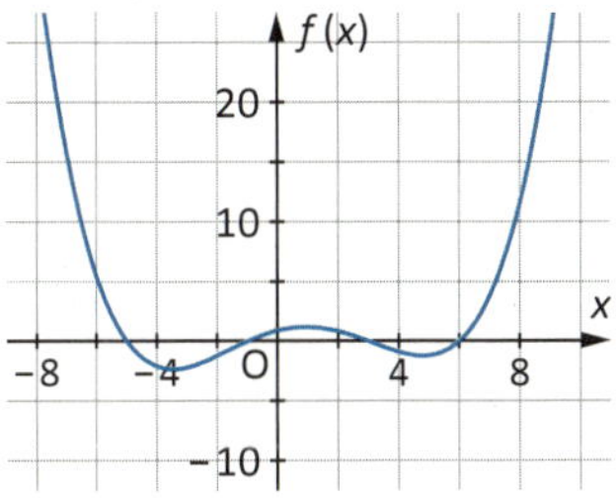

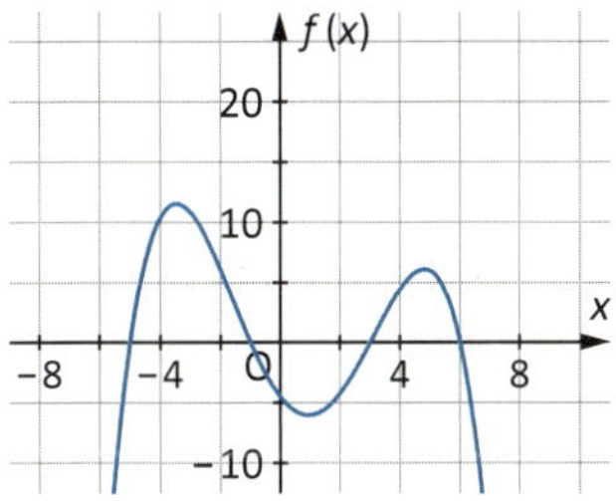

Beispiel 1

Der Wochenmarkt einer niedersächsischen Kleinstadt soll neue Kundschaft erhalten, deshalb analysiert der örtliche Gewerbeverein für weitere Produkte die Angebots- und Nachfragesituation. Auf dem Markt werden auch gebundene Blumensträuße angeboten. Dieses Angebot lässt sich mithilfe einer ganzrationalen Funktion 4. Grades modellieren.
Der Graph hat im mathematischen Definitionsbereich eine doppelte Nullstelle bei $x_{1,2} = -6$ und eine weitere bei $x_{3,4} = -1$, der Steigungsfaktor beträgt $a = 0{,}009$. Die Nachfragesituation wird durch eine Potenzfunktion 4. Grades modelliert, deren Graph an der Abszissenachse gespiegelt und um 8 Einheiten nach oben verschoben ist sowie um den Faktor 0,01 gestaucht wurde.

Stellen Sie die Marktsituation grafisch im Intervall $[-10; 10]$ dar, kennzeichnen Sie den ökonomischen Definitionsbereich sowie den Umsatz und bestimmen Sie das Marktgleichgewicht.

Sollte der Umsatz im Marktgleichgewicht kleiner sein als 15 GE, dann soll zukünftig ein weiterer Händler auf dem Wochenmarkt Blumen anbieten.
Geben Sie eine Handlungsempfehlung an den Gewerbeverein ab.

Lösungen

Bestimmen der Funktionsgleichungen

Angebotsfunktion in Linearfaktordarstellung: $p_A(x) = a(x - x_1)(x - x_2)(x - x_3)(x - x_4)$

$p_A(x) = 0{,}009\,(x + 6)(x + 6)(x + 1)(x + 1) = 0{,}009\,(x + 6)^2\,(x + 1)^2$

Nachfragefunktion als Potenzfunktion 4. Grades (Scheitelpunktform):

$p_N(x) = a\,(x - u)^4 + v$

$p_N(x) = -0{,}01\,(x - 0)^4 + 8 = -0{,}01\,x^4 + 8$

Zeichnung

Damit die Graphen im geforderten Intervall gezeichnet werden können, werden im Vorwege die markanten Punkte mit dem GTR/CAS bestimmt:

Angebot: $S_y(0|0{,}324)$, $T_1(-6|0)$, $H(-3{,}5|0{,}35)$, $T_2(-1|0)$

Nachfrage: $S_y(0|8)$, $S_{x_1}(-5{,}32|0)$, $S_{x_2}(5{,}32|0)$

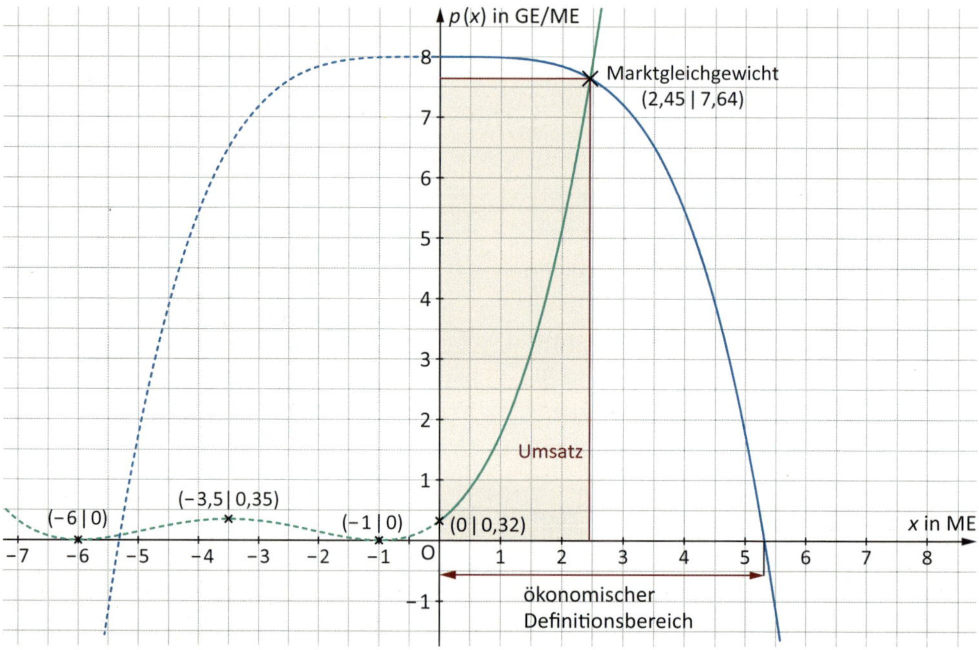

Marktgleichgewicht und Umsatz

$p_A(x) = p_N(x)$ mit GTR/CAS $\Rightarrow$ $MG(2{,}45|7{,}64)$

$U = p_G \cdot x_G = 2{,}45 \cdot 7{,}64 = 18{,}718$ GE

Handlungsempfehlung an den Gewerbeverein

Da der Umsatz im Marktgleichgewicht größer als 15 GE ist, sollte zukünftig kein weiterer Händler Blumen anbieten.

Der Verlauf des Graphen einer biquadratischen Funktion hängt u. a. von den vorhandenen Nullstellen ab.

Mögliche **Nullstellenarten** bei biquadratischen Funktionen:

Vier **einfache** Nullstellen	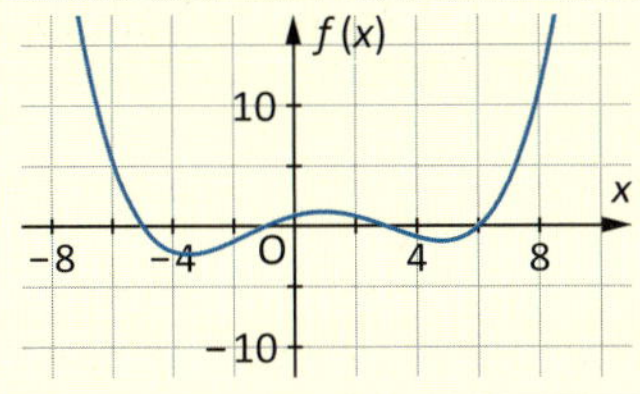	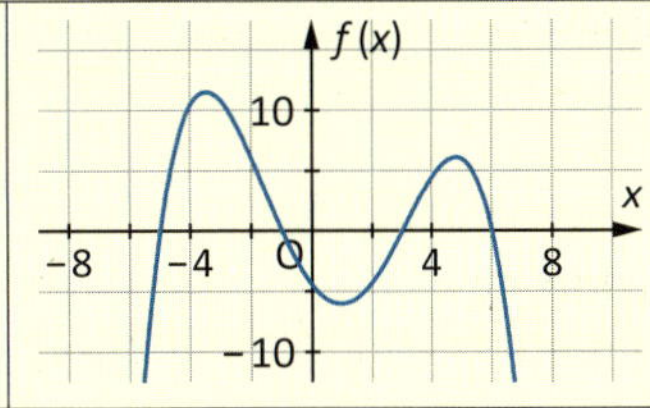
Zwei **einfache** Nullstellen	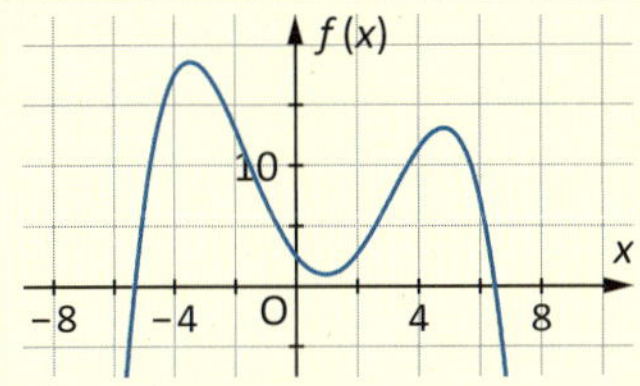	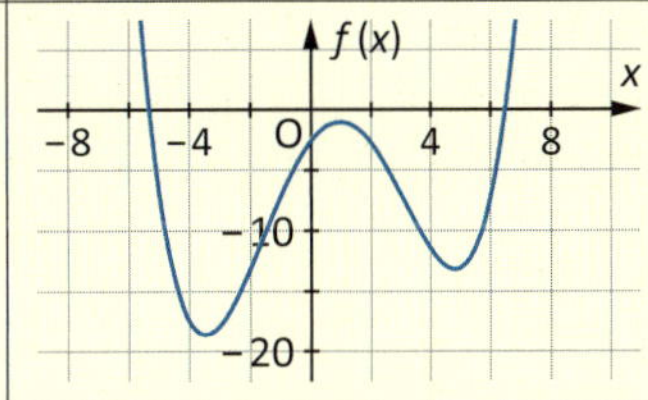
Eine **doppelte** Nullstelle	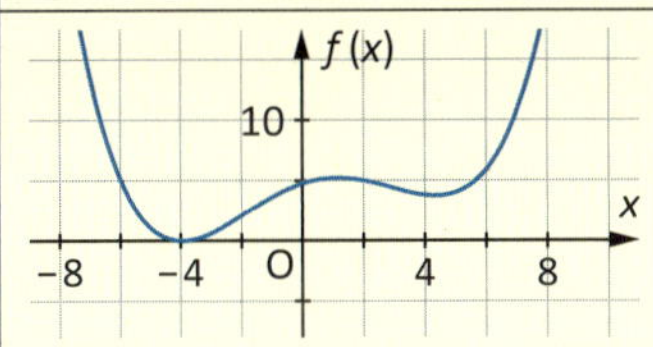	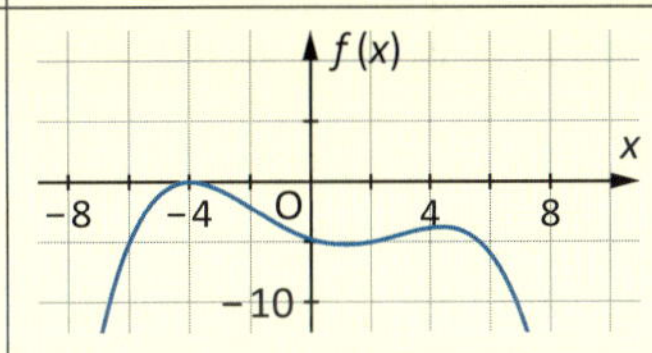
Zwei **doppelte** Nullstellen	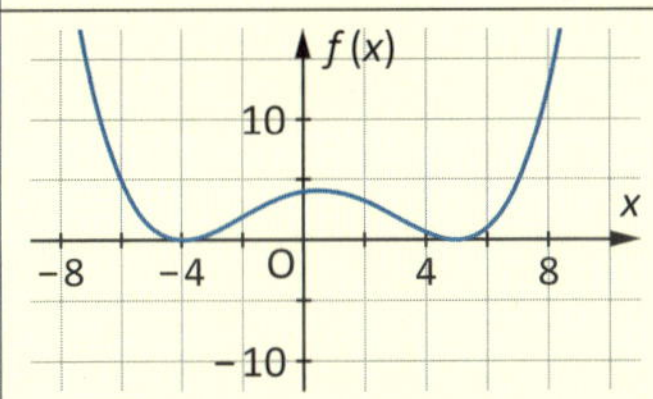	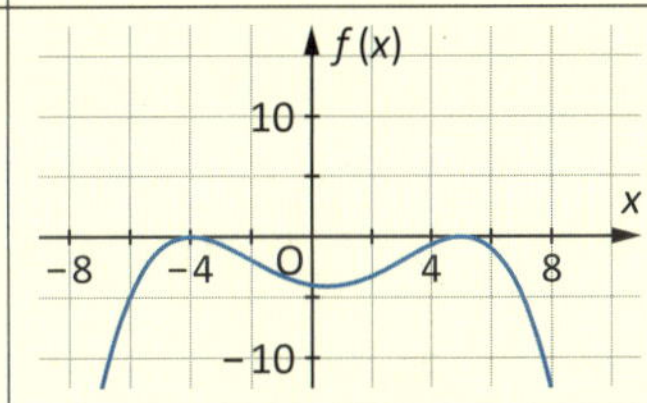
Eine **einfache** und eine **dreifache** Nullstelle	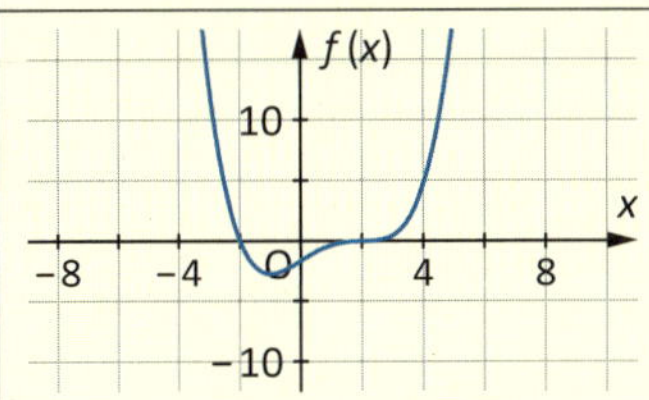	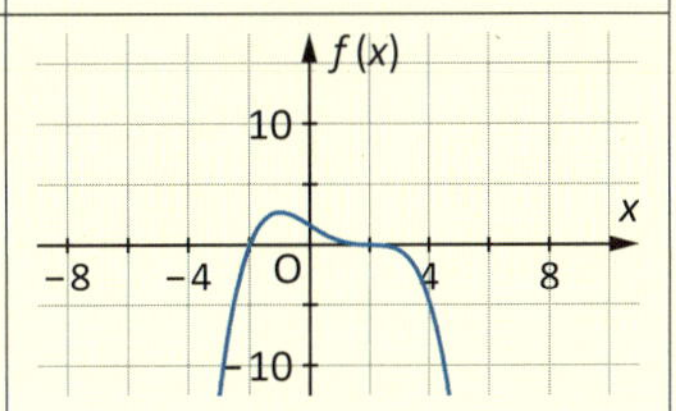
Eine **vierfache** Nullstelle	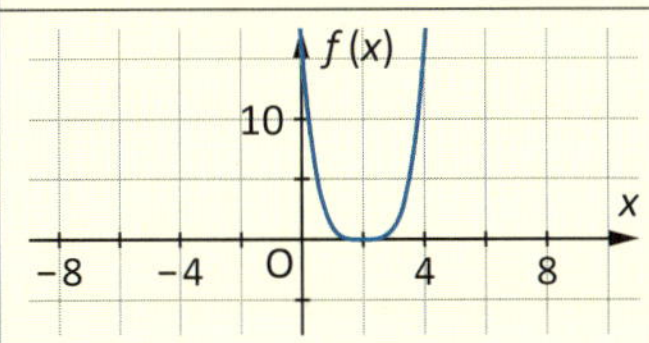	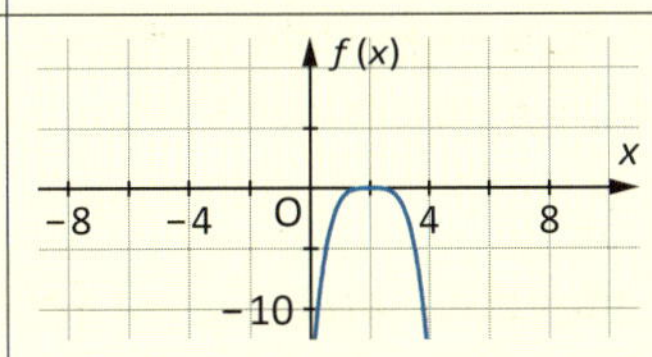
Keine Nullstelle	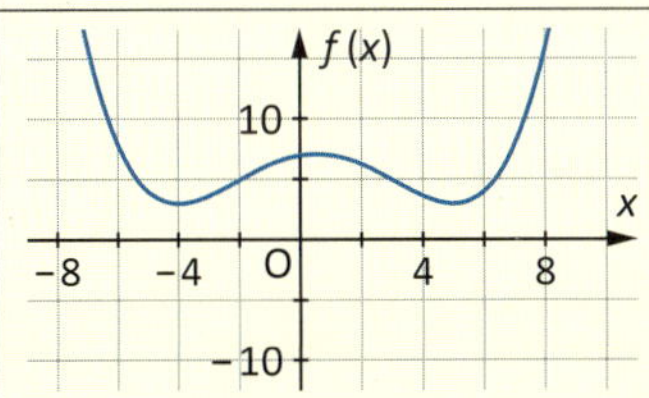	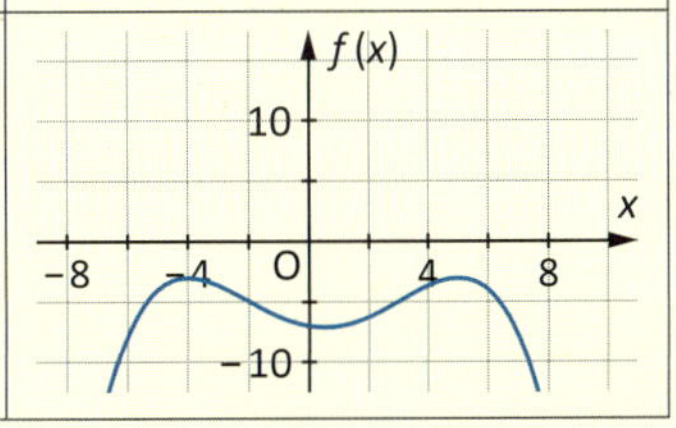

Aufstellen von biquadratischen Funktionstermen

	Lösungsweg
Lineares Gleichungssystem (LGS)	Die gegebenen Punkte werden in die gesuchte Funktionsgleichung $f(x) = ax^4 + bx^3 + cx^2 + dx + e$ eingesetzt und dann ein LGS aufgestellt. Für jede Unbekannte wird eine Gleichung für das LGS benötigt, also in diesem Fall fünf Gleichungen. Das LGS wird mithilfe des Gauß-Algorithmus algebraisch gelöst oder mithilfe des GTR/CAS.
Linearfaktordarstellung	Der Steigungsfaktor und die vier Nullstellen sind bekannt und werden in die Gleichung $f(x) = a(x - x_1)(x - x_2)(x - x_3)(x - x_4)$ eingesetzt; durch Auflösen der Klammern entsteht die Normalform der biquadratischen Funktion.
Biquadratische Regression	GTR/CAS

Übungen

1 Beschreiben Sie jeweils den Verlauf des Funktionsgraphen im mathematischen Definitionsbereich.

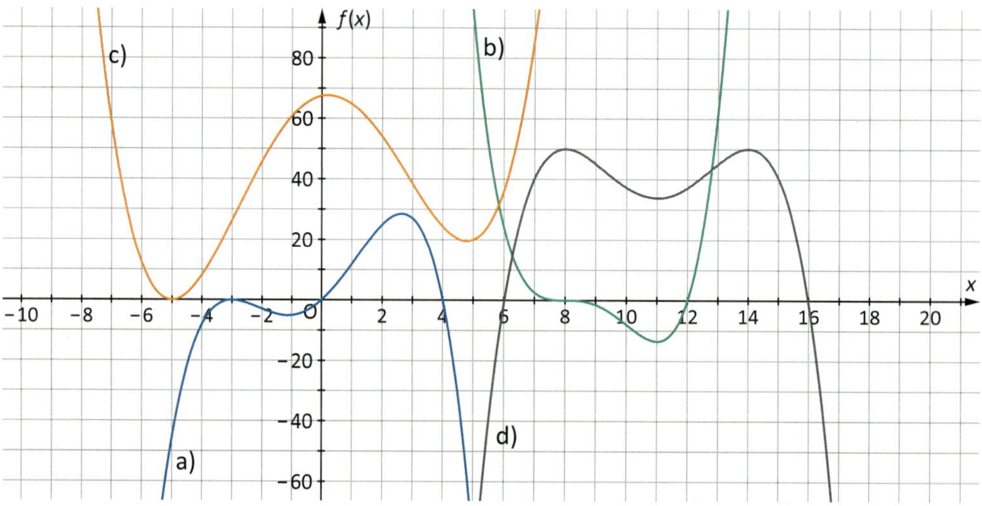

2 Erstellen Sie eine Tabelle für das Thema „ganzrationale Funktionen" und tragen Sie dort alle wichtigen Informationen zu den unterschiedlichen Funktionsarten ein.

Ganzrationale Funktionen					
Eigenschaften	konstante Funktion	ersten Grades	zweiten Grades	dritten Grades	vierten Grades

3 Bestimmen Sie mithilfe des GTR/CAS die Schnittpunkte mit den Koordinatenachsen und die Extrempunkte.
Zeichnen Sie den zugehörigen Funktionsgraphen in ein geeignetes Koordinatensystem und kennzeichnen Sie den Teil des Graphen, der entweder eine Nachfragefunktion oder eine Angebotsfunktion modellieren könnte.
Geben Sie dafür den ökonomischen Definitionsbereich an.

a) $f(x) = 0{,}001\,(x-8)^3\,(x-20)$

b) $f(x) = \frac{1}{100}x^4 + \frac{1}{50}x^3 - \frac{3}{100}x^2 - \frac{1}{25}x + \frac{1}{25}$

c) $f(x) = -0{,}02\,(x+5)\,(x-8)\,(x-9)\,(x-10)$

d) $f(x) = -0{,}1\,(x-5)^4 + 80$

4 Die Marketingabteilung eines Herstellers von Duschgel hat den Markt untersucht und erste Analyseergebnisse grafisch aufbereitet.

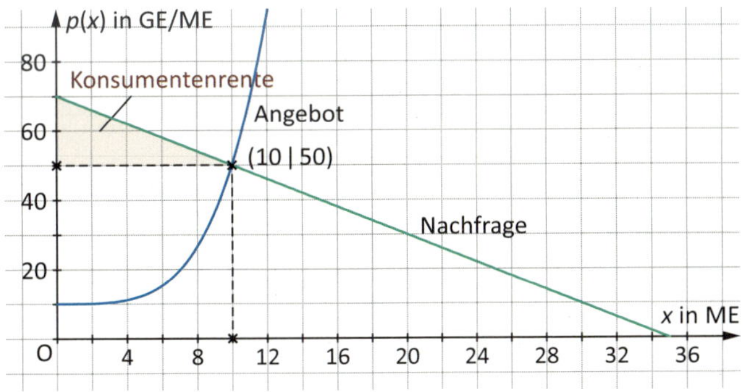

Folgende Funktionsgleichungen wurden zugrunde gelegt: $p_N(x) = -2x + 70$ und $p_A(x) = 0{,}004x^4 + 10$.
Für die Werbeplanung benötigt das Unternehmen folgende Angaben: Marktgleichgewicht, Höchstpreis, Sättigungsmenge und die Höhe der Konsumentenrente. Die Konsumentenrente ist in der Grafik durch das rot eingefärbte Dreieck gekennzeichnet. Berechnen Sie die benötigten Werte und interpretieren Sie den Wert der Konsumentenrente im ökonomischen Zusammenhang.

5.8 Übungsaufgaben für Klausuren und Prüfungen

Aufgabe 1 (ohne Hilfsmittel)

Der Graph der Angebotsfunktion ist eine um eins nach oben verschobene Normalparabel. Der Graph der Nachfragefunktion wird durch eine nach unten geöffnete und um neun Einheiten nach oben verschobene Normalparabel dargestellt.

a) Skizzieren Sie die Graphen in einem geeigneten Koordinatensystem.

b) Berechnen Sie das Marktgleichgewicht und den Umsatz.

Aufgabe 2 (ohne Hilfsmittel)

Erstellen Sie eine Zeichnung, mit deren Hilfe Sie die wesentlichen Begriffe einer Angebots- und Nachfragesituation grafisch verdeutlichen. Verwenden Sie für die beiden Funktionen Graphen aus unterschiedlichen ganzrationalen Funktionsklassen.

Aufgabe 3 (mit Hilfsmitteln)

Umfragen auf dem Wochenmarkt in Goslar haben ergeben, dass der Höchstpreis für eine Mengeneinheit (ME) Äpfel bei 9 Geldeinheiten/ME (GE/ME) liegt, die Sättigungsmenge ist bei 30 ME erreicht. Außerdem liegt der Mindestangebotspreis bei 2 GE/ME. Eine Markträumung würde bei einem Preis von 4,2 GE/ME auftreten.

Für die einmal pro Halbjahr erscheinende Wochenmarkt-Zeitschrift soll die Marktsituation für Äpfel grafisch mithilfe von Funktionsgraphen in einem Koordinatensystem dargestellt werden. Die Nachfragesituation wird durch eine lineare Funktion modelliert, die Angebotssituation durch eine quadratische Funktion der Form $p_A(x) = -0{,}005x^2 + bx + c$.

Erstellen Sie die Grafik für die Zeitschrift und schreiben Sie einen kurzen Text dazu, der die wichtigsten Informationen über die Marktsituation für Äpfel zusammenfasst. Erklären Sie dabei auch die Begriffe Angebots- und Nachfrageüberschuss anhand von selbst gewählten Beispielen.

Aufgabe 4 (mit Hilfsmitteln)

Das Unternehmen *Milky* ist für Joghurtbutter Monopolist. Für die Marketingstrategie einer neuen Sorte Butter soll von der Marketingabteilung eine Präsentation erstellt werden, damit das Werbebudget durch den Vorstand freigegeben wird. Für diese Präsentation müssen verschiedene Untersuchungen durchgeführt werden. Der Markt für Butter wird mithilfe folgender Funktionen beschrieben:

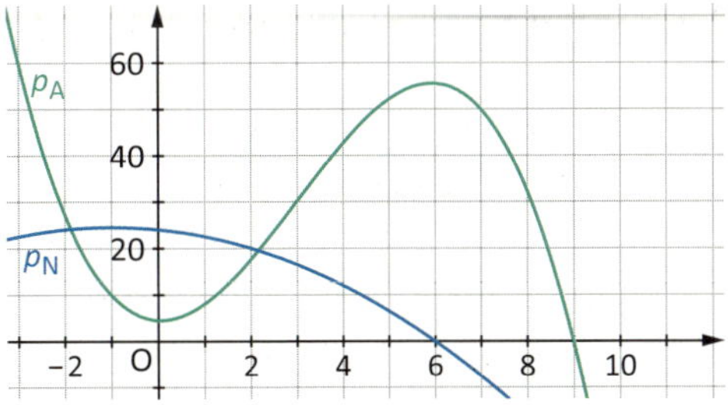

$p_A(x) = -0{,}5x^3 + 4{,}5x^2 - 0{,}5x + 4{,}5$ und
$p_N(x) = -0{,}5x^2 - x + 24$.
Ergänzen Sie die Zeichnung, damit sie für die Präsentation verwendet werden kann, um folgende Begriffe: *Nachfragefunktion, Angebotsfunktion, Höchstpreis, Mindestangebotspreis, Sättigungsmenge, Achsenbeschriftungen inkl. Einheiten, Marktgleichgewicht, Gleichgewichtspreis und Gleichgewichtsmenge.*
Bestimmen Sie den ökonomischen Definitions- und Wertebereich für die Nachfragefunktion, für die Angebotsfunktion und für den Gesamtmarkt.
Berechnen Sie den Umsatz im Marktgleichgewicht und kennzeichnen Sie diesen in der Grafik.
Erklären Sie, ab welchem Preis ein Angebotsüberschuss vorliegt und bis zu welchem Preis ein Nachfrageüberschuss vorliegt. Verdeutlichen Sie Ihre Erklärung in der Zeichnung anhand eines selbst gewählten Beispieles.

Aufgabe 5 (mit Hilfsmitteln)

Der Markt für Frühblüher wurde durch eine Marktforschungsagentur analysiert. Die Grafik verdeutlicht die gesamtwirtschaftliche Nachfrage- und Angebotsfunktion.

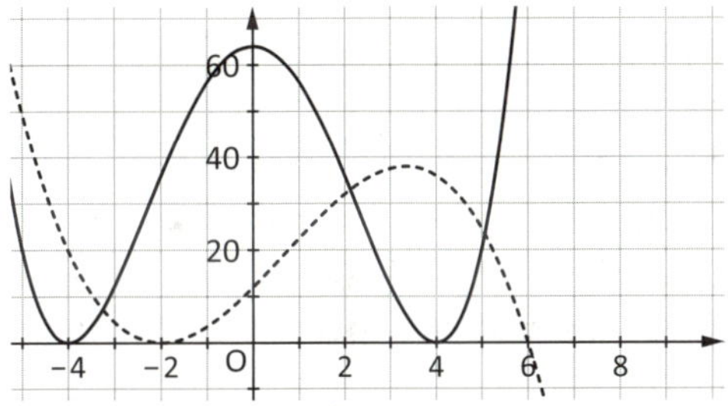

a) Kennzeichnen Sie in der Grafik
   - den Gleichgewichtspreis,
   - die Gleichgewichtsmenge,
   - den Umsatz,
   - den passenden Abschnitt für die Nachfragefunktion,
   - den passenden Abschnitt für die Angebotsfunktion und
   - den ökonomischen Definitionsbereich für den Gesamtmarkt.

   Ergänzen Sie die Beschriftung der Koordinatenachsen.

b) Folgende Funktionsterme sind gegeben:
   $p_1(x) = 0{,}25\,(x-4)^2(x+4)^2$ und $p_2(x) = -0{,}5\,(x+2)^2(x-6)$.
   Ordnen Sie die beiden Terme begründet den beiden Graphen zu.
   Erläutern Sie ökonomisch die Zuordnung zu Angebot und Nachfrage.

c) Der Markt soll mithilfe der beiden Funktionen $p_N(x) = \frac{1}{4}x^4 - 8x^2 + 64$ und $p_A(x) = -\frac{1}{2}x^3 + x^2 + 10x + 12$ untersucht werden.
   Bestimmen Sie den ökonomischen Definitionsbereich.
   Ermitteln Sie das Marktgleichgewicht und berechnen Sie den Umsatz für Frühblüher.
   Geben Sie den Höchstpreis und den Mindestangebotspreis an.
   Untersuchen Sie die Marktsituation für die Frühblüher bei einem Preis von 40 GE/ME.

6 Geldanlage und Abschreibungen

Zwei zentrale Themen in einem Unternehmen sind die Geld- oder Kapitalanlage und die Abschreibungen von langlebigen Wirtschaftsgütern.
Eine **Geldanlage** ist eine Möglichkeit, Gelder, die zurzeit für Investitionen nicht benötigt werden, für einen bestimmten Zeitraum am Kapitalmarkt anzulegen, um Zinsen bzw. sonstige Gewinne oder Erträge zu erhalten. Es existieren verschiedene Finanzprodukte, die zur Geldanlage verwendet werden können: Festgelder, festverzinsliche Wertpapiere, Aktien, Immobilien, Investmentfonds etc.
Wird Kapital verwendet, um langlebige Wirtschaftsgüter wie z. B. Maschinen, Fuhrpark, Betriebs- und Geschäftsausstattung etc. zu beschaffen, dann muss das Unternehmen festlegen, wie der Wertverlust dieser Güter, der durch Benutzung, Verschleiß, technischen Fortschritt usw. entsteht, bilanziell und steuerrechtlich mithilfe von **Abschreibungen** erfasst werden soll.

6.1 Lernsituationen

Lernsituation 1

Benötigte Kompetenzen für die Lernsituation 1
Kenntnisse aus der Sek. I, lineare Funktionen, Zinsrechnung.

Inhaltsbezogene Kompetenzen der Lernsituation 1
Lineare Funktionen, Exponentialfunktionen, Schnittpunkte zweier Funktionen, Funktionsterme aufstellen, grafische Darstellung von Funktionen.

Prozessbezogene Kompetenzen der Lernsituation 1
Mathematisch argumentieren; Probleme mathematisch lösen; mathematisch modellieren; mit symbolischen, formalen und technischen Elementen umgehen; kommunizieren.

Methode
ICH-DU-WIR

Zeit
2 Doppelstunden

Das Unternehmen *Schokotraum* hat im letzten Jahr Überschüsse erwirtschaftet. Die Geschäftsführung möchte 50.000 EUR für drei Jahre anlegen, um danach eine neue Conchiermaschine zu kaufen. Die Hausbank unterbreitet dafür verschiedene Angebote:

Angebot 1	Angebot 2	Angebot 3
3 % Zinsen am Ende jedes Jahres Keine Zinseszinszahlungen	2,5 % Zinseszins jedes Jahr	Bonus am Ende des ersten Jahres 1.000 EUR
		Bonus am Ende des zweiten Jahres 1.500 EUR
		Bonus am Ende des dritten Jahres 1.800 EUR

Die Maschine kostet 54.000 EUR und soll nach der Anschaffung über einen Zeitraum von fünf Jahren abgeschrieben werden. Das Unternehmen *Schokotraum* untersucht, welche Abschreibungsmethode wann sinnvoll ist. Zur Auswahl stehen die lineare Abschreibung, die degressive Abschreibung um 25 % pro Jahr oder eine Mischung aus beiden Formen.

Entscheiden Sie begründet, welches Angebot der Bank das Unternehmen *Schokotraum* annehmen soll, ob die Geldanlage über drei Jahre ausreicht, um die Conchiermaschine zu kaufen, und erstellen Sie einen Vorschlag für die Abschreibung der Conchiermaschine. Dokumentieren Sie Ihre Überlegungen grafisch und rechnerisch.

ICH **(Einzelarbeit)**		Lesen Sie die Lernsituation durch und schreiben Sie die Begriffe heraus, die Sie noch nicht kennen. Schreiben Sie außerdem alle wichtigen gegebenen Informationen heraus. Notieren Sie sich Ihre Lösungsideen.
DU **(Partnerarbeit)**		Vergleichen Sie die Begriffe, die Sie herausgeschrieben haben. Erklären Sie sich die Begriffe gegenseitig, suchen Sie die Definitionen gemeinsam heraus und halten Sie diese schriftlich fest. Vergleichen Sie die Angaben, die Sie als gegebene Informationen notiert haben und ergänzen und/oder verbessern Sie diese, wenn nötig. Lösen Sie gemeinsam die Aufgaben.
WIR **(Gruppenarbeit)**		Vergleichen Sie Ihre Lösungen. Erklären Sie sich dabei gegenseitig Ihre Lösungswege. Verbessern Sie ggf. Ihre Fehler und/oder ergänzen Sie Ihre Lösungen. Schreiben Sie Ihre Handlungsempfehlungen als **Tischvorlage**. Erklären Sie dabei Ihre Empfehlung grafisch und rechnerisch.

9 Patyna - ISBN 978-3-8120-0685-9

6.2 Wirtschaftliche Zusammenhänge

6.2.1 Geldanlage

Kreditinstitute bieten unterschiedliche Formen der Geldanlage mit vorher fest vereinbarter Zins- bzw. Ertragszahlung an. Drei Formen werden exemplarisch beschrieben:

- **Geldanlage, bei der ein Bonus am Ende des Jahres gezahlt wird**
  Bei einer Geldanlage mit **Bonuszahlung** wird am Ende des Anlagejahres ein Bonus gezahlt, dessen Höhe im Vorhinein festgelegt wird und von Jahr zu Jahr variieren kann. Die Bonuszahlung erfolgt nur dann, wenn das Geld für ein gesamtes Jahr angelegt wurde, das Anlagejahr muss nicht dem Kalenderjahr entsprechen. Das Kapital kann jederzeit abgehoben werden, ohne dass dem Anleger ein finanzieller Nachteil entsteht, er erhält dann aber keinen Bonus.
- **Geldanlage mit einfacher Zinszahlung**
  Bei einer Geldanlage mit **einfacher Zinszahlung** erhält der Anleger am Ende eines jeden Kalenderjahres eine vorher vereinbarte Zinszahlung. Die Höhe des Zinssatzes hängt zum einen von der Anlageart und zum anderen von dem sogenannten Leitzins ab, den die Kreditinstitute als Basis für die Zinshöhe verwenden:
  $\text{Zinsen } (Z) = \frac{\text{Kapitaleinlage } (K_0)}{100} \cdot \text{Prozentsatz } (p) \Rightarrow Z = \frac{K_0}{100} \cdot p.$
  Die am Jahresende gezahlten Zinsen werden entweder dem Kapital zugeschlagen oder direkt an den Anleger ausgezahlt. Sollten die Zinsen dem Kapital zugeschlagen werden, dann werden diese im nächsten Jahr nicht mitverzinst. Die Kapitalentwicklung kann wie folgt beschrieben werden:
  $K_n = K_0 + n \cdot Z = K_0 + n \cdot \frac{K_0}{100} \cdot p$, wobei K_n die Höhe des Kapitals nach n Jahren angibt.
  Es handelt sich um eine **lineare Entwicklung**:
  $\underbrace{f(x)}_{K_n} = \underbrace{m}_{Z} \cdot \underbrace{x}_{n} + \underbrace{b}_{K_0}.$
- **Geldanlage mit Zinseszinszahlungen**
  Bei einer Geldanlage mit Zinseszinszahlung erfolgt die Zinszahlung am Ende des Kalenderjahres. Es wird nicht nur das Anlagekapital K_0 verzinst, sondern auch die schon bis dahin gezahlten Zinsen. Die Höhe der Zinsen nimmt demnach von Jahr zu Jahr zu; es wird von **Zinseszinsen** gesprochen.

Kapital am 01.01.	Zinsen zum 31.12.	Kapital am 31.12.
K_0	$Z_1 = K_0 \cdot \frac{p}{100}$	$K_1 = K_0 + Z_1 = K_0 + K_0 \cdot \frac{p}{100} = K_0 \cdot \left(1 + \frac{p}{100}\right)$
$K_1 = K_0 + K_0 \cdot \frac{p}{100}$	$Z_2 = K_1 \cdot \frac{p}{100}$	$K_2 = K_1 + Z_2 = K_1 + K_1 \cdot \frac{p}{100}$ $= K_1 \cdot \left(1 + \frac{p}{100}\right) = K_0 \cdot \left(1 + \frac{p}{100}\right)\left(1 + \frac{p}{100}\right)$ $= K_0 \cdot \left(1 + \frac{p}{100}\right)^2$

Beispiel 3

Das Unternehmen *Bau-Schlau* hat eine Produktionsmaschine gekauft.
Zum Zeitpunkt der Anschaffung wird die Maschine mit den Anschaffungskosten in Höhe von 10.000 EUR bilanziert.
Das Unternehmen geht davon aus, dass jährlich ein Wertverlust in Höhe von 2.000 EUR entsteht. Nach fünf Jahren ist die Maschine vollständig abgeschrieben.
Erstellen Sie die zugehörige Abschreibungstabelle und geben Sie den funktionalen Zusammenhang an.
Stellen Sie die Buchwertentwicklung grafisch dar.

Lösungen

Abschreibungstabelle

$$\text{Abschreibungsbetrag} = \frac{\text{Anschaffungskosten}}{\text{Nutzungsdauer in Jahren}}$$

$$\Rightarrow \text{Abschreibungsbetrag} = \frac{10.000}{5} = 2.000$$

Jahr	Buchwert am Anfang des Jahres	Abschreibungsbetrag	Buchwert B_n am Ende des Jahres
1	Anschaffungskosten B_0 = 10.000 EUR	2.000 EUR	8.000 EUR
2	8.000 EUR	2.000 EUR	6.000 EUR
3	6.000 EUR	2.000 EUR	4.000 EUR
4	4.000 EUR	2.000 EUR	2.000 EUR
5	2.000 EUR	2.000 EUR	0 EUR

Funktionaler Zusammenhang

$f(x) = 10.000 - 2.000x,\ D_{ök} = \mathbb{N}_{>0}$

Grafische Darstellungen

Entwicklung des Buchwertes bei linearer Abschreibung

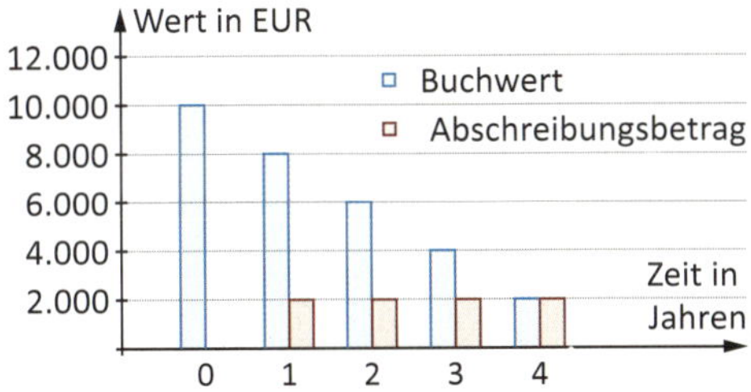

Entwicklung des Buchwertes bei linearer Abschreibung

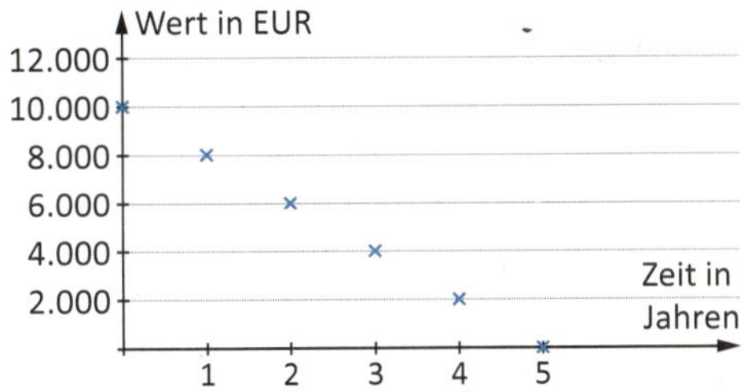

6.4 Exponentialfunktionen

Exponentialfunktionen sind Funktionen, bei denen die unabhängige Variable im Exponenten steht. In der Wirtschaft werden diese Funktionen zur Modellierung von Wachstumsprozessen verwendet. Die allgemeine Funktionsgleichung lautet:

$f(x) = a \cdot b^x$ mit $a \in \mathbb{R}$ und $b \in \mathbb{R}_{>0} \setminus \{1\}$.[1]

Die für die Wirtschaft wichtigste Exponentialfunktion ist die **e-Funktion** (e $\triangleq$ Euler'sche Zahl[2]):

$f(x) = a \cdot e^x$.

Die allgemeine Exponentialfunktion lässt sich in eine e-Funktion überführen:

$f(x) = a \cdot b^x = a \cdot e^{(\ln b) \cdot x}$ (ln $\triangleq$ natürlicher Logarithmus).

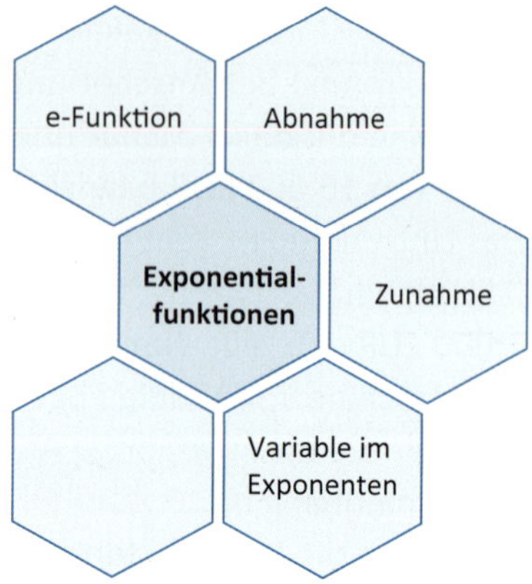

Beispiel 1

Das Unternehmen *Bau-Schlau* legt 100.000 EUR bei der Hausbank für fünf Jahre an. Am Ende des Kalenderjahres werden jeweils 1,5 % Zinsen auf die Kapitaleinlage gezahlt, die im Verlauf der Anlage mitverzinst werden.

Stellen Sie die Kapitalentwicklung für die Laufzeit tabellarisch und grafisch dar.
Bestimmen Sie die Exponentialfunktion, mit deren Hilfe das Kapital zu jedem Zeitpunkt bestimmt werden kann, und geben Sie diese auch als e-Funktion an.

1 Wenn für die Basis $b = 1$ gelten würde, dann wäre $f(x) = a \cdot 1^x = a$ eine konstante Funktion und keine Exponentialfunktion.

2 Die Zahl e ist nach dem deutschen Mathematiker Leonhard Euler benannt: $\lim\limits_{x \to \infty} \left(1 + \frac{1}{x}\right)^x = e \approx 2{,}718281828\ldots$

Lösungen

Tabelle für die Kapitalentwicklung erstellen

$\frac{K_n}{100} \cdot 1{,}5$

Jahr	Kapital am 01.01.	Zinsen zum 31.12.	Kapital am 31.12.
1	K_0 = 100.000,00 EUR	$\frac{100.000}{100} \cdot 1{,}5$ = 1.500,00 EUR	K_1 = 101.500,00 EUR
2	101.500,00 EUR	$\frac{101.500}{100} \cdot 1{,}5$ = 1.522,50 EUR	K_2 = 103.022,50 EUR
3	103.022,50 EUR	$\frac{103.022{,}50}{100} \cdot 1{,}5$ = 1.545,38 EUR	K_3 = 104.567,88 EUR
4	104.567,88 EUR	$\frac{104.567{,}88}{100} \cdot 1{,}5$ = 1.568,52 EUR	K_4 = 106.136,40 EUR
5	106.136,40 EUR	$\frac{106.136{,}40}{100} \cdot 1{,}5$ = 1.592,05 EUR	K_5 = 107.728,45 EUR

Grafische Darstellung

Geldanlage mit Zinseszinszahlung

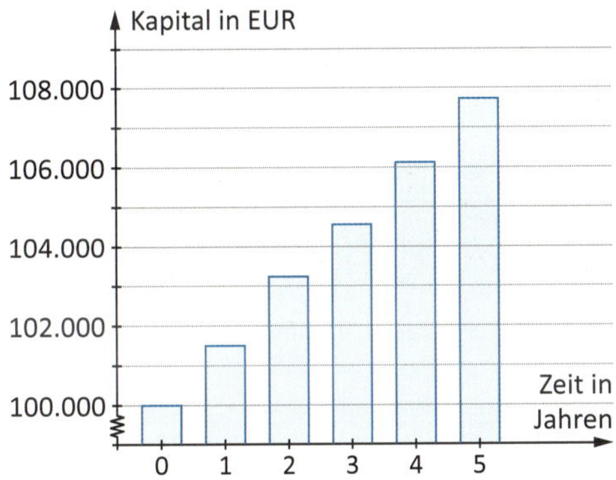

Geldanlage mit Zinseszinszahlung

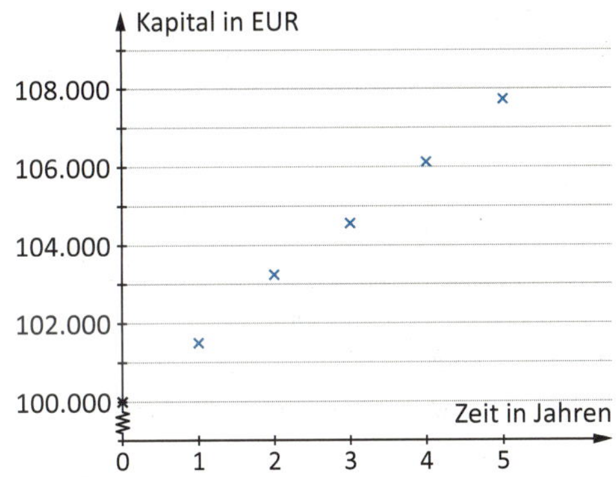

Funktionalen Zusammenhang darstellen

Die Kapitalentwicklung in obiger Abbildung ist nicht mehr linear bzw. proportional, sondern die Höhe der Zinsen steigt von Jahr zu Jahr an, weil sie jedes Jahr auf einen anderen Betrag gezahlt werden:

Mithilfe der Formel $K_n = K_0 \cdot \left(1 + \frac{p}{100}\right)^n$ lässt sich das Kapital jeweils am Ende eines Jahres ermitteln. Die Formel kann als Exponentialfunktion geschrieben werden:

$f(x) = a \cdot b^x$,

mit $a \triangleq$ Anfangsbestand, d. h. Höhe des Kapitals, das angelegt wird (K_0),

mit $b \triangleq$ Basis der Exponentialfunktion, d. h. $b = 1 + \frac{p}{100}$ und

mit $x \triangleq$ Exponent, d. h. Anzahl der Jahre, die das Kapital angelegt wird.

Es ergibt sich:

$f(x) = 100.000 \cdot \left(1 + \frac{1{,}5}{100}\right)^x = 100.000 \cdot (1 + 0{,}015)^x = 100.000 \cdot 1{,}015^x$, mit $D_{ök} = \mathbb{R}_{>0}$.

e-Funktion: $f(x) = 100.000 \cdot e^{(\ln 1{,}015) \cdot x} \approx 100.000 \cdot e^{0{,}0149x}$, mit $D_{ök} = \mathbb{R}_{>0}$.

Beispiel 2

Das Unternehmen *Bau-Schlau* überlegt, die Produktionsmaschine (aus Beispiel 3, lineare Funktionen) evtl. degressiv mit einer Abschreibungsquote von 25 % abzuschreiben und nicht wie bisher geplant linear über fünf Jahre.
Erstellen Sie als Grundlage für die Entscheidung der Finanzabteilung die zugehörige Abschreibungstabelle und geben Sie den funktionalen Zusammenhang an.
Stellen Sie die Buchwertentwicklung grafisch dar.

Lösungen

Abschreibungstabelle erstellen

Jahr	Buchwert am Anfang des Jahres	Abschreibungsbetrag Abschreibungsquote 25 %	Buchwert B_n am Ende des Jahres
1	Anschaffungskosten B_0 = 10.000,00 EUR	$\frac{10.000}{100} \cdot 25 = 2.500{,}00$ EUR	7.500,00 EUR
2	7.500,00 EUR	$\frac{7.500}{100} \cdot 25 = 1.875{,}00$ EUR	5.625,00 EUR
3	5.625,00 EUR	$\frac{5.625}{100} \cdot 25 = 1.406{,}25$ EUR	4.218,75 EUR
4	4.218,75 EUR	$\frac{4.218{,}75}{100} \cdot 25 = 1.054{,}6875$ EUR	3.164,0625 EUR
5	3.164,0625 EUR	$\frac{3.164{,}0625}{100} \cdot 25 = 791{,}015625$ EUR	≈ 2.373,05 EUR

Wenn die degressive Abschreibung angewendet wird, dann ist die Produktionsmaschine nach fünf Jahren nicht vollständig abgeschrieben, sondern hat einen Restbuchwert in Höhe von 2.373,05 EUR.

Grafische Darstellung

Entwicklung des Buchwertes bei degressiver Abschreibung

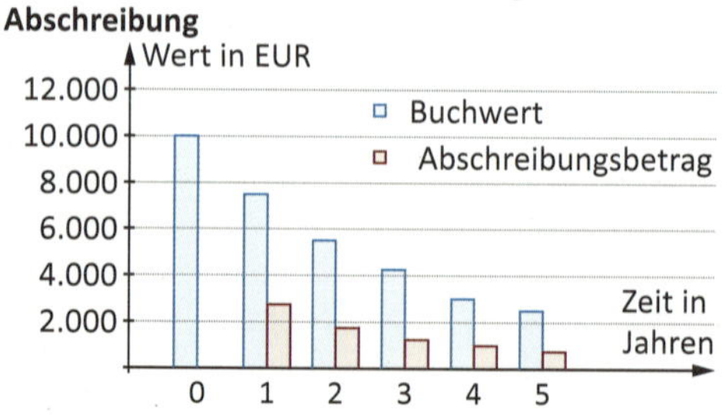

Entwicklung des Buchwertes bei degressiver Abschreibung

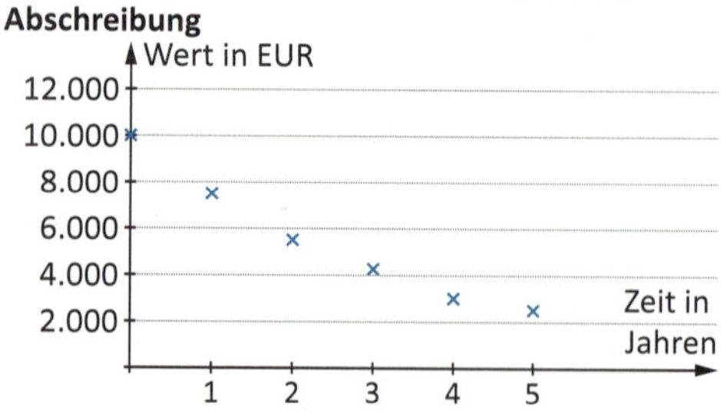

Der Buchwert B_n verringert sich gemäß exponentieller Abnahme:
$\text{Buchwert}_n = \text{Anschaffungskosten} \cdot (1 - \text{Abschreibungquote})^n$

$$B_n = B_0 \cdot \left(1 - \frac{p}{100}\right)^n.$$

Die Berechnung des jeweiligen Buchwertes kann mithilfe des folgenden funktionalen Zusammenhangs dargestellt werden:

$$f(x) = 10.000 \cdot \left(1 - \frac{25}{100}\right)^x = 10.000 \cdot (1 - 0{,}25)^x = 10.000 \cdot 0{,}75^x, \text{ mit } D_{\text{ök}} = \mathbb{N}_{>0}.$$

Wenn ausschließlich die degressive Abschreibung angewendet wird, dann wird immer ein Restbuchwert vorhanden sein, das Wirtschaftsgut wird nie vollständig abgeschrieben sein. Auf jeden Restbuchwert, sei er auch noch so klein, wird immer die gleiche Abschreibungsquote angewendet. Der Restbuchwert – also der Funktionswert – nähert sich auf diese Weise für immer größer werdende x null an, wird aber nie ganz null: $\lim\limits_{x \to \infty} f(x) \to 0$. Wenn x immer größer wird, also gegen unendlich strebt, dann wird der **Grenzwert** der Funktion f null. $g(x) = \lim\limits_{x \to \infty} f(x) = 0$, die Funktion g heißt **Asymptote**. Bei dieser exponentiellen Abnahme gilt $g(x) = 0$, d. h., die Asymptote liegt auf der Abszissenachse. Alle Exponentialfunktionen weisen asymptotisches Verhalten auf, d. h., jede dieser Funktionen hat einen bestimmten Funktionswert, den sie nicht genau annimmt, sondern an den sie sich „nur" annähert.

Beispiel 3

Da bei der degressiven Abschreibung nach fünf Jahren noch ein Restbuchwert vorhanden ist, entscheidet die Finanzabteilung des Unternehmens *Bau-Schlau*, die Produktionsmaschine erst degressiv und dann linear abzuschreiben, sodass die Maschine nach fünf Jahren vollständig abgeschrieben ist.
Bestimmen Sie den Zeitpunkt, an dem das Unternehmen die Abschreibungsart wechseln muss.
Erstellen Sie die Abschreibungstabelle und eine Grafik für die Buchwertentwicklung.

Lösungen

Zeitpunkt zum Wechseln der Abschreibungsart bestimmen

$$\text{Wechseljahr} = \text{Nutzungsdauer} - \frac{100}{\text{Abschreibungsquote}} + 1 = 5 - \frac{100}{25} + 1 = 2$$

⇒ nach der 2. Abschreibung erfolgt der Wechsel

Abschreibungstabelle erstellen

Jahr	Buchwert am Anfang des Jahres	Abschreibungsbetrag	Buchwert B_n am Ende des Jahres
1	Anschaffungskosten B_0 = 10.000,00 EUR	degressiv 25 % 2.500,00 EUR	7.500,00 EUR
2	7.500,00 EUR	degressiv 25 % entspricht linear über 4 Jahre 1.875,00 EUR	5.625,00 EUR
3	5.625,00 EUR	linear 1.875,00 EUR	3.750,00EUR
4	3.750,00 EUR	linear 1.875,00 EUR	1.875,00 EUR
5	1.875,00 EUR	linear 1.875,00 EUR	0,00 EUR

Grafische Darstellung

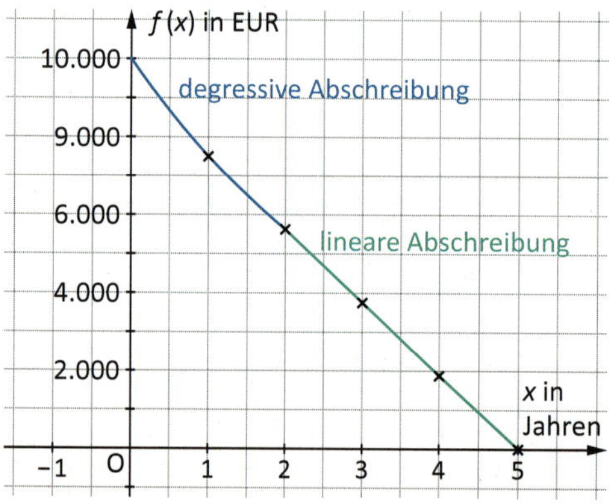

Parametervariationen bei e-Funktionen

Funktionsgleichung	Schnittpunkte mit den Koordinatenachsen	Parameterauswirkungen	Grafik im Vergleich mit dem Verlauf des Graphen $f(x) = e^x$
$f(x) = e^x$	$f(x) = 0 \Rightarrow e^x = 0$ nicht definiert, Graph nähert sich asymptotisch an die Abszissenachse an $f(0) = e^0 = 1$ $S_y(0\vert 1)$		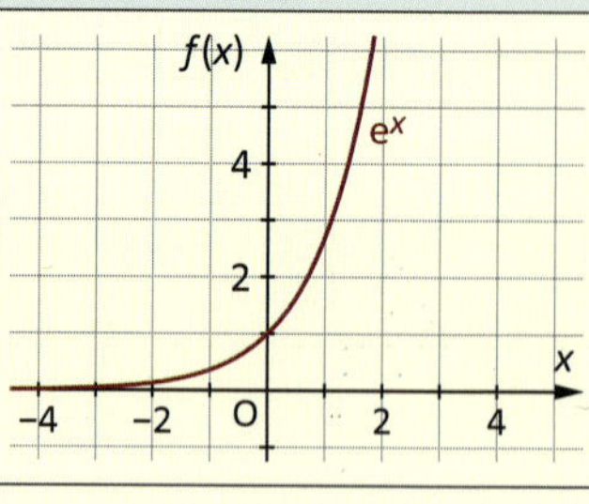

Funktionsgleichung	Schnittpunkte mit den Koordinatenachsen	Parameterauswirkungen	Grafik im Vergleich mit dem Verlauf des Graphen $f(x) = e^x$
$f(x) = a \cdot e^x$	$f(x) = 0 \Rightarrow a \cdot e^x = 0$ nicht definiert, Graph nähert sich asymptotisch an die Abszissenachse an $f(0) = a \cdot e^0 = a$ $S_y(0; a)$	$0 < \|a\| < 1$ Stauchung in y-Richtung $\|a\| > 1$ Streckung in y-Richtung $a < 0$ Spiegelung an der Abszissenachse	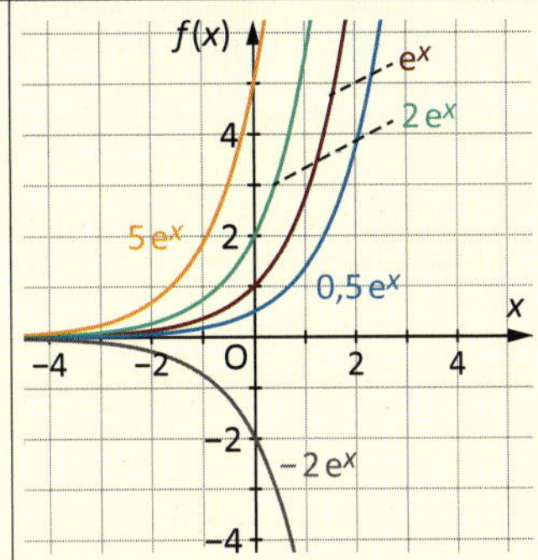
$f(x) = e^{x+b}$	$f(x) = 0 \Rightarrow e^{x+b} = 0$ nicht definiert, Graph nähert sich asymptotisch an die Abszissenachse an $f(0) = e^{0+b} = e^b$ $S_y(0\|e^b)$	$b > 0$ Verschiebung um b Einheiten nach links $b < 0$ Verschiebung um b Einheiten nach rechts	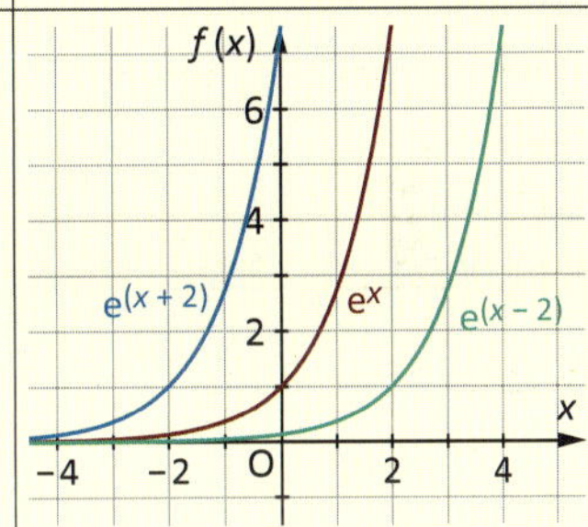
$f(x) = e^x + c$	Graph nähert sich asymptotisch an $g(x) = c$ an. $f(x) = 0 \Rightarrow e^x + c = 0$ $\Rightarrow e^x = -c$ nicht definiert für $c > 0$, weil die Asymptote oberhalb der Abszissenachse liegt. Für $c < 0 \Rightarrow x = \ln c$ $S_x(\ln c\|0)$ $f(0) = e^0 + c = 1 + c$ $S_y(0\|1 + c)$	$c > 0$ Verschiebung um c Einheiten nach oben $c < 0$ Verschiebung um c Einheiten nach unten	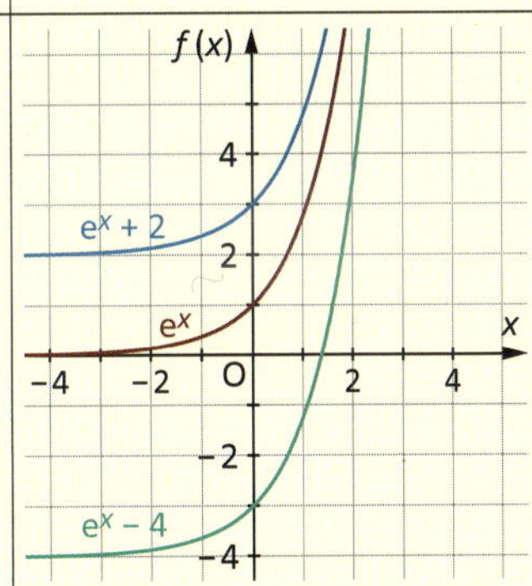
$f(x) = e^{d \cdot x}$	$f(x) = 0$ $\Rightarrow e^{d \cdot x} = 0$ nicht definiert, Graph nähert sich asymptotisch an die Abszissenachse an $f(0) = e^{d \cdot 0}$ $= e^0 = 1$ $S_y(0\|1)$	$0 < \|d\| < 1$ Streckung in x-Richtung mit dem Faktor $\frac{1}{d}$ $\|d\| > 1$ Stauchung in x-Richtung mit dem Faktor $\frac{1}{d}$ $d < 0$ Spiegelung an der Ordinatenachse	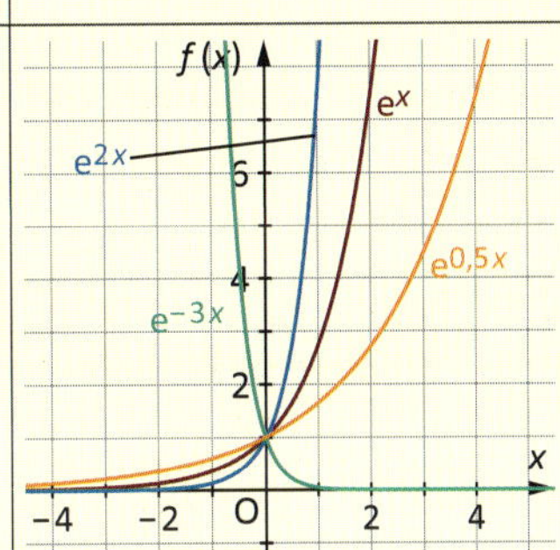

Übungen

1 Beschreiben Sie den Verlauf des Funktionsgraphen im Vergleich mit dem Verlauf des Graphen für $f(x) = e^x$.

a) $f(x) = -3\,e^x + 2$ b) $f(x) = e^{2x} - 4$ c) $f(x) = 0{,}3\,e^{-3x+2}$ d) $f(x) = -0{,}1\,e^{-0{,}5x}$

2 Bestimmen Sie die Schnittpunkte der zugehörigen Graphen mit den Koordinatenachsen.

a) $f(x) = 7\,e^x + 1$ b) $f(x) = e^{x-3} - 6$ c) $f(x) = -\frac{1}{4}e^x + 1$ d) $f(x) = e^{-x+2}$

3 Erstellen Sie die zugehörigen Funktionsterme als Exponentialfunktion und als e-Funktion (soweit möglich) und geben Sie den ökonomischen Definitionsbereich an.

a) Geldanlage in Höhe von 50.000 EUR, Zinseszins in Höhe von 2,5 %, Laufzeit zehn Jahre.
b) 6-jährige Abschreibung für ein Wirtschaftsgut, Anschaffungskosten in Höhe von 120.000 EUR, Abschreibungsquote in Höhe von 22 %.
c) Geldanlage von 30.000 EUR für 12 Jahre, alle vier Jahre steigt der Zinssatz um 0,5 Prozentpunkte, der Zinssatz liegt zu Beginn bei 2 %, Zinseszins.
d) Anschaffungskosten 60.000 EUR, Wechsel von degressiver zu linearer Abschreibung, nach acht Jahren vollständig abgeschrieben, Abschreibungsquote 30 %.

4 Ein Unternehmen, das Softgetränke herstellt und abfüllt, benötigt in vier Jahren eine neue Etikettierungsmaschine, die wahrscheinlich 70.000 EUR kosten wird. Die alte Maschine wird für 8.000 EUR verkauft. Das Unternehmen möchte 50.000 EUR anlegen, um dann nach vier Jahren die benötigte Summe für die Anschaffung zur Verfügung zu haben. Die Abteilung Rechnungswesen erstellt eine Übersicht über die Entwicklung der Geldanlage und für die Abschreibung der Maschine, die voraussichtlich vier Jahre genutzt wird. Die Maschine soll degressiv abgeschrieben werden mit einer Abschreibungsquote von 35 %. Die Hausbank des Unternehmens schlägt folgende Geldanlage vor: Terminsparen für vier Jahre mit einem Zinssatz von 3 % (Zinseszins).

Untersuchen Sie, ob das Unternehmen nach dem Verkauf der alten Maschine und durch diese Geldanlage nach vier Jahren 70.000 EUR zur Verfügung hat.
Erstellen Sie eine tabellarische Übersicht für die Abschreibung und geben Sie an, wie hoch der Restwert am Ende der Nutzungsdauer ist.

5 Erstellen Sie ein Mindmap zum Thema Exponentialfunktionen.

6 Beschreiben Sie die Unterschiede zwischen exponentiellem Wachstum und exponentieller Abnahme anhand der Beispiele Geldanlage und Abschreibung.

6.5 Übungsaufgaben für Klausuren und Prüfungen

Aufgabe 1 (ohne Hilfsmittel)

Erklären Sie, welcher Funktionsterm zum abgebildeten Graphen gehört: $f(x) = 2\,e^x$, $f(x) = e^{x-1} + 2$, $f(x) = e^{2x}$ oder $f(x) = e^x + 2{,}4$.
Berechnen Sie den Schnittpunkt mit der Ordinatenachse.

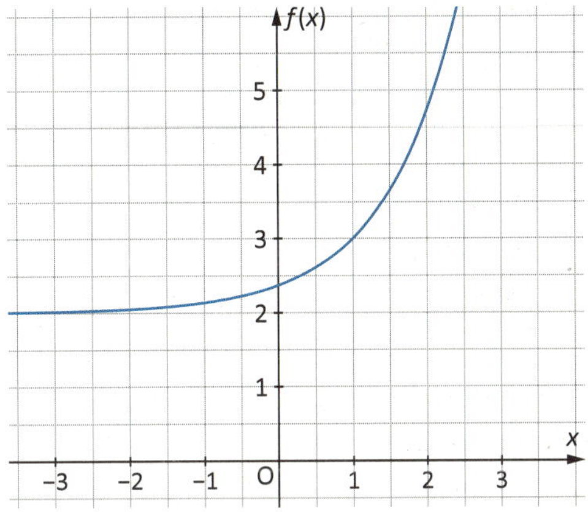

Aufgabe 2 (mit Hilfsmitteln)

Für einen Kunden, der sein Kapital in Höhe von 10.000 EUR mittelfristig anlegen möchte, sollen zwei Anlagemöglichkeiten von seiner Hausbank gegenübergestellt werden. Eine Anlage mit 4 % einfacher Verzinsung und eine andere Anlage mit 3,5 % Zinseszins.
Erstellen Sie für beide Möglichkeiten eine Wertetabelle für eine 5-jährige Anlage.
Visualisieren Sie beide Anlageformen in einem Koordinatensystem für zehn Jahre.
Analysieren Sie die Grafik mit Rechnungen und geben Sie eine detaillierte Anlageempfehlung ab.

Aufgabe 3 (mit Hilfsmitteln)

Das Unternehmen *Handbag* produziert individuelle Handtaschen. Im Rahmen von Neuinvestitionen müssen einige Untersuchungen angestellt werden.
In fünf Jahren möchte das Unternehmen *Handbag* eine Maschine kaufen, um ein neues Taschenmodell auf den Markt zu bringen und seinen Marktanteil zu vergrößern. Für den Kauf der Maschine werden 100.000 EUR benötigt. Um diesen Betrag vollständig zur Verfügung zu haben, will der Geschäftsführer 80.000 EUR anlegen. Die Hausbank unterbreitet dem Unternehmen zwei Anlagemöglichkeiten für die 80.000 EUR:

	Anlage 1	Anlage 2
Laufzeit	5 Jahre	5 Jahre
Zinseszins	–	4,0 % pro Jahr
Zinsen	6,25 % pro Jahr	–

Untersuchen Sie, welche Anlageform der Geschäftsführer wählen muss, damit er die Maschine ohne Kreditaufnahme in fünf Jahren erwerben kann.
Erstellen Sie eine Grafik, aus der hervorgeht, ob Ihre ausgewählte Anlageform auch geeignet wäre, wenn das Geld langfristig angelegt wird und in 25 Jahren die größte Rendite erbringen soll.

Aufgabe 4 (mit Hilfsmitteln)

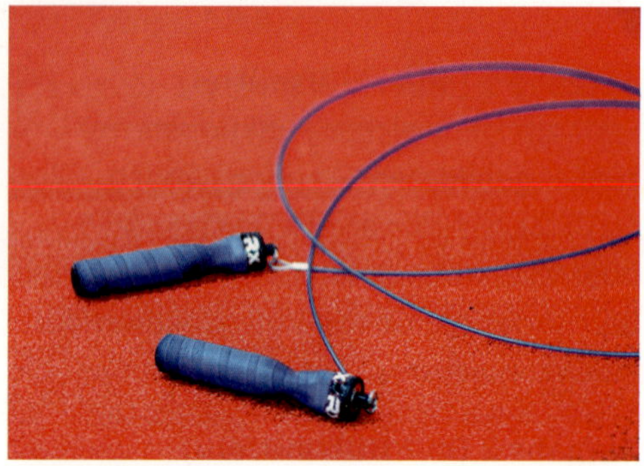

Das Unternehmen *Fit For Fun* produziert Springseile aus hochwertigen Materialien. Im Rahmen von Materialbestellungen für die Produktion müssen einige Untersuchungen angestellt werden. Das Leder für die Handgriffe hat das Unternehmen *Fit For Fun* bisher von einem dänischen Unternehmen just in time bezogen. Da sich in letzter Zeit vermehrt Lieferverzüge häufen und so die Produktion nicht rechtzeitig fertiggestellt werden kann, will *Fit For Fun* neue Konditionen aushandeln. Zwei Möglichkeiten stehen für die Berechnung der Vertragsstrafe zur Auswahl:

Möglichkeit 1	Möglichkeit 2
Strafe pro Tag 500 EUR	pauschal 300 EUR und zusätzlich am ersten Tag 6 EUR, am zweiten Tag 36 EUR, am dritten Tag 216 EUR usw.

Untersuchen Sie, welche Vertragsstrafe eher dafür sorgt, dass die Ware innerhalb von vier Tagen beim Unternehmen *Fit For Fun* ankommt. Erstellen Sie eine Grafik, die Ihr Ergebnis veranschaulicht.

Aufgabe 5 (mit Hilfsmitteln)

Die Großküche *Mobiles Essen* benötigt eine neue Rührmaschine. Folgende Werbung liegt dem Unternehmen vor:

Rührmaschine „Turbo Mix"
Nettopreis:
+ 19 % Umsatzsteuer:
= Bruttopreis: 6.783,00 EUR

Bestimmen Sie die fehlenden Werte in dem Angebot.
Erstellen Sie einen Abschreibungsplan für vier Jahre, am Ende der vier Jahre soll die Maschine voll abgeschrieben sein. Für eine degressive Abschreibung käme eine Abschreibungsquote von 30 % infrage.
Verdeutlichen Sie Ihre Abschreibungsempfehlung auch durch eine Grafik und geben Sie die zugrunde liegenden Funktionsgleichungen an.

7 Anwendung der Sinusfunktion

Sinusfunktionen werden zum Modellieren von **periodischen Vorgängen** verwendet: Tagestemperaturen im Verlauf des Jahres, Ebbe und Flut im Verlauf des Monats, Schwingungen in der Physik, elektrische und magnetische Felder des Lichtes, das Schwingen von Violinsaiten etc.

7.1 Lernsituationen

Lernsituation 1

Benötigte Kompetenzen für die Lernsituation 1
Kenntnisse aus der Sek. I, Eigenschaften von Funktionen (Nullstellen, Extrempunkte, Wendepunkte)

Inhaltsbezogene Kompetenzen der Lernsituation 1
Periodische Funktionen, Amplitude, Periode, Phase (Frequenz), Winkel, Bogenmaß

Prozessbezogene Kompetenzen der Lernsituation 1
Mathematisch argumentieren; Probleme mathematisch lösen; mathematisch modellieren; mit symbolischen, formalen und technischen Elementen umgehen; kommunizieren.

Methode
Gruppenarbeit in leistungsheterogenen Gruppen

Zeit
2 Doppelstunden

10 Patyna - ISBN 978-3-8120-0685-9

Das Bild ist ein Panoramafoto vom Innenraum des Giuseppe-Meazza-Stadions in Mailand, das auch unter dem Namen San Siro bekannt ist. Das Panoramabild ist durch den Schwenk der Kamera von links nach rechts entstanden. Beim Betrachten der Seitenlinie ist zu erkennen, dass das Bild durch die Art der Fotografie Verzerrungen aufweist. Die Seitenlinie ist nicht mehr gerade, sondern gebogen. Diese Kurve entspricht dem Ausschnitt aus einer Sinusfunktion $f(x) = a \cdot \sin c \cdot (x + b) + d$.

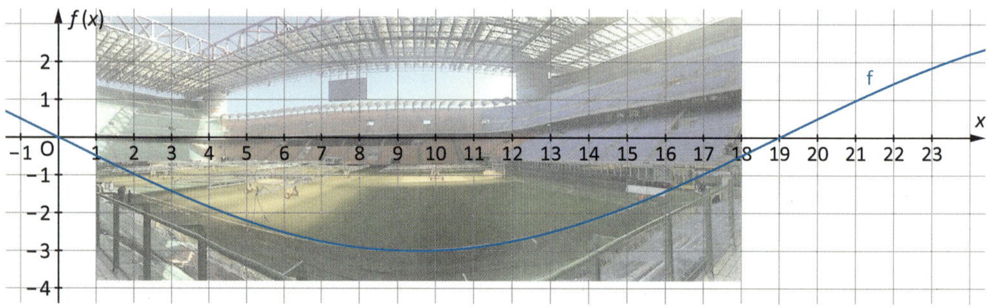

In dieser Abbildung liegt ein Koordinatenkreuz über dem Foto; auf diese Weise wird eine Analyse des Bildes ermöglicht. Die Bildanalyse beantwortet folgende Fragen:

- Wo ist die Augenhöhe?
- Woran ist zu erkennen, dass dort die Augenhöhe sein muss?
- Wie werden die horizontalen Linien oberhalb bzw. unterhalb der Augenhöhe dargestellt?
- Welcher Einfluss auf die Darstellung des Fotos wird durch die Parameter a, b, c und d in $f(x) = a \cdot \sin c \cdot (x + b) + d$ beschrieben?

Führen Sie eine Bildanalyse durch und bestimmen Sie exemplarisch die Funktionsgleichung für die Seitenlinie des Fußballfeldes, die im Bildvordergrund zu sehen ist. Schreiben Sie für die Zeitung „Fotografie" einen Artikel über Panoramafotografie und integrieren Sie Ihre Erkenntnisse aus der Bildanalyse. Der Artikel sollte zwischen 200 und 250 Wörter umfassen.

7.2 Die Sinusfunktion

Die **Sinusfunktion** gehört zu den trigonometrischen Funktionen, zu denen auch die Kosinus- und die Tangensfunktion gehören. Sie stellt den Zusammenhang zwischen dem Winkel α und dem Sinuswert dar:

$f(x) = a \cdot \sin c \cdot (x + b) + d$

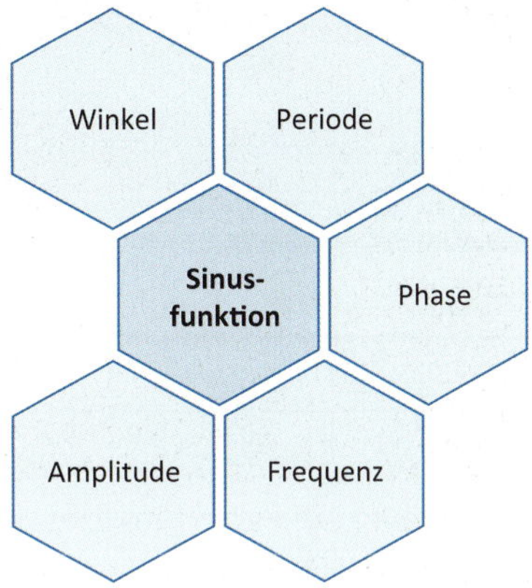

Jedem Winkel α wird eine reelle Zahl zugeordnet, die sich aus dem Seitenverhältnis der **Gegenkathete** zur **Hypotenuse** ergibt:

$\sin \alpha = \frac{\text{Gegenkathete}}{\text{Hypotenuse}}$.

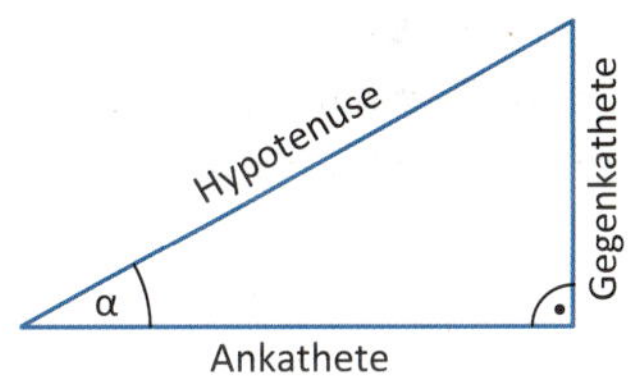

Für die grafische Darstellung der Sinusfunktion werden oftmals nicht die Gradangaben des Winkels α verwendet, sondern das zugehörige Bogenmaß b_α, d.h. die Maßzahl der Länge des zugehörigen Kreisbogens.

Die Umrechnung erfolgt mithilfe der Formel:

$b_\alpha = 2\pi \cdot r \cdot \frac{\alpha}{360°}$.

Im Einheitskreis mit $r = 1$ gilt dann: $b_\alpha = \frac{2\pi \cdot \alpha}{360°} = \frac{\pi \cdot \alpha}{180°}$.

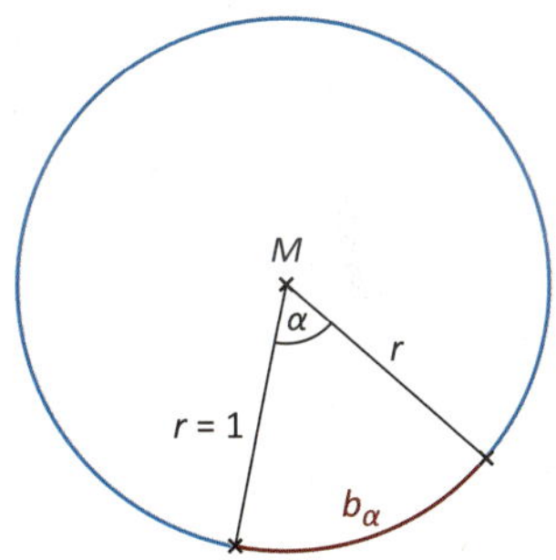

Dadurch sind die Werte des Definitionsbereiches reelle Zahlen und nicht mehr Gradangaben. Auf diese Weise können Sinusfunktionen zum Modellieren verschiedener Anwendungsaufgaben verwendet werden. Die reelle Zahl, die einem Winkel oder dessen Bogenmaß zugeordnet wird, entspricht dem Funktionswert des Punktes P, der in der Grafik auf der nächsten Seite zu sehen ist, weil $\sin \alpha = \frac{\text{Gegenkathete}}{\text{Hypotenuse}} = \frac{\text{Gegenkathete}}{1}$ entspricht. Der Punkt wandert auf dem Einheitskreis gegen den Uhrzeigersinn zum Punkt P_1 und dann weiter wieder zu P, also eine 360° Wanderung.

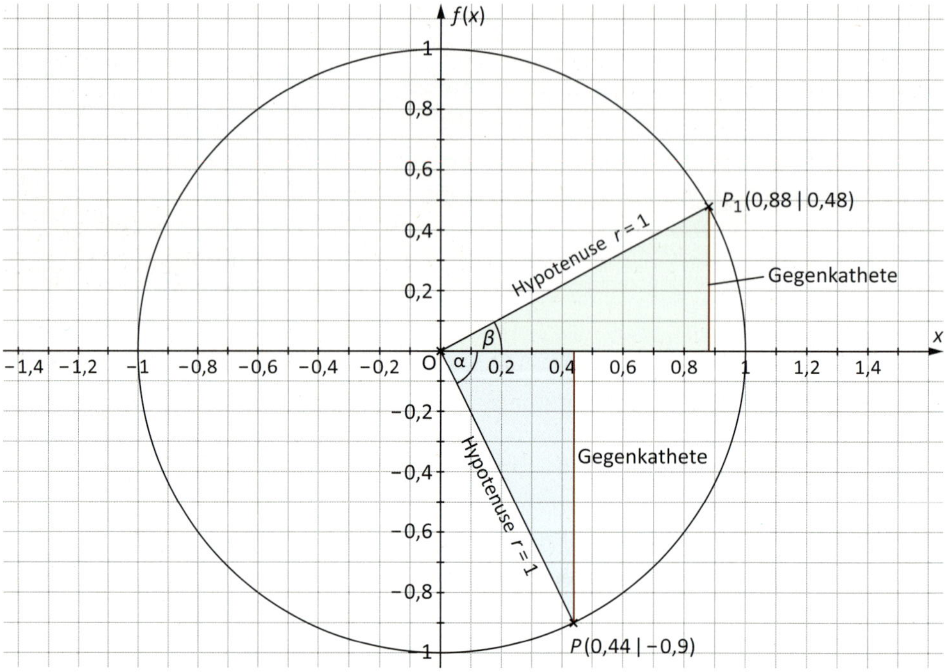

Liegt der Punkt P auf dem Kreis direkt auf der Abszissenachse, so kann α 0°, 180° oder 360° groß sein, der zugehörige Funktionswert ist immer 0 und es entsteht eine Nullstelle des Graphen der Sinusfunktion $f(x) = \sin x$. Liegt der Punkt P genau auf der Ordinatenachse, so kann α 90° oder 270° groß sein und der zugehörige Funktionswert ist 1 bzw. −1, dies entspricht auf dem Graphen der Sinusfunktion dem Hoch- bzw. dem Tiefpunkt. Aus dieser Zuordnung entsteht folgender Verlauf des Graphen. Der Graph verläuft periodisch, weil der Punkt P mehrfach auf dem Kreis wandern kann.

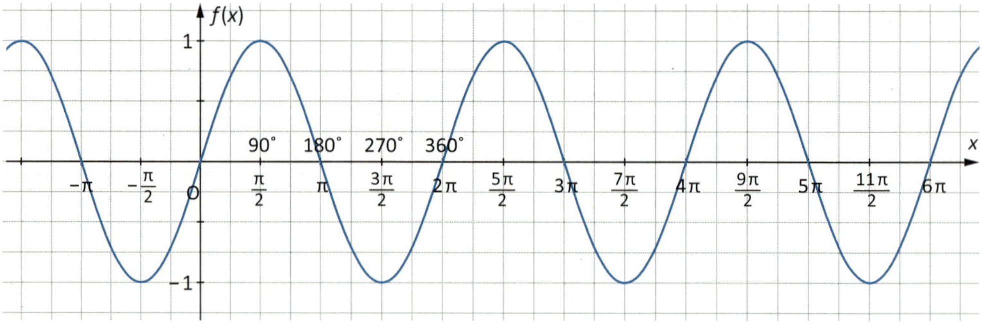

Beispiel 1

Für den Hochwasserschutz wird an der niedersächsischen Nordseeküste jeden Monat einen Tag lang der Wasserstand gemessen.
Im vergangenen Monat sind folgende Werte gemessen und in ein Koordinatensystem eingetragen worden:

x	0	1	2	3	4	5	6	7	8	9	10	11	12
$f(x)$	4,65	3,86	2,85	1,87	1,2	1,01	1,35	2,14	3,15	4,13	4,8	4,99	4,65

x	13	14	15	16	17	18	19	20	21	22	23	24
$f(x)$	3,86	2,85	1,87	1,2	1,01	1,35	2,14	3,15	4,13	4,8	4,99	4,65

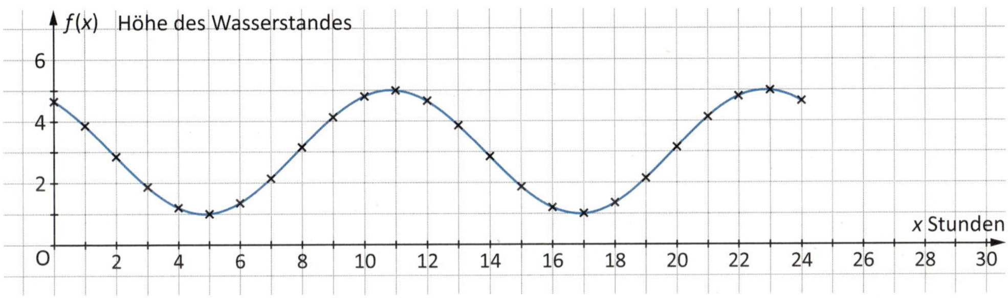

Um die jeweilige Höhe des Wasserstandes vorherzusagen, benötigt der zuständige Hochwassermeldedienst eine passende Funktionsgleichung.
Bestimmen Sie den Funktionsterm der zugehörigen Sinusfunktion.

Lösung

Vergleich mit der Sinusfunktion $f(x) = \sin x$

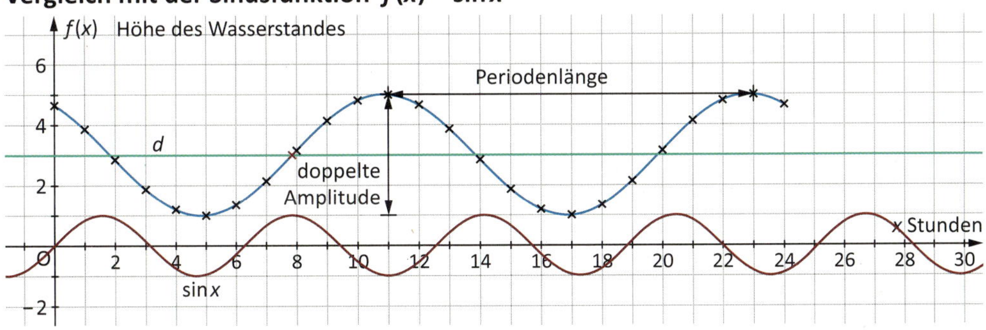

Bestimmen der Parameter $f(x) = a \sin(c(x + b)) + d$

Die **Amplitude** ist der halbe Abstand zwischen Maximum und Minimum und bestimmt den Parameter a:

$$a = \frac{f_{max}(x) - f_{min}(x)}{2} \Rightarrow a = \frac{f_{max}(x) - f_{min}(x)}{2} = \frac{4{,}99 - 1{,}01}{2} \approx 2$$

Sinusfunktion $\Rightarrow a = 2 \Rightarrow f(x) = 2\sin(c(x + b)) + d.$

Die **Periodenlänge** der Sinusfunktion liegt bei 2π, die Periodenlänge des Wasserstandes beträgt 12 Stunden: $c = \frac{2\pi}{\text{Periodenlänge}} = \frac{2\pi}{12} = \frac{\pi}{6} \Rightarrow f(x) = 2\sin\left(\frac{\pi}{6}(x + b)\right) + d.$

Die **Verschiebung** des Graphen **auf der Ordinatenachse** lässt sich mithilfe der Formel $d = \frac{f_{max}(x) + f_{min}(x)}{2}$ bestimmen $\Rightarrow d = \frac{f_{max}(x) + f_{min}(x)}{2} = \frac{4{,}99 + 1{,}01}{2} = 3$

$\Rightarrow f(x) = 2\sin\left(\frac{\pi}{6}(x + b)\right) + 3.$

Die **Verschiebung** des Graphen **auf der Abszissenachse** wird wie folgt ermittelt: Die Gerade $g(x) = d$, in diesem Fall $g(x) = 3$, wird in die Zeichnung eingefügt. Gesucht wird der erste Schnittpunkt der Geraden mit der Sinusfunktion, bei dem die Sinusfunktion steigt (rotes Kreuz in der Zeichnung). Der negative Wert der Schnittstelle gibt dann die Verschiebung an. In der Grafik ist zu erkennen, dass die Schnittstelle knapp bei $x = 8$ liegt. Die Umrechnung in eine Angabe in Abhängigkeit von π verallgemeinert den Funktionsterm so, dass der Definitionsbereich wieder über das Bogenmaß bestimmt wird und die Verschiebung exakt angegeben wird:

$$\frac{8}{\pi} \approx 2{,}5 \Rightarrow -\frac{5}{2}\pi = b \Rightarrow f(x) = 2\sin\left(\frac{\pi}{6}(x - 8)\right) + 3 = 2\sin\left(\frac{\pi}{6}\left(x - \frac{5\pi}{2}\right)\right) + 3.$$

Die Funktionsgleichung, die der Hochwassermeldedienst benötigt, lautet:

$$f(x) = 2\sin\left(\frac{\pi}{6}\left(x - \frac{5\pi}{2}\right)\right) + 3.$$

Eigenschaften der Sinusfunktion

	$f(x) = \sin x$
Graph	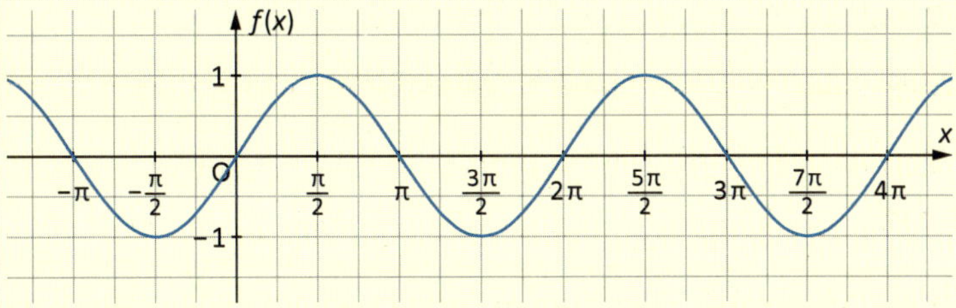
Definitionsbereich	$D_{math} = \mathbb{R}$
Wertebereich Amplitude	$W_{math} = [-1; 1]$
Symmetrie	Punktsymmetrie zum Ursprung
Nullstellen Wendepunkte	$f(x) = \sin x = 0 \Rightarrow\ n \cdot \pi,\ n \in \mathbb{Z}$ $(n \cdot \pi \mid 0)$
Hochpunkte	$\left(\frac{\pi}{2} + 2\pi \cdot n \mid 1\right)$ mit $n \in \mathbb{Z}$
Tiefpunkte	$\left(\frac{3\pi}{2} + 2\pi \cdot n \mid -1\right)$ mit $n \in \mathbb{Z}$
Phase	$[0; 2\pi]$
Periodenlänge (Frequenz)	2π 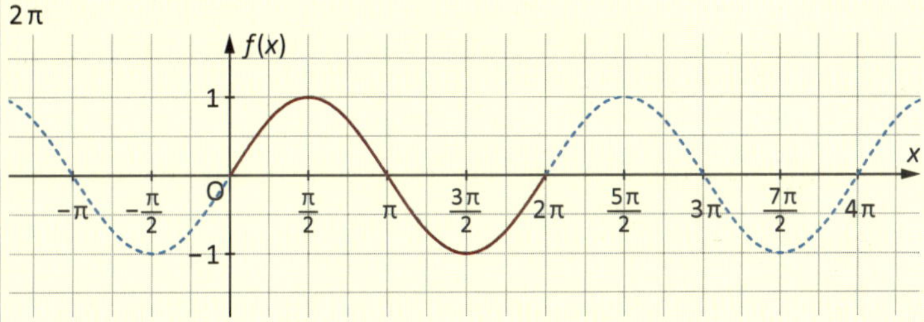

Bestimmen der Parameterwerte für Sinusfunktionen

	$f(x) = a \sin(c(x - b)) + d$	
a	$a = \frac{f_{max}(x) - f_{min}(x)}{2}$	halber Abstand zwischen Maximum und Minimum
b	$b = -x_S$	negative Schnittstelle x_S der Geraden $g(x) = d$ mit dem Funktionsgraphen, dessen Term bestimmt werden soll; es handelt sich um die erste Schnittstelle, an der der Graph monoton steigend verläuft
c	$c = \frac{2\pi}{\text{Periodenlänge}}$	Die Periodenlänge umfasst eine einzelne Schwingung
d	$d = \frac{f_{max}(x) + f_{min}(x)}{2}$	Mittelwert aus dem Maximum und dem Minimum

Parametervariationen der Sinusfunktion

$f(x) = a \cdot \sin(c \cdot (x + b)) + d$		
$f(x) = \boldsymbol{a} \cdot \sin x$	**Amplitude** (Schwingungsweite): $\lvert a \rvert > 1$ Streckung, die Amplitude wird größer $0 < \lvert a \rvert < 1$ Stauchung, die Amplitude wird kleiner $a < 0$ Spiegelung an der Abszissenachse	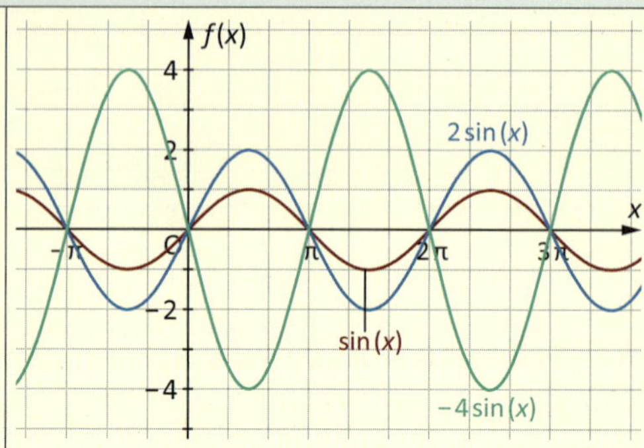
$f(x) = \sin(x + \boldsymbol{b})$	**Phasenverschiebung** $b > 0$ Verschiebung des Graphen um b Einheiten nach links $b < 0$ Verschiebung des Graphen um b Einheiten nach rechts	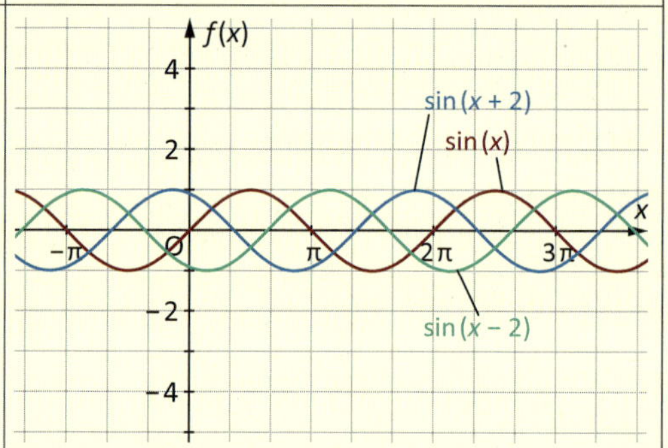
$f(x) = \sin(\boldsymbol{c} \cdot x)$	**Frequenz** (Periodenlänge) Periodenlänge $= \frac{2\pi}{c}$ oder $c = \frac{2\pi}{\text{Periodenlänge}}$	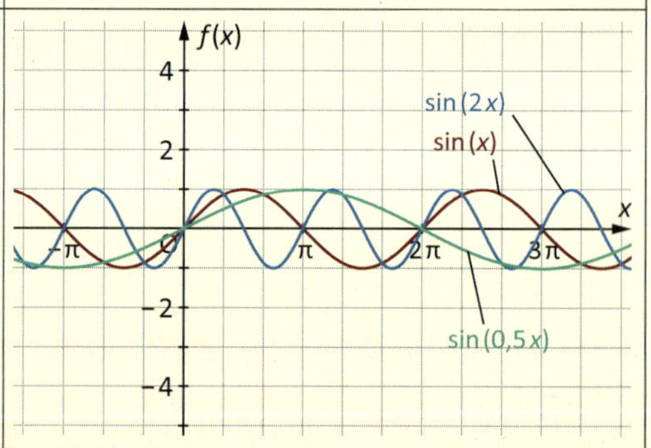
$f(x) = \sin x + \boldsymbol{d}$	**Verschiebung in Ordinatenrichtung** $d > 0$ Verschiebung des Graphen um d Einheiten nach oben $d < 0$ Verschiebung des Graphen um d Einheiten nach unten	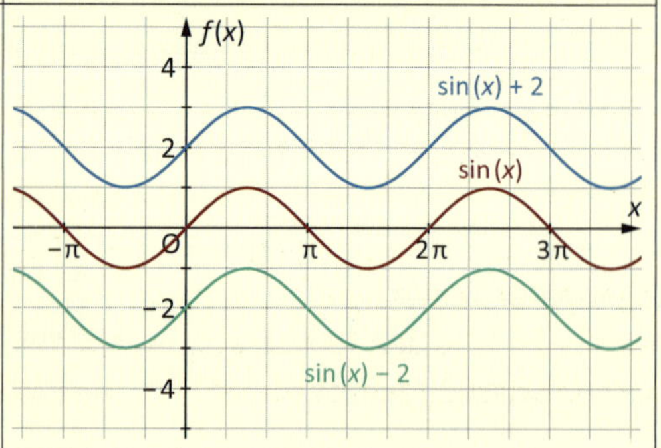

7.3 Übungen

1 Beschreiben Sie die Veränderungen des Funktionsgraphen von f im Vergleich zu dem Funktionsgraphen von $g(x) = \sin x$.

a) $f(x) = 3\sin(x + 2)$

b) $f(x) = -0{,}5\sin(x) - 1$

c) $f(x) = \sin(2(x - \pi))$

d) $f(x) = \sin(x + 2\pi) + 2$

2 Stellen Sie die Funktionsgleichungen für die Sinusfunktionen auf:

a) Die Amplitude ist doppelt so groß und die Phase ist um π Einheiten nach rechts verschoben.

b) Die Frequenz hat sich verdreifacht und der Graph ist um vier Einheiten nach oben verschoben.

c) Der Graph ist an der Abszissenachse gespiegelt, die Amplitude und die Frequenz sind halbiert.

d) Die Phase ist um drei Einheiten nach links verschoben und der Graph insgesamt um eine Einheit nach oben.

3 Die Wetterstation am Flughafen Hannover zeichnet u. a. die Höchsttemperaturen in Grad Celsius auf:

4	6	9	14	18	21
Jan.	Feb.	Mär.	Apr.	Mai	Jun.

24	23	18	14	8	5
Jul.	Aug.	Sep.	Okt.	Nov.	Dez.

Übertragen Sie die Werte in ein geeignetes Koordinatensystem und bestimmen Sie den zugehörigen Funktionsterm für eine Sinusfunktion.

4 Die Temperaturschwankungen an einem Tag werden durch die Funktion $f(x) = 4{,}5\sin\left(\frac{\pi}{12}x\right)$ beschrieben, dabei wird $f(x)$ in Grad Celsius angegeben und x in Stunden.

Skizzieren Sie den zugehörigen Graphen für den Tag in ein geeignetes Koordinatensystem.

Beschreiben Sie den Temperaturverlauf des Tages und verwenden Sie dabei auch das mathematische Fachvokabular.

5 Erstellen Sie ein Mindmap mit allen wichtigen Informationen zu Sinusfunktionen.

7.4 Übungsaufgaben für Klausuren und Prüfungen

Aufgabe 1 (ohne Hilfsmittel)

Der rote Graph entspricht der Funktion $f(x) = \sin x$.
Beschreiben Sie die Unterschiede des blauen Graphen im Vergleich zum roten.
Bestimmen Sie den Funktionsterm für den blauen Graphen.

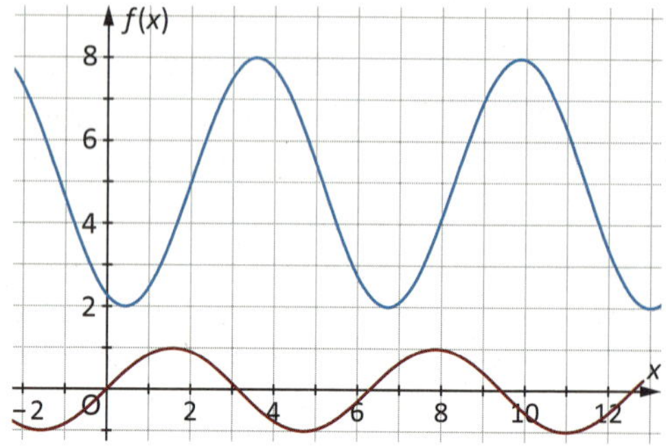

Aufgabe 2 (ohne Hilfsmittel)

Vergleichen Sie den Verlauf des Graphen von f: $f(x) = -0{,}5\sin(\pi(x+\pi)) - 2$ mit dem Verlauf des Graphen von g: $g(x) = \sin x$.

Aufgabe 3 (mit Hilfsmitteln)

Die Wasserstandsvorhersage für die Elbe im Raum Cuxhaven erfolgt mithilfe der Funktion $f(x) = 250\sin\left(\frac{\pi}{6}x\right) + 600$, $f(x)$ gibt den Wasserstand in cm an und x die Zeit in Stunden.
Bestimmen Sie für die Vorhersage die Zeitpunkte des absoluten Niedrig- und des absoluten Hochwassers und geben Sie die jeweilige Wasserstandshöhe an.
Zeichnen Sie für die Vorhersage den Verlauf des Graphen für zwei Tage in ein geeignetes Koordinatensystem.

Aufgabe 4 (mit Hilfsmitteln)

Die Städte Cuxhaven und Göttingen haben sich für die Ausrichtung der nächsten Landesgartenschau beworben.
Die Entscheidung der Kommission wird auf Basis der Sonnenscheindauer (in Stunden pro Monat) gefällt.
Die Hauptbesuchszeit wird zu Ostern, zu Pfingsten und in den Sommerferien erwartet.

	Jan.	Feb.	März	April	Mai	Juni	Juli	Aug.	Sept.	Okt.	Nov.	Dez.
Cuxhaven	54	50	142	174	196	209	196	192	k. A.	73	40	20
Göttingen	60	48	135	133	207	184	169	188	102	84	18	17

Modellieren und analysieren Sie mithilfe von Sinusfunktionen die Sonnenscheindauer der beiden Städte und entscheiden Sie auf dieser Basis, in welchem Ort die Landesgartenschau stattfinden soll.

8 Differentialrechnung: Kostentheorie

Die Kostentheorie wurde bereits in Kapitel 4 behandelt. Nicht alle Fragestellungen aus diesem Gebiet können ausschließlich anhand der Funktionenlehre beantwortet werden, dafür müssen eingehendere Untersuchungen durchgeführt werden.
Eine Vielzahl dieser Fragen kann mithilfe der **Differentialrechnung** beantwortet werden. Die Differentialrechnung stellt Methoden zur Berechnung der Steigung an bestimmten Stellen eines Funktionsgraphen zur Verfügung.

8.1 Lernsituationen

Lernsituation 1

Benötigte Kompetenzen für die Lernsituation 1
Lineare, quadratische und kubische Funktionen, grafische Darstellung von Funktionen, Eigenschaften von Funktionen

Inhaltsbezogene Kompetenzen der Lernsituation 1
Differenzenquotient, Differentialquotient, Ableitung, Eigenschaften von Funktionen (Vertiefung)

Prozessbezogene Kompetenzen der Lernsituation 1
Mathematisch argumentieren; Probleme mathematisch lösen; mathematisch modellieren; mit symbolischen, formalen und technischen Elementen umgehen; kommunizieren

Methode
Gruppenarbeit: Arbeitsteiliges Vorgehen, Verteilung der Zuständigkeiten.
In jeder Gruppe sollte eine Person sein, die Zeichnungen gut erstellen kann, die gut mit dem GTR/CAS umgehen kann, die gut wirtschaftliche Zusammenhänge versteht, und eine Person, die gut mathematische Texte verstehen kann.

Zeit
3 Doppelstunden

Das Unternehmen *Rasen-Schön* stellt unterschiedliche Rasenmäher, Vertikutierer und Rasentrimmer her. Am Ende eines jeden Geschäftsjahres werden die Kosten-, Erlös- und Gewinnsituation für die einzelnen Geräte analysiert.
Die Produktionsabteilung stellt die Analysen für das unternehmenseigene Produkthandbuch zusammen. Es werden dafür Grafiken und Rechnungen benötigt sowie ein Text, der die Analysen zusammenfasst.
Die Gewinnfunktion für den Mäher Sprinter wird modelliert durch G mit
$G(x) = -\frac{1}{5}x^3 - 2x^2 + 27x - 50$.
Die Produktionsanlagen haben eine Kapazitätsgrenze von 10 ME. Der maximale Erlös liegt bei 75 GE und einer Verkaufsmenge von 5 ME.

Erstellen Sie zwei Grafiken für das Produkthandbuch:
- Zeichnung 1: Graphen der Gesamtkostenfunktion, der Erlösfunktion und der Gewinnfunktion
- Zeichnung 2: Graphen der Grenzkostenfunktion, Grenzerlösfunktion und der Grenzgewinnfunktion

Für die Analyse werden folgende Angaben benötigt:
- Gewinnschwelle, Gewinngrenze, gewinnmaximale Menge, Gewinnmaximum
- Gewinnintervalle, Verlustintervalle, durchschnittliche Gewinn- bzw. Verluständerung in den Intervallen
- Höhe der Fixkosten, Höhe der minimalen Grenzkosten
- Produktionsmenge, bei der die Gesamtkosten am geringsten ansteigen
- Höhe des Gewinns für die Produktionsmenge, bei der die Gesamtkosten am geringsten ansteigen
- Durchschnittliche Erlösänderung in dem Gewinnintervall
- Beschreibung der Gesamtkostenentwicklung
- Beschreibung der Grenzkostenentwicklung

Erstellen Sie die Analyseseiten für das **Produkthandbuch.**

8.2 Wirtschaftliche Zusammenhänge

Für Unternehmen ist es relevant zu wissen, welche Auswirkungen eine Produktionsausweitung mit sich bringt:
Soll die Produktion von x_1 Mengeneinheiten (ME) auf x_2 ME ausgeweitet werden, dann wird der **durchschnittliche Anstieg der Gesamtkosten** mithilfe des **Differenzenquotienten** ermittelt:
$\frac{K(x_2) - K(x_1)}{x_2 - x_1} = \frac{\Delta K(x)}{\Delta x}$, dieser kann grafisch durch ein Steigungsdreieck veranschaulicht werden. Es wird so der Anstieg der Gesamtkosten pro zusätzlicher ME im Intervall $[x_1; x_2]$ ermittelt.

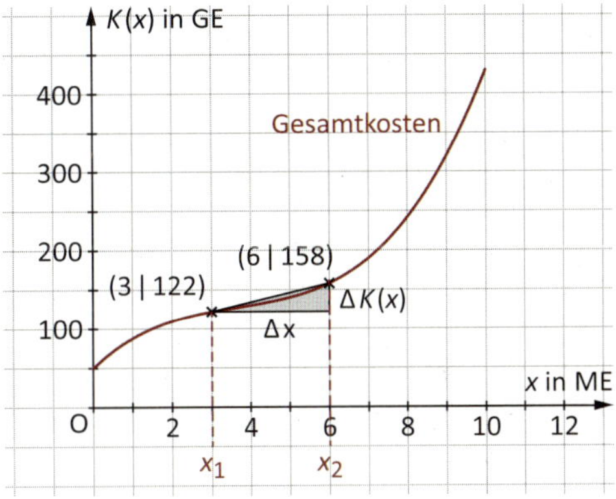

Je kleiner die Produktionsausweitung ist, desto genauer ist der Wert des durchschnittlichen Gesamtkostenanstiegs. Soll der Anstieg der Gesamtkosten für eine ganz kleine zusätzliche Produktionseinheit ermittelt werden, werden die sogenannten Grenzkosten bestimmt.

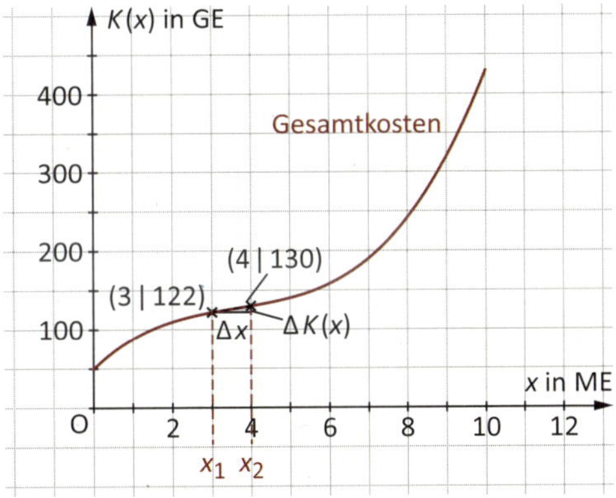

Die **Grenzkosten** *K'* sind die zusätzlichen Kosten, die anfallen, wenn eine kleine Produktionseinheit zusätzlich hergestellt wird. Die Grenzkosten sind gleich der Steigung der Gesamtkostenfunktion an einer Stelle, d. h. für eine bestimmte Produktionsmenge. Diese Grenzkosten werden mithilfe des **Differentialquotienten** $\lim_{\Delta x \to 0} \frac{\Delta K(x)}{\Delta x}$ ermittelt.

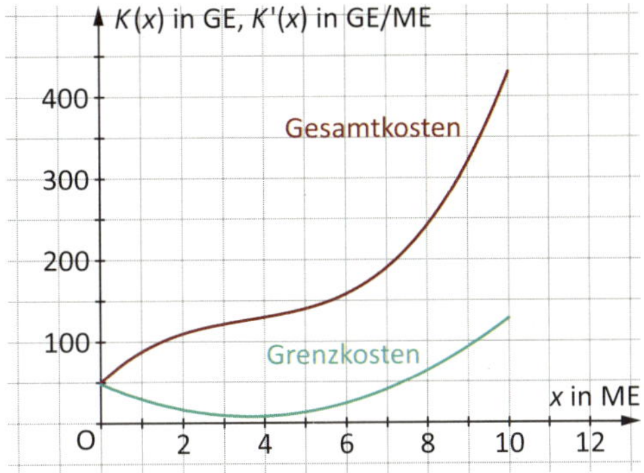

Sollen die Grenzkosten für jede beliebige Produktionsmenge bestimmt werden, dann erfolgt dies mithilfe der **Ableitung** *K'* der Gesamtkostenfunktion *K*:

$$K'(x) = \lim_{\Delta x \to 0} \frac{\Delta K(x)}{\Delta x} = \frac{dK}{dx}.$$

Der **durchschnittliche Anstieg der Erlöse** wird ebenfalls mithilfe des Differenzenquotienten ermittelt:

$\frac{E(x_2) - E(x_1)}{x_2 - x_1} = \frac{\Delta E(x)}{\Delta x}$.

Der so berechnete Wert gibt an, wie hoch die durchschnittliche Erlösänderung ist, wenn der Verkauf von x_1 ME auf x_2 ME ausgeweitet wird.

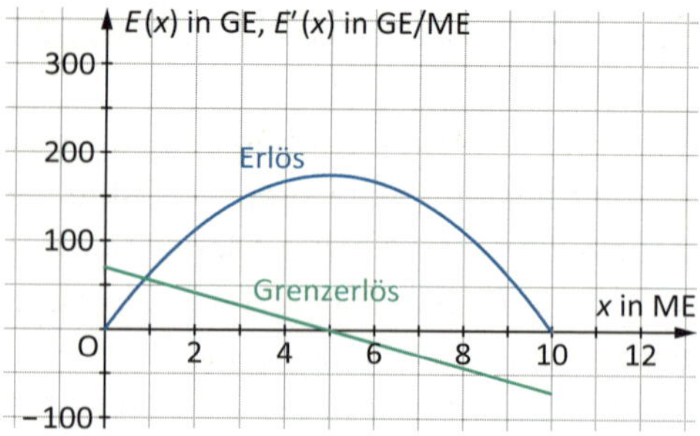

Der **Grenzerlös** E' ist die Erlösänderung, die sich aus dem Verkauf einer zusätzlichen kleinen Einheit ergibt; dieser wird mithilfe des Differentialquotienten ermittelt:

$E'(x) = \lim\limits_{\Delta x \to 0} \frac{\Delta E(x)}{\Delta x} = \frac{dE}{dx}$.

Die Grenzerlöse sind gleich der Steigung der Erlösfunktion an jeder beliebigen Stelle, d. h. für jede beliebige Mengeneinheit.

Die **durchschnittliche Steigung des Gewinns** gibt an, wie hoch die durchschnittliche Gewinnänderung ist, wenn die Produktion und der Verkauf von x_1 ME auf x_2 ME ausgeweitet werden:

$\frac{G(x_2) - G(x_1)}{x_2 - x_1} = \frac{\Delta G(x)}{\Delta x}$.

Der **Grenzgewinn** G' ist die Gewinnveränderung, die sich ergibt, wenn eine kleine Einheit zusätzlich produziert und verkauft wird.

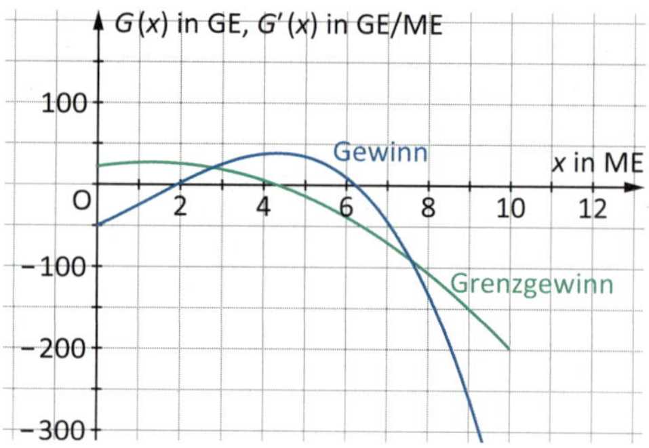

Der Differentialquotient wird wie folgt gebildet: $G'(x) = \lim\limits_{\Delta x \to 0} \frac{\Delta G(x)}{\Delta x} = \frac{dG}{dx}$.

Die Grenzgewinne sind gleich der Steigung der Gewinnfunktion an jeder beliebigen Stelle bzw. für jede beliebige Mengeneinheit.

Der Grenzgewinn ergibt sich aus der Differenz des Grenzerlöses und der Grenzkosten: $G'(x) = E'(x) - K'(x)$.

8.3 Durchschnittliche und momentane Änderungsrate

Änderungsraten beschreiben das Ausmaß der Veränderung der abhängigen Variablen, wenn sich die unabhängige Variable ändert. Mit ihrer Hilfe wird diese Veränderung messbar. Änderungsraten geben die Steigung eines Graphen in einem Intervall oder an einer Stelle an. Sie geben an, wie schnell sich die Funktionswerte ändern, wie stark ein Graph ansteigt oder fällt.

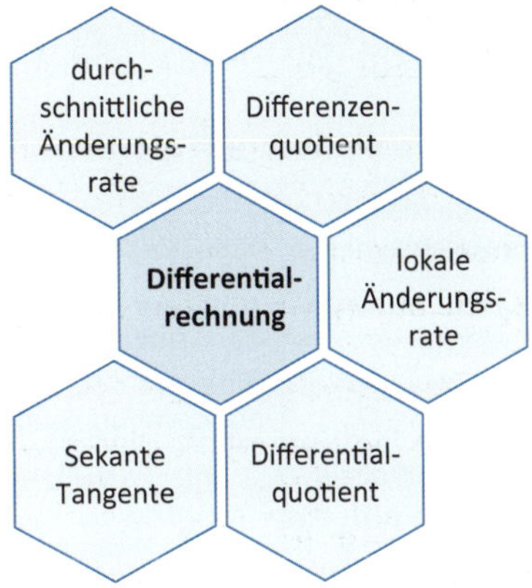

Beispiel 1

Der Bio-Getränkebetrieb *Limo* ordnet für die Herstellung von Ingwerlimonade jeder Produktionsmenge x in 1 000 hl die dabei jeweils entstehenden Gesamtkosten $K(x)$ in 1.000 Geldeinheiten (GE) zu. Für die Produktion gilt die Gesamtkostenfunktion K mit
$K(x) = x^3 - 12x^2 + 48x + 100$.
Die Kapazitätsgrenze des Betriebes liegt für diese Produktion bei 14 000 hl.
Die Gesamtkostenentwicklung wird im Rahmen der Produktionsplanung für das nächste Jahr analysiert.

Geben Sie die Funktionsgleichungen für die variablen Gesamtkosten K_v an.
Bestimmen Sie die Höhe der Fixkosten.
Ermitteln Sie den durchschnittlichen Gesamtkostenanstieg für folgende Produktionsausweitungen:

Produktionsausweitung I
von 2 000 hl auf 4 000 hl
von 2 000 hl auf 3 000 hl
von 2 000 hl auf 2 500 hl
von 2 000 hl auf 2 100 hl

Produktionsausweitung II
von 4 000 hl auf 6 000 hl
von 4 000 hl auf 5 000 hl
von 4 000 hl auf 4 500 hl
von 4 000 hl auf 4 100 hl

Der **durchschnittliche Gesamtkostenanstieg** wird auch als **mittlere Änderungsrate** bezeichnet.
Beschreiben Sie, wie sich jeweils die mittlere Änderungsrate bei einer kleiner werdenden Produktionsausweitung verändert und welche Schlussfolgerung daraus für den Verlauf des Graphen der Gesamtkostenfunktion gezogen werden kann.

Lösungen

Die Gesamtkostenfunktion $K(x) = x^3 - 12x^2 + 48x + 100$ setzt sich aus den variablen Gesamtkosten und den Fixkosten zusammen:
$K_v(x) = x^3 - 12x^2 + 48x$ und $K_f(x) = 100$, weil $K(0) = 0^3 - 12 \cdot 0^2 + 48 \cdot 0 + 100 = 100$.

Mittlere Änderungsraten ermitteln und Entwicklung beschreiben:

Produktions-ausweitung I	durchschnittlicher Gesamtkostenanstieg
von 2 000 hl auf 4 000 hl	$m = \frac{K(x_2) - K(x_1)}{x_2 - x_1} = \frac{K(4) - K(2)}{4 - 2} = \frac{164 - 156}{4 - 2} = \frac{8}{2} = 4$ Wird die Produktion von 2 000 hl auf 4 000 hl ausgeweitet, steigen die Gesamtkosten insgesamt um 8.000 GE und damit durchschnittlich um 4.000 GE pro 1 000 hl.
von 2 000 hl auf 3 000 hl	$m = \frac{K(3) - K(2)}{3 - 2} = \frac{163 - 156}{3 - 2} = \frac{7}{1} = 7$ Wird die Produktion von 2 000 hl auf 3 000 hl ausgeweitet, steigen die Gesamtkosten insgesamt um 7.000 GE und damit durchschnittlich um 7.000 GE pro 1 000 hl.
von 2 000 hl auf 2 500 hl	$m = \frac{K(2{,}5) - K(2)}{2{,}5 - 2} = \frac{160{,}625 - 156}{2{,}5 - 2} = \frac{4{,}625}{0{,}5} = 9{,}25$ Wird die Produktion von 2 000 hl auf 2 500 hl ausgeweitet, steigen die Gesamtkosten insgesamt um 4.625 GE und damit durchschnittlich um 9.250 GE pro 1 000 hl.
von 2 000 hl auf 2 100 hl	$m = \frac{K(2{,}1) - K(2)}{2{,}1 - 2} = \frac{157{,}141 - 156}{2{,}1 - 2} = \frac{1{,}141}{0{,}1} = 11{,}41$ Wird die Produktion von 2 000 hl auf 2 100 hl ausgeweitet, steigen die Gesamtkosten insgesamt um 1.141 GE und damit durchschnittlich um 11.410 GE pro 1 000 hl.

Die vier Sekanten verlaufen monoton steigend. Je kleiner die Produktionsausweitung ist, desto größer ist die Steigung der Sekante, d. h. der durchschnittliche Gesamtkostenanstieg wird größer. Mit zunehmender Produktionsausweitung steigen die Gesamtkosten demnach geringer an. Die Gesamtkostenentwicklung ist **degressiv**.

Produktions-ausweitung II	durchschnittlicher Gesamtkostenanstieg
von 4 000 hl auf 6 000 hl	$m = \frac{K(x_2) - K(x_1)}{x_2 - x_1} = \frac{K(6) - K(4)}{6 - 4} = \frac{172 - 164}{6 - 4} = \frac{8}{2} = 4$ Wird die Produktion von 4 000 hl auf 6 000 hl ausgeweitet, steigen die Gesamtkosten insgesamt um 8.000 GE und durchschnittlich um 4.000 GE pro 1 000 hl.
von 4 000 hl auf 5 000 hl	$m = \frac{K(5) - K(4)}{5 - 4} = \frac{165 - 164}{5 - 4} = \frac{1}{1} = 1$ Wird die Produktion von 4 000 hl auf 5 000 hl ausgeweitet, steigen die Gesamtkosten insgesamt um 1.000 GE und durchschnittlich um 1.000 GE pro 1 000 hl.
von 4 000 hl auf 4 500 hl	$m = \frac{K(4{,}5) - K(4)}{4{,}5 - 4} = \frac{164{,}125 - 164}{4{,}5 - 4} = \frac{0{,}125}{0{,}5} = 0{,}25$ Wird die Produktion von 4 000 hl auf 4 500 hl ausgeweitet, steigen die Gesamtkosten insgesamt um 125 GE und durchschnittlich um 250 GE pro 1 000 hl.
von 4 000 hl auf 4 100 hl	$m = \frac{K(4{,}1) - K(4)}{4{,}1 - 4} = \frac{164{,}001 - 164}{4{,}1 - 4} = \frac{0{,}001}{0{,}1} = 0{,}01$ Wird die Produktion von 4 000 hl auf 4 100 hl ausgeweitet, steigen die Gesamtkosten insgesamt um 1 GE und durchschnittlich um 10 GE pro 1 000 hl.

Die vier Sekanten verlaufen monoton steigend, je kleiner das Intervall wird, desto geringer wird die Steigung der Sekante. Je kleiner die Produktionsausweitung ist, desto kleiner ist der durchschnittliche Gesamtkostenanstieg. Daraus folgt, dass mit zunehmender Produktionsausweitung die Gesamtkosten stärker ansteigen. Die Gesamtkostenentwicklung ist **progressiv**.

Durchschnittliche Änderungsrate

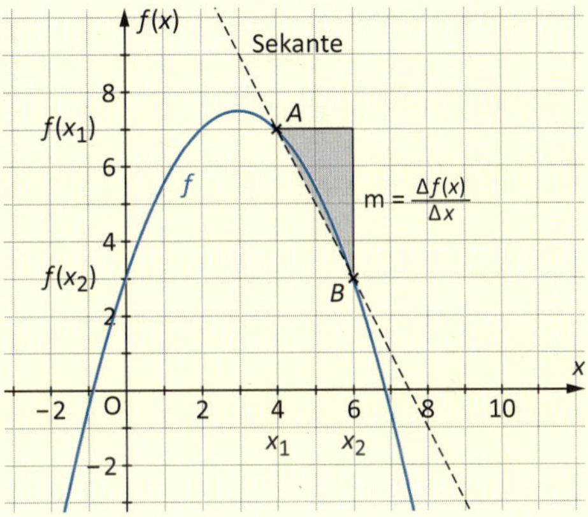

Die **durchschnittliche Steigung** eines Funktionsgraphen in einem Intervall $[x_1; x_2]$ wird berechnet, indem die Steigung m_S der **Sekante**, die durch die Punkte $(x_1 | f(x_1))$ und $(x_2 | f(x_2))$ verläuft, ermittelt wird. Eine Sekante schneidet den Funktionsgraphen in zwei Punkten. Diese Steigung m_S wird als **durchschnittliche Änderungsrate** oder **mittlere Änderungsrate** bezeichnet. Zur Berechnung der Sekantensteigung wird der **Differenzenquotient** verwendet:

$m_S = \frac{f(x_2) - f(x_1)}{x_2 - x_1} = \frac{\Delta f(x)}{\Delta x} = \frac{\text{Höhenunterschied}}{\text{Horizontalunterschied}}$, alternativ wird auch die Schreibweise

$m_S = \frac{f(x_1 + h) - f(x_1)}{x_1 + h - x_1} = \frac{f(x_1 + h) - f(x_1)}{h}$ genutzt. In diesem Fall wird die durchschnittliche Steigung im Intervall $[x_1; x_1 + h]$ ermittelt.

Beispiel 2

Der Bio-Getränkebetrieb *Limo* benötigt weitere Angaben für die Planung der zukünftigen Produktion.
Für die Ingwerlimonade gilt die monopolistische Erlösfunktion E mit $E(x) = -10x^2 + 100x$ mit x in 1 000 hl und $E(x)$ in 1.000 GE.
Wird die Verkaufsmenge um eine kleine Einheit geändert, ändert sich auch die Höhe des Erlöses. Diese Auswirkung wird als **momentane Erlösänderung** bezeichnet und entspricht der **momentanen** oder der **lokalen Änderungsrate**.

Ermitteln Sie die Erlösänderung, wenn der Verkauf um eine kleine Einheit verändert wird.
Interpretieren Sie die jeweilige momentane Änderungsrate ökonomisch.

Ausweitung der Verkaufsmenge
bei 1 000 hl
bei 5 000 hl
bei 9 000 hl

Lösungen

Verkaufsausweitung bei	Differenzenquotient $\frac{E(x+h)-E(x)}{h}$	Differentialquotient $\lim\limits_{h\to 0}\frac{\Delta E(x)}{h}$
1 000 hl	$\frac{(-10(1+h)^2+100(1+h))-(-10\cdot 1^2+100\cdot 1)}{h}$ $=\frac{(-10(1+2h+h^2)+100+100h)-90}{h}$ $=\frac{-10h^2+80h}{h}$	$\lim\limits_{h\to 0}\frac{-10h^2+80h}{h}=\lim\limits_{h\to 0}(-10h+80)=80$ Wird eine kleine Einheit mehr als 1 000 hl verkauft, dann ändert sich der Erlös um 80.000 GE pro 1 000 hl. ⇒ Der Erlös **steigt** an, wenn zusätzliche ME verkauft werden.
5 000 hl	$\frac{(-10(5+h)^2+100(5+h))-(-10\cdot 5^2+100\cdot 5)}{h}$ $=\frac{(-10(25+10h+h^2)+500+100h)-250}{h}$ $=\frac{-10h^2}{h}$	$\lim\limits_{h\to 0}\frac{-10h^2}{h}=\lim\limits_{h\to 0}(-10h)=0$ Wird eine kleine Einheit mehr als 5 000 hl verkauft, dann ändert sich der Erlös nicht. ⇒ Bei einem Verkauf von 5 000 hl wird der **maximale Erlös** erzielt.
9 000 hl	$\frac{(-10(9+h)^2+100(9+h))-(-10\cdot 9^2+100\cdot 9)}{h}$ $=\frac{(-10(81+18h+h^2)+900+100h)-90}{h}$ $=\frac{-10h^2-80h}{h}$	$\lim\limits_{h\to 0}\frac{-10h^2-80h}{h}=\lim\limits_{h\to 0}(-10h-80)=-80$ Wird eine kleine Einheit mehr als 9 000 hl verkauft, dann ändert sich der Erlös um −80.000 GE pro 1 000 hl. ⇒ Der Erlös **sinkt**, wenn zusätzliche ME verkauft werden. Der Erlös sinkt, weil z. B. der Preis sinken muss, damit zusätzliche ME verkauft werden können.

Momentane Änderungsrate

Die **Steigung an einer Stelle** des Funktionsgraphen wird mithilfe der Tangentensteigung m_T ermittelt. Eine **Tangente** berührt den Funktionsgraphen an einer Stelle x_1. Die Steigung der Tangente wird mit dem Differentialquotienten bestimmt und wird als **momentane Änderungsrate**, **lokale Änderungsrate** oder **momentane Steigung** bezeichnet. Der **Differentialquotient** wird mithilfe des Grenzwertes (Limes, lim) des Differenzenquotienten berechnet:

$$m_T = \lim_{x_2 \to x_1} m_S = \lim_{x_2 \to x_1} \frac{f(x_2) - f(x_1)}{x_2 - x_1} = \frac{df}{dx} \quad \text{oder} \quad m_T = \lim_{h \to 0} m_S = \lim_{h \to 0} \frac{f(x_1 + h) - f(x_1)}{h} = \frac{df}{dx}.$$

Dies bedeutet, dass der Abstand zwischen x_1 und x_2 sehr klein werden soll (dx ≙ **Differential** von x, d. h., Δx wird sehr klein), sodass der Punkt B fast genau auf dem Punkt A liegt. Auf diese Weise wird das Intervall, für das die durchschnittliche Steigung ermittelt werden soll, sehr klein. Die Sekante wird zur Tangente und berührt den Graphen nur noch im Punkt A.

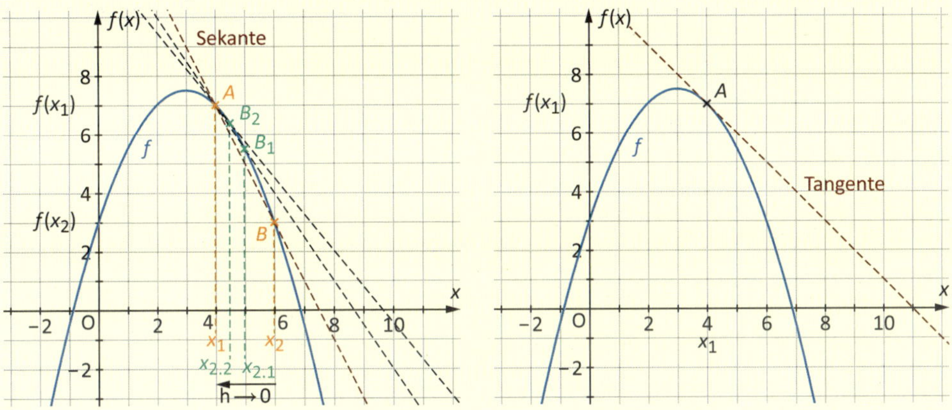

8.4 Übungen

1 Bestimmen Sie die durchschnittliche Steigung des Graphen für die angegebenen Intervalle und interpretieren Sie Ihre Ergebnisse im Hinblick auf den Verlauf des Funktionsgraphen.

a) $f(x) = 2x^2 + 1$ $[2; 4]$, $[2; 3]$, $[2; 2{,}5]$

b) $f(x) = -2x^2 - 3x + 4$ $[-5; -2]$, $[-5; -3]$, $[-5; -4]$

c) $f(x) = x^3 + 2x^2 - 1$ $[-2; 2]$, $[-2; 1]$, $[-2; 0]$, $[-2; -1]$

2 Bestimmen Sie die Funktionsgleichung für den abgebildeten Graphen und bestimmen Sie für die gekennzeichneten Punkte drei unterschiedliche Differenzenquotienten.
Interpretieren Sie den berechneten Wert.

a)

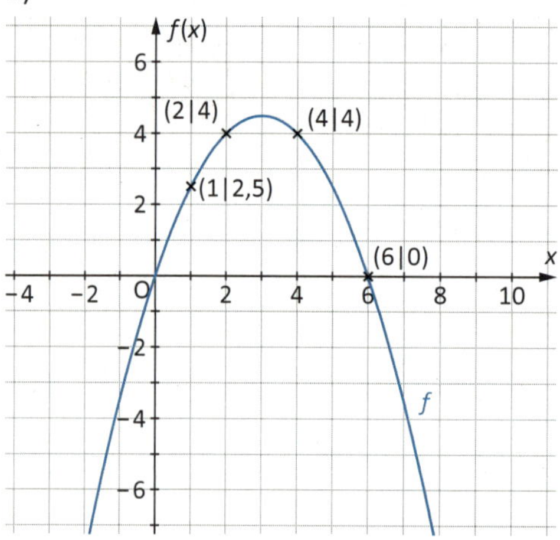

b)

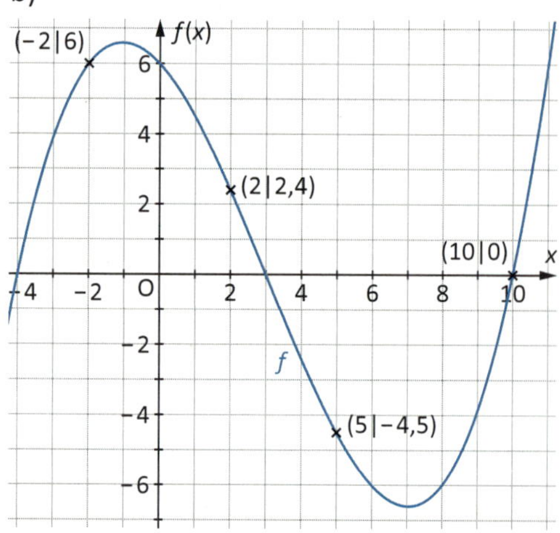

3 Das Unternehmen *Tore.de* stellt Gartenpforten aller Art her. Die Gewinnfunktion für das Tor *Klassik* wird mithilfe einer ganzrationalen Funktion 3. Grades modelliert. Die Gewinnschwelle liegt bei $x = 2$, die Gewinngrenze bei $x = 6$. Werden keine Tore verkauft, entsteht ein Verlust in Höhe von 12 GE. Im mathematischen Definitionsbereich der Gewinnfunktion gibt es eine Nullstelle bei $x = -1$.

Die Geschäftsführung möchte wissen, wie sich der Gewinn verändert, wenn Produktion und Verkauf von 2 ME auf 4 ME erhöht werden bzw. von 6 ME auf 8 ME.
Stellen Sie die Sachverhalte für die Geschäftsführung rechnerisch und grafisch dar.

4 Das Unternehmen *Top-Haus* untersucht die Gesamtkostensituation für das Haus *Familie_1*. Die Gesamtkostenentwicklung K wird mithilfe der Funktion $K(x) = x^3 - 3x^2 + 4x + 5$ modelliert. x entspricht den ME der gebauten Häuser und $K(x)$ den Gesamtkosten in 100.000 GE für die Erstellung der Häuser.
Untersuchen Sie mithilfe mehrfacher Berechnungen des Differenzenquotienten die Gesamtkostenentwicklung im Intervall [0; 1] und im Intervall [2; 3].

5 Das Unternehmen *Maß-Hemden* analysiert die Gesamtkosten für die Herstellung von maßgeschneiderten Hemden für jeden einzelnen Stammkunden, um so individuelle Angebote erstellen zu können.
Die nachfolgende Tabelle zeigt die s-förmige Gesamtkostenentwicklung für einen Stammkunden:

x in ME	1	3	5	7	9	11
$K(x)$ in GE	532,1	580,7	612,5	632,3	644,9	655,1

Jedem Angebot für den Kunden wird eine Grafik mit der Gesamtkostenentwicklung beigelegt. Die Preise für die Hemden richten sich u. a. nach der durchschnittlichen Kostenerhöhung.
Damit der Kunde die Preisstaffelung nachvollziehen kann, wird die nachfolgende Tabelle ebenfalls dem Angebot beigelegt:

Bestellmenge	Durchschnittlicher Gesamtkostenanstieg
[1; 3]	
[4; 6]	
[7; 10]	

Erstellen Sie für die Angebotsunterlagen die Grafik und ergänzen Sie die Tabelle.

6 Ergänzen Sie die nachfolgende Tabelle

	Differenzenquotient	Differenzialquotient
Formel		
Grafische Darstellung		
Fachvokabular		
Interpretation		

8.5 Ableitung

Die **Ableitungsfunktion** f' gibt die Steigung an jeder beliebigen Stelle der Funktion an, sodass die Steigung bzw. lokale Änderungsrate nicht für jede Stelle mithilfe des Differentialquotienten ermittelt werden muss. Im Rahmen der Kostentheorie gibt die Ableitung der Gesamtkostenfunktion die **Grenzkostenfunktion** an, die Ableitung der Erlösfunktion die **Grenzerlösfunktion** und die Ableitung der Gewinnfunktion die **Grenzgewinnfunktion**.

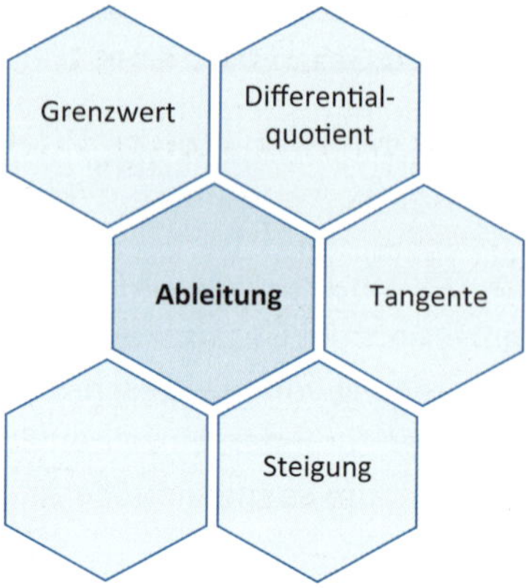

Beispiel 1

Der Bio-Getränkebetrieb *Limo* analysiert nach den Gesamtkosten und den Erlösen für die Ingwerlimonade auch die Gewinnsituation:
$K(x) = x^3 - 12x^2 + 48x + 100$ und $E(x) = -10x^2 + 100x$
mit x in 1000 hl und $K(x)$, $E(x)$ in 1.000 GE.
Die Geschäftsführung benötigt folgende Angaben:

- Gewinnschwelle
- Gewinngrenze
- Gewinnmaximum und gewinnmaximale Produktionsmenge
- **Grenzgewinn** bei einer Produktion von 666,67 hl $\left(\frac{2}{3}\text{ ME}\right)$
- **Momentane Änderungsrate** an der Gewinnschwelle und Gewinngrenze
- **Höhe der Gewinnänderung**, wenn die Produktion bei 4880 hl (4,88 ME) um eine kleine Einheit erhöht wird.

Führen Sie die benötigten Untersuchungen für die Geschäftsführung durch, dokumentieren Sie Ihre Berechnungen und interpretieren Sie Ihre Ergebnisse.

Lösungen

Bestimmen der Gewinnfunktion

$G(x) = E(x) - K(x) = (-10x^2 + 100x) - (x^3 - 12x^2 + 48x + 100)$
$G(x) = -x^3 + 2x^2 + 52x - 100$

Berechnen der Gewinnschwelle und -grenze

$G(x) = 0 \Rightarrow 0 = -x^3 + 2x^2 + 52x - 100$ mit GTR/CAS $\Rightarrow x_{GS} \approx 1{,}92$ und $x_{GG} \approx 7{,}26$
Bei einer Produktion und dem Verkauf von 1920 hl oder 7260 hl Ingwerlimonade erzielt das Unternehmen weder Gewinn noch Verlust. Die Gesamtkosten sind genauso hoch wie die Erlöse.

Bestimmen des Gewinnmaximums und der gewinnmaximalen Produktionsmenge

Mit GTR/CAS $\Rightarrow$ $H(4{,}88303\,|\,85{,}17)$

Bei einer Produktion und dem Verkauf von 4 883,03 hl wird der maximale Gewinn in Höhe von 85.170 GE erzielt.

Grenzgewinnfunktion ermitteln

Die Grenzgewinnfunktion ist die erste Ableitung der Gewinnfunktion. Die Ableitung erfolgt mithilfe der Potenz-, Faktor- und Summen- bzw. Differenzregel.

Potenzfunktion	Ableitung	Erklärung
$-x^3$	$-3x^2$	Potenzregel
$2x^2$	$2 \cdot 2x^1 = 4x$	Potenz- und Faktorregel
$52x = 52x^1$	$1 \cdot 52x^0 = 52$	Potenzregel
$100 = 100x^0$	$0 \cdot 100 = 0$	Potenzregel
$G(x) = -x^3 + 2x^2 + 52x - 100$	$G'(x) = -3x^2 + 4x + 52$	Summen- und Differenzregel

Die Funktionsgleichung der Grenzgewinnfunktion lautet: $G'(x) = -3x^2 + 4x + 52$.

Bestimmen des Grenzgewinns bei einer Produktion von $\frac{2}{3}$ ME

$G'(x) = -3x^2 + 4x + 52$

$G'\left(\frac{2}{3}\right) = -3 \cdot \left(\frac{2}{3}\right)^2 + 4 \cdot \left(\frac{2}{3}\right) + 52 = 53\frac{1}{3}$

Werden die Produktion und der Verkauf von 666,67 hl um eine kleine Einheit erhöht, dann entstehen Grenzgewinne in Höhe von ca. 53.333,33 GE/1 000 hl. Die Steigung des Graphen der Gewinnfunktion an der Stelle $x = \frac{2}{3}$ ist positiv, d. h., der Gewinn steigt, wenn die Produktion und der Verkauf um eine kleine Einheit erhöht werden. Die Tangente an der Stelle $x = \frac{2}{3}$ verläuft monoton steigend.

Ermitteln der momentanen Änderungsrate an der Gewinnschwelle und Gewinngrenze

Die momentane Änderungsrate wird mithilfe des Differentialquotienten ermittelt. Dieser ist identisch mit der Ableitung.

$G'(x) = -3x^2 + 4x + 52$

$G'(1{,}92) = -3 \cdot 1{,}92^2 + 4 \cdot 1{,}92 + 52 = 48{,}6208$

Werden die Produktion und der Verkauf von 1 920 hl um eine kleine Einheit erhöht, dann entstehen Grenzgewinne in Höhe von ca. 48.620,8 GE/1 000 hl, d. h. der Gewinn nimmt zu. Der Funktionsgraph verläuft an der Gewinnschwelle steigend.

$G'(7{,}26) = -3 \cdot 7{,}26^2 + 4 \cdot 7{,}26 + 52 = -77{,}0828$

Werden die Produktion und der Verkauf von 7 260 hl um eine kleine Einheit erhöht, dann entstehen Grenzgewinne in Höhe von ca. –77.082,8 GE/1 000 hl, d. h., der Gewinn verringert sich. Der Funktionsgraph verläuft an der Gewinngrenze fallend. Die Tangente an der Stelle $x = 7{,}26$ verläuft monoton fallend.

Berechnen der Höhe der Gewinnänderung, wenn die Produktion bei 4,88303 ME um eine kleine Einheit erhöht wird

Die Höhe der Gewinnänderung an einer Stelle wird mithilfe der Grenzgewinnfunktion ermittelt.

$G'(x) = -3x^2 + 4x + 52$

$G'(4{,}88303) = -3 \cdot 4{,}88303^2 + 4 \cdot 4{,}88303 + 52 \approx 0$

Werden die Produktion und der Verkauf von 4 883,03 hl um eine kleine Einheit erhöht, dann ist der Grenzgewinn null, d. h., der Gewinn ändert sich nicht, bei $x = 4{,}88303$ hat die Gewinnfunktion eine Maximalstelle. Die Tangente an der Stelle $x = 4{,}88303$ verläuft waagerecht.

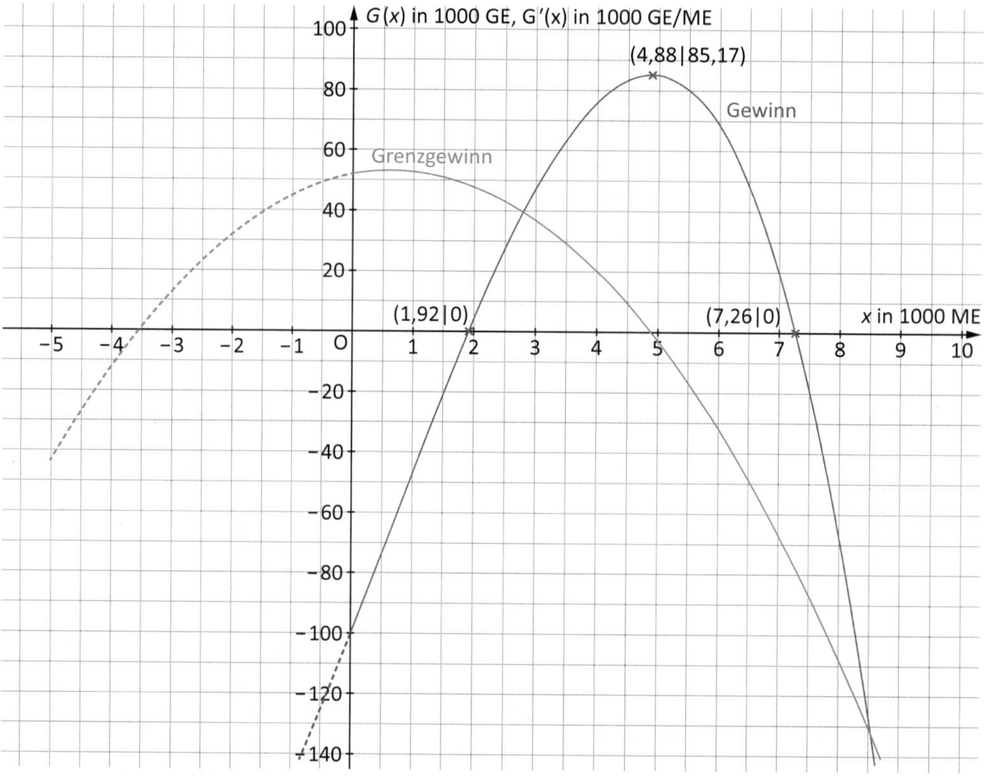

Die **Ableitung** $f'(x)$ entspricht dem Differentialquotienten $\lim\limits_{h \to 0} \frac{f(x+h) - f(x)}{h} = \frac{\mathrm{d}f}{\mathrm{d}x}$ und ermöglicht es, die momentane Änderungsrate für jede beliebige Stelle zu ermitteln.

Die Ableitung für die Funktion f mit $f(x) = x^2$ kann ganz allgemein wie folgt bestimmt werden:

$$\lim_{h \to 0} \frac{f(x+h) - f(x)}{h} = \lim_{h \to 0} \frac{(x+h)^2 - x^2}{h} = \lim_{h \to 0} \frac{2hx + h^2}{h} = \lim_{h \to 0} (2x + h) = 2x = f'(x).$$

Die aufwendige Berechnung der Ableitungsfunktion mithilfe des Differenzenquotienten führt zu folgenden **Ableitungsregeln** für ganzrationale Funktionen.

$f(x)$	$f'(x)$	Erläuterungen
2	0	Der Graph einer konstanten Funktion ist eine Gerade, die parallel zur Abszissenachse liegt. Diese hat die Steigung null.
x	1	Die Ableitung einer linearen Funktion ist eine konstante Funktion.
x^2	$2x$	Die Ableitung einer quadratischen Funktion ist eine lineare Funktion.
x^3	$3x^2$	Die Ableitung einer kubischen Funktion ist eine quadratische Funktion.
x^n	nx^{n-1}	**Potenzregel**: Der Exponent n erscheint als Faktor vor der Variablen x und der Exponent wird um eins verringert.
$3x$	3	Die Ableitung einer linearen Funktion ist eine konstante Funktion.
$3x^2$	$3 \cdot 2x = 6x$	Die Ableitung einer quadratischen Funktion ist eine lineare Funktion.
$-4x^3$	$-4 \cdot 3x^2 = -12x^2$	Die Ableitung einer kubischen Funktion ist eine quadratische Funktion.
ax^n	$a \cdot nx^{n-1}$	**Potenzregel mit Faktorregel**: a ist ein konstanter Faktor vor einer Potenzfunktion und bleibt beim Ableiten als Faktor erhalten.
$3x^2 - 2x + 5$	$6x - 2$	Die Ableitung einer ganzrationalen Funktion n-ten Grades ist eine ganzrationale Funktion $(n - 1)$-ten Grades.

Summenregel/Differenzregel: Potenzfunktionen werden durch addieren/subtrahieren zu ganzrationalen Funktionen. Die Ableitungen der einzelnen Potenzfunktionen werden addiert/subtrahiert und ergeben somit die Ableitung der ganzrationalen Funktion.

Beispiel 2

Die Marketingabteilung des Bio-Getränkebetriebes *Limo* benötigt für den gezielten Einsatz von Werbemitteln eine grafische Analyse der Gewinnsituation für das neue Produkt *Chili-Apfel-Limonade*. Die Gewinnfunktion wird durch eine ganzrationale Funktion dritten Grades modelliert:

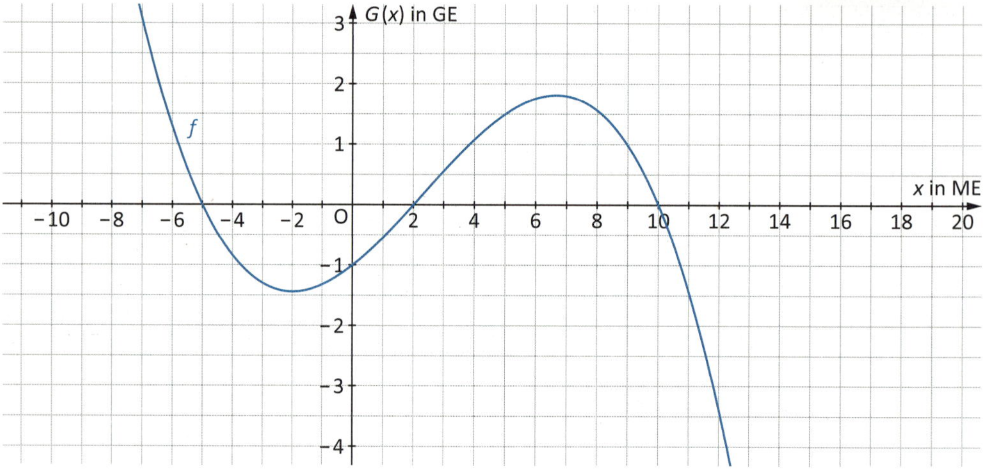

Bestimmen Sie zeichnerisch den Graphen der Ableitungsfunktion. Kennzeichnen Sie jeweils die ökonomisch relevanten Abschnitte der Funktionsgraphen, damit sie als Basis für die Marketingabteilung verwendet werden können.

Lösungen

Grafische Ableitung

Die Tangente an den Extremstellen ist waagerecht, d. h., der Funktionswert der Ableitung ist an den Stellen null, der Graph schneidet die Abszissenachse. Der Wendepunkt liegt auf einem Abschnitt des Graphen, der monoton steigend ist und von progressiv zu degressiv wechselt, d. h., die Steigung ist hier maximal. Der Graph der Ableitung hat deshalb dort eine Maximalstelle. Verläuft der Graph steigend, dann ist die Steigung positiv, d. h., der Ableitungsgraph liegt oberhalb der Abszissenachse. Verläuft der Graph fallend, dann liegt der Graph der Ableitungsfunktion unterhalb der Abszissenachse, weil die Steigung negativ ist.

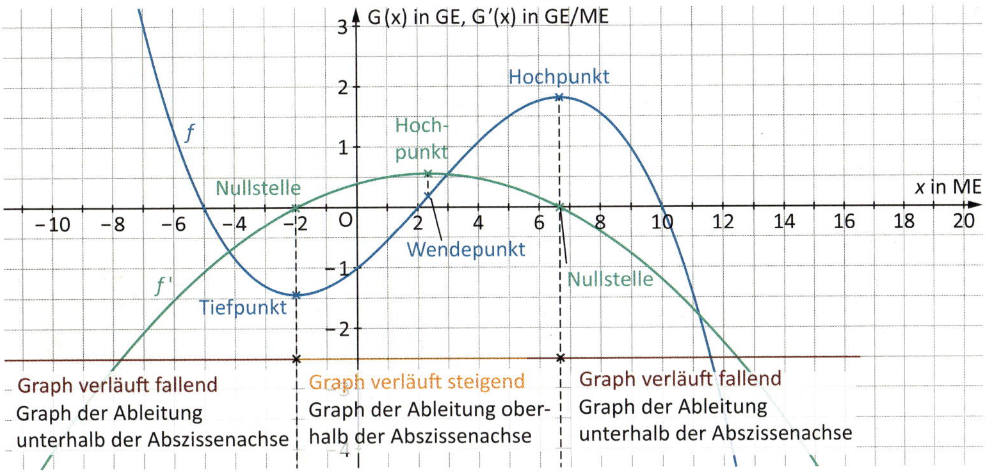

Kennzeichnen der relevanten ökonomischen Abschnitte

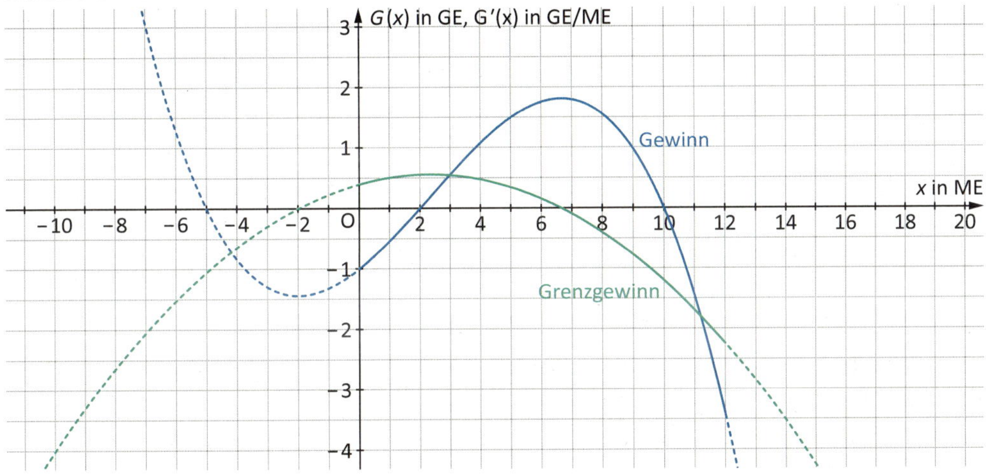

Grafisches Ableiten

Ausgangsfunktion	Ableitungsfunktion
Monoton steigend	Oberhalb der Abszissenachse
Monoton fallend	Unterhalb der Abszissenachse
Extrempunkte	Nullstellen
Wendepunkt nach einem Tiefpunkt	Hochpunkt
Wendepunkt nach einem Hochpunkt	Tiefpunkt
Sattelpunkt im steigenden Abschnitt des Graphen	doppelte Nullstelle und Tiefpunkt
Sattelpunkt im fallenden Abschnitt des Graphen	doppelte Nullstelle und Hochpunkt

Beispiel 3

Die Marketingabteilung des Bio-Getränkebetriebes *Limo* benötigt zusätzlich zur grafischen Analyse der Gewinnsituation für das Produkt *Chili-Apfel-Limonade* auch noch konkrete Angaben. Die Gewinnfunktion wird durch eine ganzrationale Funktion dritten Grades modelliert:
$G(x) = -\frac{1}{100}x^3 + \frac{7}{100}x^2 + \frac{2}{5}x - 1.$
x in 1000 hl und $G(x)$ in 1.000 GE, $D_{ök} = [0; 12]$.
Die Werbemaßnahmen sollen nur dann geschaltet werden, wenn die verkaufte Menge noch nicht der gewinnmaximalen Menge entspricht.
Berechnen Sie die gewinnmaximale Menge und geben Sie das Gewinnmaximum an.
Die TV-Werbung wird eingestellt, sobald die verkaufte Menge die größtmögliche Gewinnsteigerung auslöst.
Berechnen Sie die Menge, die zur maximalen Gewinnsteigerung führt, geben Sie die Höhe der Gewinnsteigerung an und die Höhe des Gewinns.
Stellen Sie den gesamten Sachverhalt grafisch dar und interpretieren Sie die Ergebnisse mathematisch.

Lösungen

Schalten von Werbemaßnahmen

Gewinnmaximale Menge

Die gewinnmaximale Menge und das Gewinnmaximum werden durch die Koordinaten des Hochpunktes des Graphen der Gewinnfunktion angegeben. Die Steigung des Graphen an der Stelle der gewinnmaximalen Menge ist demnach null, weil die dort angelegte Tangente waagerecht ist.
$G'(x) = -\frac{3}{100}x^2 + \frac{14}{100}x + \frac{2}{5} = 0$
pq-Formel, quadratische Ergänzung oder GTR/CAS führen zu $x_1 = -2 \notin D_{ök}$ und $x_2 = 6\frac{2}{3}$.
Die gewinnmaximale Menge beträgt 6 666,67 hl $\left(6\frac{2}{3}\text{ ME}\right)$. Wenn mehr als 6 666,67 hl verkauft werden, muss die Werbung eingestellt werden, denn wenn zusätzliche ME verkauft werden, sinkt der Gewinn.

Gewinnmaximum

$G\left(6\frac{2}{3}\right) = -\frac{1}{100}\cdot\left(6\frac{2}{3}\right)^3 + \frac{7}{100}\cdot\left(6\frac{2}{3}\right)^2 + \frac{2}{5}\cdot\left(6\frac{2}{3}\right) - 1 \approx 1{,}81$
Das Gewinnmaximum beträgt 1.810 GE.

Einstellen der TV-Werbung

Maximale Gewinnsteigerung

Die maximale Gewinnsteigerung liegt am Hochpunkt des Ableitungsgraphen vor, da dieser die Steigung des Graphen der Gewinnfunktion widerspiegelt. Die Ableitung der Gewinnfunktion ist die Grenzgewinnfunktion $G'(x) = -\frac{3}{100}x^2 + \frac{14}{100}x + \frac{2}{5}$.

Um den Hochpunkt des Graphen dieser Funktion zu ermitteln, muss die Nullstelle des Ableitungsgraphen G'' bestimmt werden.

$G''(x) = -\frac{6}{100}x + \frac{14}{100} = 0 \Rightarrow x = 2\frac{1}{3}$.

Bei einer Menge von 2 333,33 hl $\left(2\frac{1}{3}\text{ ME}\right)$ erfolgt die größte Gewinnsteigerung, wenn die Produktion und der Verkauf um eine kleine Einheit erhöht werden. Die TV-Werbung muss eingestellt werden, wenn mehr als 2 333,33 hl verkauft werden.

$G'\left(2\frac{1}{3}\right) = -\frac{3}{100}\cdot\left(2\frac{1}{3}\right)^2 + \frac{14}{100}\cdot\left(2\frac{1}{3}\right) + \frac{2}{5} = \frac{169}{300} \approx 0{,}563$

Die Höhe der Gewinnsteigerung beträgt ca. 563,33 GE pro 1 000 hl.

$G\left(2\frac{1}{3}\right) = -\frac{1}{100}\cdot\left(2\frac{1}{3}\right)^3 + \frac{7}{100}\cdot\left(2\frac{1}{3}\right)^2 + \frac{2}{5}\cdot\left(2\frac{1}{3}\right) - 1 \approx 0{,}19$

Der Gewinn beträgt dann ca. 190 GE.

Grafische Darstellung

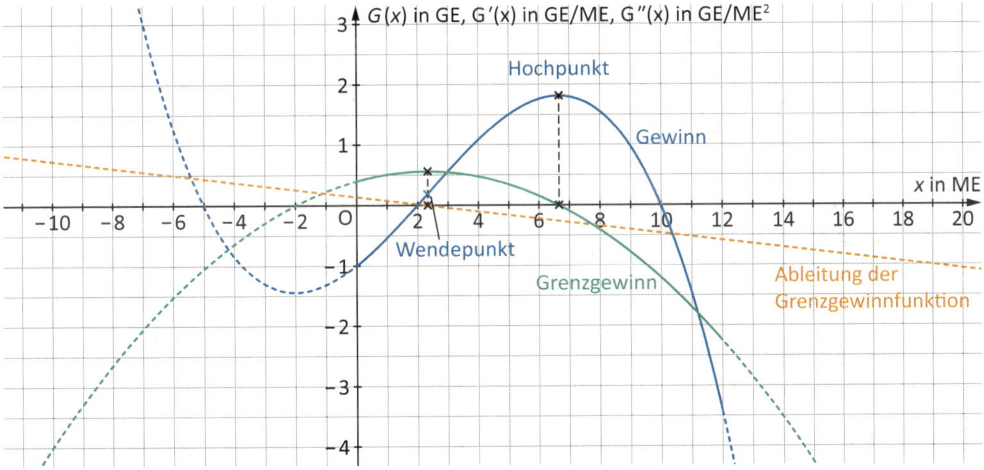

Die gewinnmaximale Menge und das Gewinnmaximum werden durch den Hochpunkt der Gewinnfunktion angegeben. Als **hinreichende Bedingungen zur Berechnung des Hochpunktes** gilt: $G'(x) = 0 \wedge G''(x) < 0$.

Die maximale Gewinnsteigerung erfolgt an der Wendestelle der Gewinnfunktion und wird mithilfe des Hochpunktes der Grenzgewinnfunktion ermittelt. Als **notwendige Bedingungen zur Berechnung eines Wendepunktes** gilt: $G''(x) = 0$.

Eigenschaften von Funktionsgraphen

Eigenschaften		Notwendige Bedingung	Hinreichende Bedingung
Monotonie	steigend	$f'(x) > 0$	$f'(x) > 0$
	fallend	$f'(x) < 0$	$f'(x) < 0$
Krümmungs-wechsel	Linkskrümmung Steigung nimmt zu	$f''(x) > 0$	$f''(x) > 0$
	Rechtskrümmung Steigung nimmt ab	$f''(x) < 0$	$f''(x) < 0$
Schnittpunkte mit den Koordinatenachsen	Abszissenachse	$f(x) = 0$	$f(x) = 0$
	Ordinatenachse	$f(0)$	$f(0)$
Extrempunkte	Hochpunkt	$f'(x) = 0$	$f'(x) = 0 \wedge f''(x_H) < 0$ **oder** $f'(x) = 0 \wedge$ VZW[1] von + zu – in der Umgebung von x_E bei $f'(x_E)$
	Tiefpunkt		$f'(x) = 0 \wedge f''(x_T) > 0$ **oder** $f'(x) = 0 \wedge$ VZW von – zu + in der Umgebung von x_E bei $f'(x)$
Wendepunkte		$f''(x) = 0$	$f''(x) = 0 \wedge f'''(x_W) \neq 0$ **oder** $f''(x) = 0 \wedge$ VZW in der Umgebung von x_W bei $f''(x)$
Sattelpunkte		$f'(x) = 0 \wedge f''(x) = 0$	$f'(x) = 0 \wedge f''(x) = 0 \wedge f'''(x_S) \neq 0$

Um eine exakte Zeichnung von **Sekanten** und **Tangenten** an den zu untersuchenden Funktionsgraphen erstellen zu können, werden die zugehörigen Funktionsgleichungen benötigt. Innermathematisch wird in diesem Zusammenhang auch die Funktionsgleichung der Geraden bestimmt, die orthogonal (rechtwinklig) zur Tangente liegt, sie wird **Normale** genannt.

1 VZW: Vorzeichenwechsel

Funktionsgleichungen bestimmen (ohne GTR/CAS)

	Rechnung	Grafik
Sekante	$f(x) = 2x^2 + 4x + 6$ Die Sekante soll durch die Punkte $A(2\mid 22)$ und $B(4\mid 54)$ verlaufen. $f_S(x) = m_S x + b$ $m_S = \frac{54-22}{4-2} = 16$ $f_S(x) = 16x + b$ $f_S(2) = 16 \cdot 2 + b = 22 \Rightarrow b = -10$ $f_S(x) = 16x - 10$	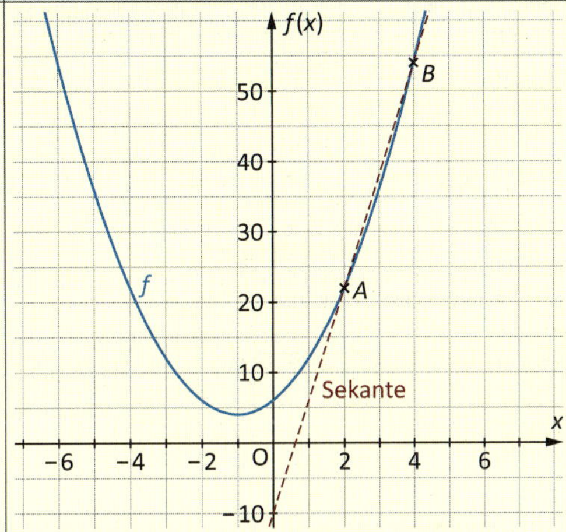
Tangente	$f(x) = 2x^2 + 4x + 6$ Die Tangente soll an dem Punkt $A(2\mid 22)$ liegen. $f_T(x) = m_T x + b$ $m_T = f'(x) = 4x + 4$ $m_T = f'(2) = 4 \cdot 2 + 4 = 12$ $f_T(x) = 12x + b$ $f_T(2) = 12 \cdot 2 + b = 22 \Rightarrow b = -2$ $f_T(x) = 12x - 2$	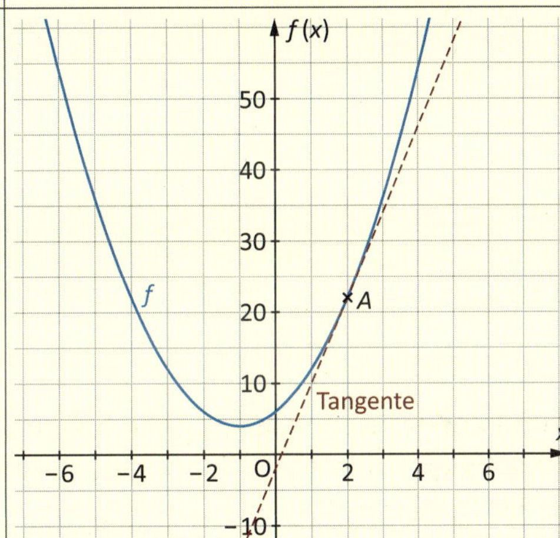
Normale	$f(x) = 2x^2 + 4x + 6$ Die Normale soll durch den Punkt $A(2\mid 22)$ gehen und damit **orthogonal**, d. h. senkrecht zur Tangente liegen. $f_N(x) = m_N x + b$ $m_N = -\frac{1}{m_T}$ $m_N = -\frac{1}{12}$ $f_N(x) = -\frac{1}{12}x + b$ $f_N(2) = -\frac{1}{12} \cdot 2 + b = 22 \Rightarrow b = \frac{133}{6} = 22{,}1\overline{6}$ $f_N(x) = -\frac{1}{12}x + \frac{133}{6}$	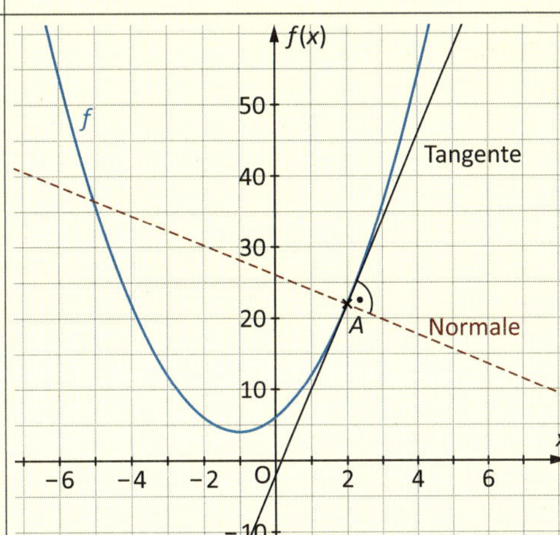

8.6 Übungen

1 Bestimmen Sie die Gleichungen der Ableitungsfunktionen und ermitteln Sie die Steigung an der angegebenen Stelle.

a) $f(x) = -4x^2 + 5x - 1,\ x = 0$

b) $f(x) = (x+2)^2(x-1),\ x = -2$

c) $f(x) = 0{,}25x^4 + 0{,}75x^2 + 5,\ x = \frac{1}{4}$

d) $f(x) = 3(x-1)^2 - 6,\ x = 1$

e) $f(x) = -3x^3 + 5x - 7,\ x = -3$

f) $f(x) = (x-4)^2(x+2)^2,\ x = 4$

2 Skizzieren Sie den Graphen der ersten Ableitungsfunktion.

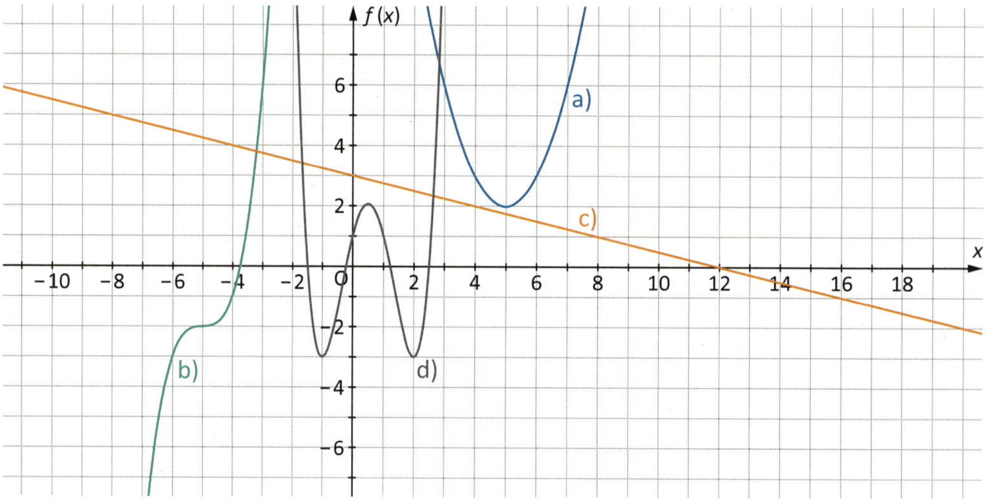

3 Bestimmen Sie die Funktionsgleichungen für die Sekante (die durch die Punkte A und B verläuft), für die Tangente (an dem Punkt A) und für die Normale (zur Tangente).

a) $f(x) = 3x^2 + 4x - 2,\quad A(-3|13),\ B(-5|53)$

b) $f(x) = -x^3 - 2x + 4,\quad A(0|4),\ B(3|-29)$

c) $f(x) = 2x^4 + 2x^2 + 2,\quad A(0|2),\ B(1|6)$

4 Ein Unternehmen, das Nahrungsergänzungsmittel herstellt, untersucht jährlich die Gewinnsituation der einzelnen Produkte. Der Gewinn für ein Zinkpräparat wird mithilfe der Funktion G mit $G(x) = -x^3 + 10x^2 + 25x - 250$ modelliert.
Sollte der momentane Anstieg des Gewinns an der Gewinnschwelle geringer sein als 40 GE/ME und der momentane Anstieg des Verlusts an der Gewinngrenze größer sein als 80 GE/ME, wird die Produktion eingestellt.
Untersuchen Sie, ob das Zinkpräparat weiter verkauft wird.

5 Ein Unternehmen der Kosmetikbranche hat die Gesamtkosten für bestimmte Produktionsmengen ihrer Produkte festgehalten, um sie für die nächste Produktionsperiode zu analysieren. Die Geschäftsleitung überlegt, unter bestimmten Bedingungen eine neue Maschine anzuschaffen.

x in ME	1	3	5	7	$x_{Kap} = 9$
$K(x)$ in GE	42	56	70	132	290

Drei Bedingungen werden von der Geschäftsleitung festgelegt. Sollten mindestens zwei davon nicht zutreffen, dann wird eine neue Maschine angeschafft:

- Der durchschnittliche Gesamtkostenanstieg im degressiven Abschnitt des Graphen der Gesamtkostenfunktion darf in dem Intervall $[x; x + 1]$ nicht größer sein als 20 GE/ME.
- Der geringste momentane Gesamtkostenanstieg muss unter 3,5 GE/ME liegen.
- Die Grenzkosten dürfen bis zur Kapazitätsgrenze nicht über 110 GE/ME ansteigen.

Untersuchen Sie, ob eine neue Maschine angeschafft werden soll.

6 Die Statistikabteilung eines Unternehmens hat aus der Verkaufsabteilung folgende Funktionen erhalten: $K(x) = x^3 - 6x^2 + 15x + 32$ und $p(x) = -7x + 49$.
Die Abteilung soll mithilfe dieser Funktionen eine Grafik erstellen, in der die Graphen der Grenzkostenfunktion, der Grenzerlösfunktion und der Grenzgewinnfunktion zu sehen sind.
Erstellen Sie diese Zeichnung und erklären Sie den Nutzen der Grafik.

7 Schreiben Sie einen **Lexikonbeitrag** für ein Mathematik-Lexikon über den Zusammenhang zwischen dem Differenzenquotienten, dem Differentialquotienten und der Ableitung.

8 Ergänzen Sie die Tabelle mit alle ökonomischen Fachbegriffen.
Erstellen Sie aus allen Begriffen eine Struktur in Form eines Bildes.

Kosten	Erlös	Gewinn

12 Patyna - ISBN 978-3-8120-0685-9

8.7 Übungsaufgaben für Klausuren und Prüfungen

Aufgabe 1 (ohne Hilfsmittel)

Von den folgenden fünf Graphen gehören drei zusammen; es sind die Graphen zu f, f' und f''.

Begründen Sie Ihre Auswahl.

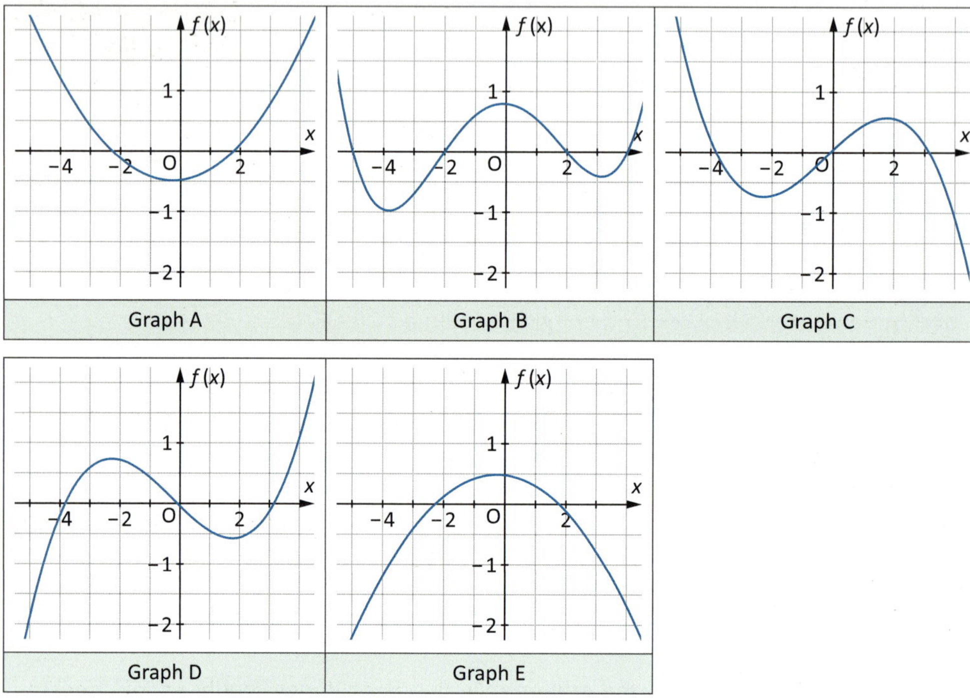

Aufgabe 2 (ohne Hilfsmittel)

a) Beschreiben Sie den Unterschied zwischen momentaner Änderungsrate und durchschnittlicher Änderungsrate.

b) Erklären Sie den Zusammenhang zwischen Tangente und Ableitung.

c) Zeichnen Sie den Graphen der Ableitung von f in das Koordinatensystem.

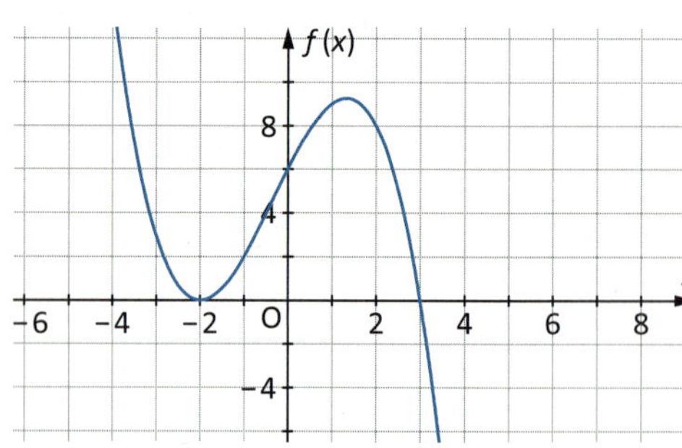

Fassen Sie Ihre Schlussfolgerungen für den Einkauf und für die Speisekarte übersichtlich zusammen.

Erstellen Sie **gemeinsam mit den anderen Gruppen** die Sonder-Speisekarte für das erste Quartal des neuen Jahres.

Kalenderwoche	Grünkohl	Sauerkraut	Lamm	Pilze
01.01.–07.01.				
08.01.–14.01.				

Erstellen Sie **gemeinsam mit den anderen Gruppen** eine Übersicht für den Einkauf für das erste Quartal des neuen Jahres.

9.2 Wirtschaftliche Zusammenhänge

Für jedes Produkt, das auf den Markt gebracht wird, werden die **Absatz- bzw. Umsatzzahlen** zu unterschiedlichen Zeitpunkten analysiert. Werden diese Zusammenhänge mithilfe von Funktionen mathematisch modelliert, entstehen Funktionsgraphen, die bestimmte Eigenschaften aufweisen. Der Verlauf des Graphen der Gesamtabsatz-/Gesamtumsatzfunktion ist über die Zeit betrachtet monoton steigend, weil der **kumulierte Absatz** bzw. der **kumulierte Umsatz** dargestellt wird. Da sich die Nachfrage nach einem Produkt aufgrund verschiedener Determinanten (Konkurrenz, Preis, Angebotsmenge etc.) nicht gleichmäßig entwickelt, ist die Steigung des Gesamtabsatzes/Gesamtumsatzes nicht konstant. Der Gesamtabsatz wird in Mengeneinheiten (ME) angegeben, der Gesamtumsatz in Geldeinheiten (GE).

Die Analyse des momentanen Anstiegs des Gesamtabsatzes/Gesamtumsatzes erfolgt mithilfe des **Produktlebenszyklus**. Der Produktlebenszyklus beschreibt die zeitlich determinierten charakteristischen Phasen des **momentanen Absatzes** bzw. des **momentanen Umsatzes** eines Produktes. Beginn und Ende der jeweiligen Phase lassen sich im Voraus nicht exakt bestimmen, die Übergänge hängen z. B. von den Stückgewinnen und den geltenden Preisen ab. Der momentane Absatz wird in Mengeneinheiten pro Zeiteinheiten (ME/ZE) und der momentane Umsatz in GE/ZE angegeben.

Produkteinführung/ Markteinführung	Das Produkt wird auf den Markt gebracht.
Einführungsphase/ Wachstumsphase	I. d. R. progressiver Anstieg der Absatzzahlen bzw. des Umsatzes. Der Übergang von der Einführungsphase zur Wachstumsphase wird durch den Gewinn bestimmt. Die Einführungsphase endet, sobald Gewinn erwirtschaftet wird.
Reifephase	Die Absatzzahlen steigen bzw. der Umsatz steigt i. d. R. degressiv an, d. h., der Anstieg verringert sich.
Sättigungsphase	Der momentane Absatz bzw. Umsatz ändert sich kaum, er hat sein Maximum erreicht.
Degenerationsphase	Die Zunahme der Absatzzahlen bzw. des Umsatzes sinkt $\Rightarrow$ Die momentanen Absatzzahlen fallen bzw. der momentane Umsatz fällt.
Produktelemination	Das Produkt wird vom Markt genommen.

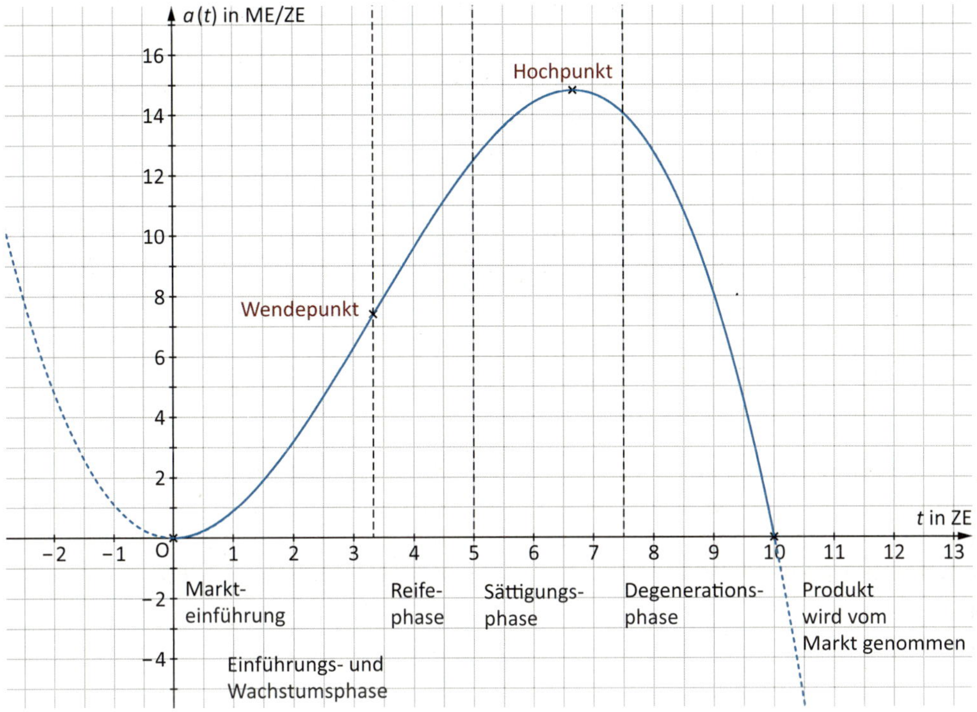

Die exakte Abgrenzung der einzelnen Phasen geschieht im Nachhinein und im Vergleich mit der Gewinnentwicklung, deshalb wird der Produktlebenszyklus als nachträgliches Analysemittel verwendet. Die so gewonnen Erkenntnisse können für ein ähnliches Produkt als zukünftige Prognose gelten. Das mathematische Modell unterstellt für den Produktlebenszyklus einen glockenförmigen Verlauf, der so in der Realität nicht vorkommt, weil sich die Absatzzahlen und der Umsatz dynamisch entwickeln, z. B. aufgrund technischen Fortschritts oder aufgrund von Modeerscheinungen.

9.3 Durchschnittliche und momentane Änderungsrate

Mithilfe der **Änderungsraten** werden nicht nur Grenzkosten, Grenzerlöse sowie die Grenzgewinne ermittelt und analysiert, sondern auch die Zusammenhänge zwischen Gesamtabsatz/-umsatz und **Produktlebenszyklus** hergestellt.

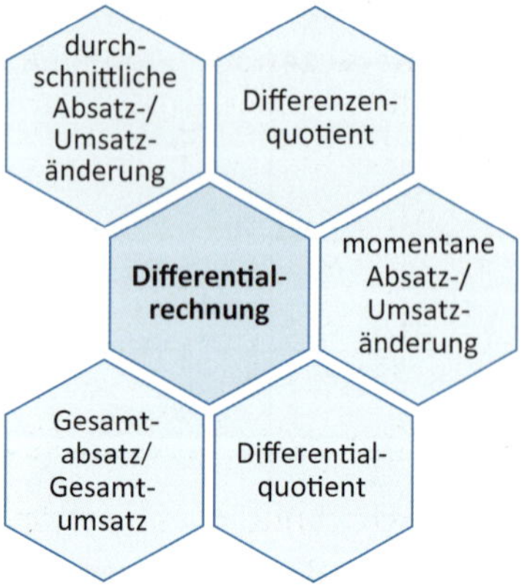

Beispiel

Das Unternehmen *Schob* stellt Haushaltgeräte her. Alle zwei Jahre wird ein neues Modell auf den Markt gebracht. Die Produktionsplanung erfolgt anhand der Analyse des Gesamtabsatzes des vorherigen Modells.

Der Gesamtabsatz der Spülmaschine *MX33* wird mithilfe der Funktion A mit $A(t) = -\frac{1}{3}t^3 + \frac{7}{2}t^2$ modelliert.
t wird in Zeiteinheiten (ZE) und $A(t)$ in Mengeneinheiten (ME) angegeben.
Die Produktionsabteilung benötigt folgende Angaben für die Planung der nächsten Produktion:

- **Durchschnittliche Absatzänderung** in den ersten drei ZE für jeweils eine ZE inkl. Interpretation.
- Durchschnittliche Absatzänderung im Zeitintervall [4; 7] für jeweils eine ZE inkl. Interpretation.
- Zeitpunkt der **größten Absatzänderung** und die **Höhe der Absatzänderung** genau zu dem Zeitpunkt.
- Zeitpunkt, zu dem die Spülmaschine nicht mehr verkauft wurde, und Höhe des Gesamtabsatzes zu diesem Zeitpunkt.

Führen Sie die Analysen durch, die notwendig sind, um die benötigten Angaben für die Produktionsabteilung zu erhalten.
Dokumentieren Sie Ihre Berechnungen grafisch.

Lösungen

Durchschnittliche Absatzänderung in den ersten drei ZE für jeweils eine ZE

Die durchschnittliche Absatzänderung oder die **mittlere Änderungsrate** wird mithilfe des **Differenzenquotienten** bestimmt:

$$m_S = \frac{A(t_2) - A(t_1)}{t_2 - t_1} = \frac{\Delta A(t)}{\Delta t}$$

$$m_S = \frac{A(1) - A(0)}{1 - 0} = \frac{\frac{19}{6} - 0}{1} = \frac{19}{6} \approx 3{,}17 \text{ ME/ZE}$$

$$m_S = \frac{A(2) - A(1)}{2 - 1} = \frac{\frac{34}{3} - \frac{19}{6}}{1} = \frac{49}{6} \approx 8{,}17 \text{ ME/ZE}$$

$$m_S = \frac{A(3) - A(2)}{3 - 2} = \frac{22{,}5 - \frac{34}{3}}{1} = \frac{67}{6} \approx 11{,}17 \text{ ME/ZE}$$

Die durchschnittliche Absatzänderung wird mit zunehmender Zeit größer, d. h., der Gesamtabsatz steigt **progressiv**.

Durchschnittliche Absatzänderung im Zeitintervall [4; 7] für jeweils eine ZE

$$m_S = \frac{A(5) - A(4)}{5 - 4} = \frac{\frac{275}{6} - \frac{104}{3}}{1} = \frac{67}{6} \approx 11{,}17 \text{ ME/ZE}$$

$$m_S = \frac{A(6) - A(5)}{6 - 5} = \frac{54 - \frac{275}{6}}{1} = \frac{49}{6} \approx 8{,}17 \text{ ME/ZE}$$

$$m_S = \frac{A(7) - A(6)}{7 - 6} = \frac{\frac{343}{6} - 54}{1} = \frac{19}{6} \approx 3{,}17 \text{ ME/ZE}$$

Die durchschnittliche Absatzänderung wird mit zunehmender Zeit kleiner, d. h., der Gesamtabsatz steigt **degressiv**.

Zeitpunkt der größten Absatzänderung und Höhe der Absatzänderung

Die steigende durchschnittliche Absatzänderung entwickelt sich im Intervall [0; 3] genauso wie die sich verringernde durchschnittliche Absatzänderung im Intervall [4; 7]. Die **größte Absatzänderung** muss demnach im Intervall [3; 4] liegen. Da die Änderungen symmetrisch sind, muss die größte Absatzänderung zum Zeitpunkt $t = 3{,}5$ erfolgen; dies ist die **Wendestelle** des Graphen, der Gesamtabsatzfunktion.

Die **Höhe der Absatzänderung** zu einem bestimmten Zeitpunkt wird mithilfe des **Differentialquotienten** berechnet:

$$m_T = \lim_{h \to 0} m_S = \lim_{h \to 0} \frac{A(t + h) - A(t)}{h},$$

mit $A(3{,}5) = \frac{343}{12}$ und $A(3{,}5 + h) = -\frac{1}{3}(3{,}5 + h)^3 + \frac{7}{2}(3{,}5 + h)^2 = -\frac{1}{3}h^3 + \frac{49}{4}h + \frac{343}{12}$

$$m_T = \lim_{h \to 0} \frac{\left(-\frac{1}{3}h^3 + \frac{49}{4}h + \frac{343}{12}\right) - \frac{343}{12}}{h}$$

$$\Rightarrow m_T = \lim_{h \to 0} \frac{-\frac{1}{3}h^3 + \frac{49}{4}h}{h} = \lim_{h \to 0}\left(-\frac{1}{3}h^2 + \frac{49}{4}\right) = \frac{49}{4} = 12{,}25 \text{ ME/ZE}.$$

Bei der Analyse der Absatzänderung zeigt sich, dass der Gesamtabsatz eine kleine ZE nach 3,5 ZE um 12,25 ME/ZE ansteigt.

Zeitpunkt, zu dem die Spülmaschine nicht mehr verkauft wurde, und Höhe des Gesamtabsatzes zu diesem Zeitpunkt

Der Gesamtabsatz steigt während der Verkaufszeit an, weil es sich um den kumulierten Absatz handelt, d. h., der Graph muss monoton steigend sein. Das Ende der Verkaufszeit liegt dementsprechend an der Maximalstelle.
Mithilfe des GTR/CAS den Hochpunkt ermitteln $H(7 | \approx 57{,}17)$.
Nach sieben ZE wurde die Spülmaschine nicht mehr verkauft, es wurden insgesamt ca. 57,17 ME abgesetzt.
Der ökonomische Definitionsbereich liegt bei $D_{ök} = [0; 7]$.

Grafische Darstellung

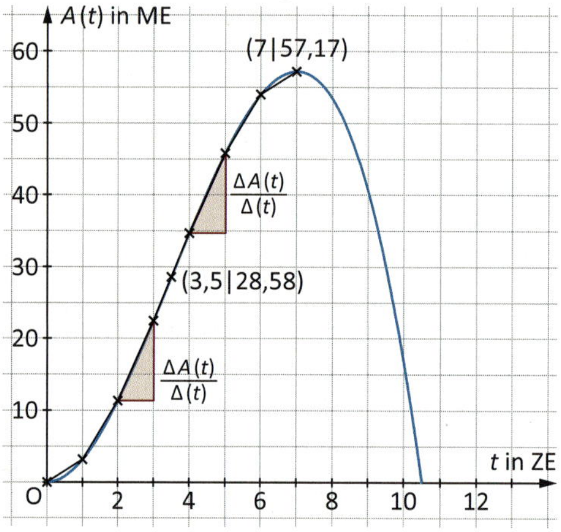

Änderungsraten

durchschnittliche Absatz-/Umsatzänderung mittlere Absatz-/Umsatzänderung mittlere Änderungsrate	**Differenzenquotient**	$m_S = \frac{A(t_2) - A(t_1)}{t_2 - t_1} = \frac{\Delta A(t)}{\Delta t}$ oder $m_S = \frac{A(t+h) - A(t)}{(t+h) - t} = \frac{A(t+h) - A(t)}{h}$
Absatz-/Umsatzänderung zu einem bestimmten Zeitpunkt momentane Absatz/Umsatzänderung lokale Änderungsrate	**Differentialquotient**	$m_T = \lim_{h \to 0} m_S = \lim_{h \to 0} \frac{A(t+h) - A(t)}{h}$

Übungen

1 Untersuchen Sie mithilfe der mehrfachen Berechnung des Differenzenquotienten, ob der Graph in dem angegebenen Intervall progressiv oder degressiv verläuft und ob der Graph in dem Intervall steigt oder fällt.

a) $f(x) = -x^3 + 2x^2 + 5x$ im Intervall [1; 2]

b) $f(x) = 2x^2 + 3$ im Intervall [− 2; − 1]

c) $f(x) = -2x^4 + 32x^3 - 192x^2 + 512x - 510$ im Intervall [4; 5]

d) $f(x) = (x - 5)^3 + 1$ im Intervall [6; 7]

2 Bestimmen Sie die durchschnittliche Änderung des Gesamtabsatzes für die Intervalle von A bis B, von A bis C und von B bis C.
Bestimmen Sie die Funktionsgleichungen der zugehörigen Sekanten.

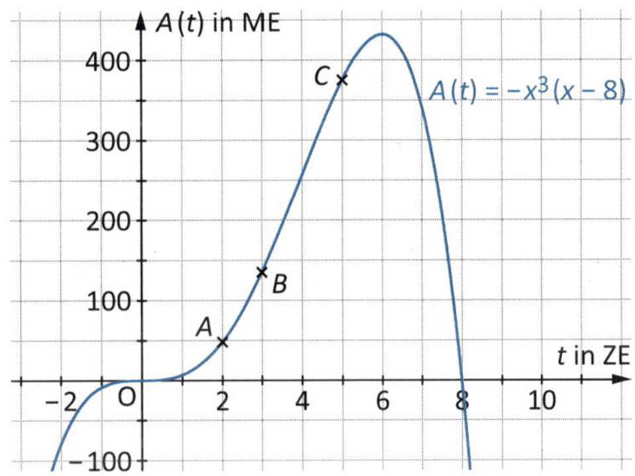

3 Der Gesamtumsatz für ein Produkt wird durch U mit $U(t) = t^3$ modelliert.
Bestimmen Sie die momentane Änderungsrate zum Zeitpunkt $t = 1$ und $t = 4$.
Erklären Sie den Zusammenhang zwischen der lokalen Änderungsrate zu einem bestimmten Zeitpunkt und der Funktionsgleichung der Tangente, die an der entsprechenden Stelle des Funktionsgraphen des Gesamtumsatzes anliegt.

9.4 Ableitung

Die **Ableitung** der Gesamtabsatz- bzw. Gesamtumsatzfunktion gibt den Funktionsterm für den **Produktlebenszyklus** an. Mithilfe der Differentialrechnung lässt sich der Produktlebenszyklus analysieren: Wann wurde das Produkt auf den Markt gebracht? Wie lange war es auf dem Markt? Wann war der größte Absatzzuwachs/-rückgang zu verzeichnen? Wie hoch war der Zuwachs/Rückgang?

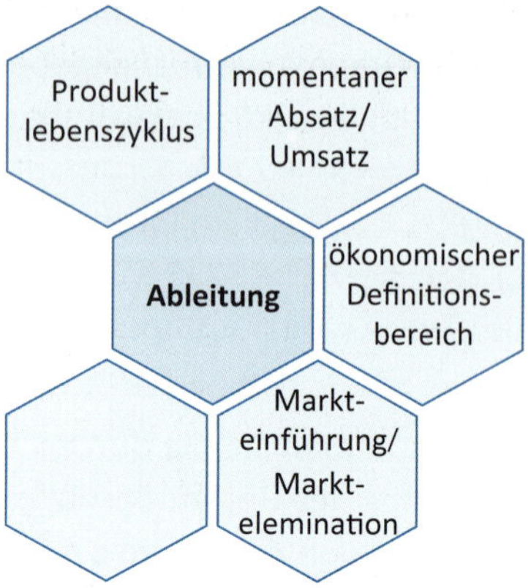

Beispiel

Das Unternehmen *Schob* stellt auch Waschmaschinen her. Der Gesamtabsatz der Maschine *XL12* wird durch die Funktion A mit $A(t) = \frac{1}{50}t^5 - \frac{1}{2}t^4 - \frac{10}{3}t^3 + 100t^2$ beschrieben.

t in ZE und $A(t)$ in ME

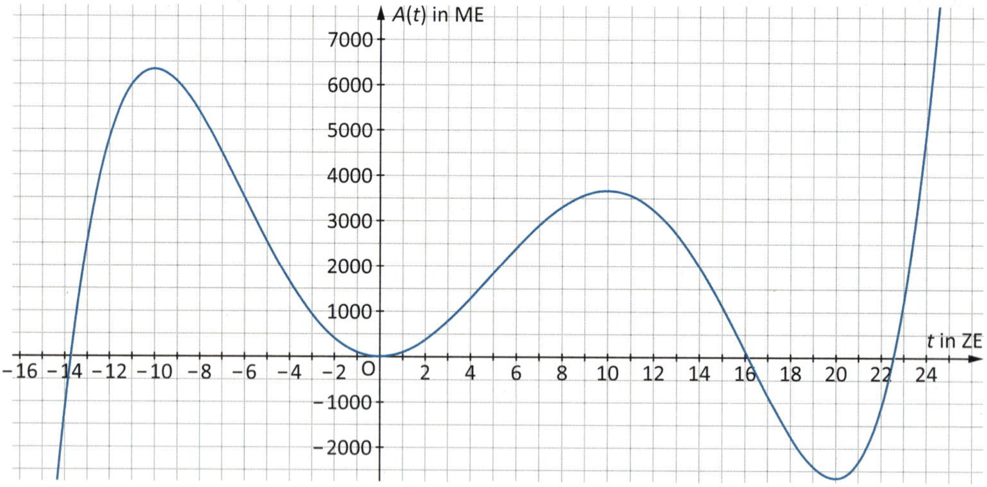

Die Produktionsabteilung benötigt den zugehörigen Verlauf des Produktlebenszyklus, um auf dieser Basis die Planung für das Nachfolgemodell festzulegen.
Ergänzen Sie die Zeichnung um den Verlauf des Produktlebenszyklus.
Beschreiben Sie den Verlauf des Graphen des Produktlebenszyklus und ermitteln Sie dafür im Vorwege die relevanten Koordinaten.

Lösungen

Der Produktlebenszyklus a ist die Ableitung der Gesamtabsatzfunktion A, denn er stellt die Veränderung des Gesamtabsatzes und damit den Verlauf des momentanen Absatzes in ME/ZE da. Mithilfe des grafischen Ableitungsverfahrens wird der Verlauf des Produktlebenszyklus entwickelt.

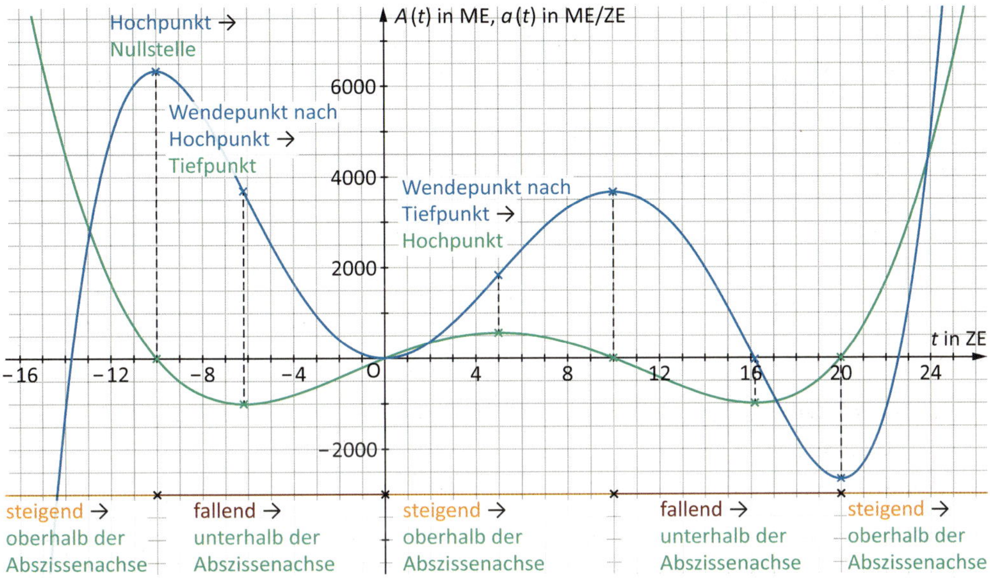

Reduzieren der Grafik auf den ökonomischen Definitionsbereich

Nullstelle von a:

$A'(t) = a(t) = \frac{1}{10}t^4 - 2t^3 - 10t^2 + 200t$

$a(t) = \frac{1}{10}t^4 - 2t^3 - 10t^2 + 200t = 0 \Rightarrow t_1 = -10, \; t_2 = 0, \; t_3 = 10, \; t_4 = 20$

$D_{ök} = [0; 10]$

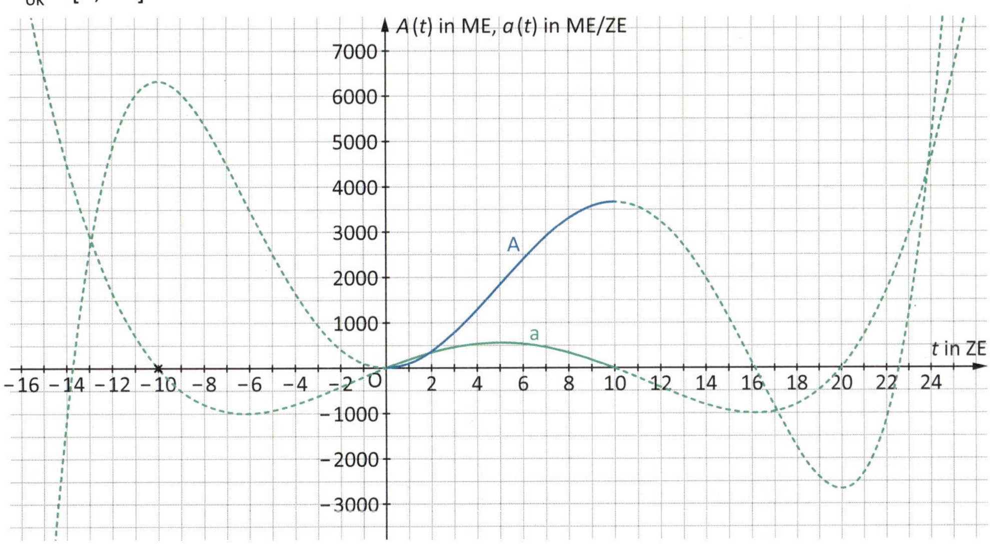

Bestimmen der relevanten Koordinaten

$a(t) = \frac{1}{10}t^4 - 2t^3 - 10t^2 + 200t$

Nullstellen bestimmen

$S_{x_1}(0|0)$ und $S_{x_2}(10|0)$

Hochpunkt bestimmen

$a'(t) = \frac{2}{5}t^3 - 6t^2 - 20t + 200$ und $a''(t) = \frac{6}{5}t^2 - 12t - 20$

$a'(t) = \frac{2}{5}t^3 - 6t^2 - 20t + 200 = 0 \Rightarrow t_1 \approx -6{,}18 \notin D_{ök},\ t_2 = 5,\ t_3 \approx 16{,}18 \notin D_{ök}$

$a''(5) = \frac{6}{5} \cdot 5^2 - 12 \cdot 5 - 20 < 0 \Rightarrow$ Hochpunkt bei $t = 5$

$a(5) = \frac{1}{10} \cdot 5^4 - 2 \cdot 5^3 - 10 \cdot 5^2 + 200 \cdot 5 = 562{,}5 \Rightarrow H(5|562{,}5)$

$A(5) = \frac{1}{50} \cdot 5^5 - \frac{1}{2} \cdot 5^4 - \frac{10}{3} \cdot 5^3 + 100 \cdot 5^2 = \frac{5\,500}{3}$

Wendepunkt bestimmen

$a''(t) = \frac{6}{5}t^2 - 12t - 20 = 0 \Rightarrow t_1 \approx -1{,}45 \notin D_{ök},\ t_2 \approx 11{,}45 \notin D_{ök}$

Die möglichen Wendestellen liegen außerhalb des ökonomischen Definitionsbereiches.

Verlauf des Funktionsgraphen beschreiben

Die **Markteinführung** für die Waschmaschine *XL12* erfolgt zum Zeitpunkt $t = 0$, dies ist die erste Nullstelle des Graphen des Produktlebenszyklus. Der momentane Absatz steigt während der **Einführungs-, Wachstums-, Reife- und Sättigungsphase** degressiv bis zum Zeitpunkt $t = 5$ an.

Der Gesamtabsatz steigt in diesen Phasen progressiv an. Zum Zeitpunkt $t = 5$ ist die momentane Absatzsteigerung am größten, hier liegt die Wendestelle der Gesamtabsatzfunktion vor. Die momentane Absatzsteigerung beträgt 562,5 ME/ZE. Der Gesamtabsatz liegt zu dem Zeitpunkt bei $\frac{5\,500}{3} \approx 1\,833{,}33$ ME. Nach der Sättigungsphase beginnt die **Degenerationsphase**, der Graph des Produktlebenszyklus fällt progressiv, d. h., die momentane Absatzsteigerung sinkt und das Gefälle wird größer. Der Gesamtabsatz der Waschmaschine *XL12* steigt in dieser Phase degressiv an. Bei $t = 10$, also nach 10 ZE, erfolgt die **Marktelemination**, d. h., die Waschmaschine *XL12* wird vom Markt genommen, dort hat der Produktlebenszyklus seine zweite Nullstelle.

Analyse des Produktlebenszyklus

momentaner Absatz/Umsatz	mathematische Analyse
Markteinführung	erste Nullstelle $a(t) = 0$ oder $u(t) = 0$
Einführungs- und Wachstumsphase	Graph steigt $a'(t) > 0$ oder $u'(t) > 0$, wenn vorhanden: bis zum Wendepunkt → stärkste Zunahme des momentanen Absatzes/Umsatzes $a''(x) = 0 \wedge a'''(x_W) \neq 0$ oder $u''(x) = 0 \wedge u'''(x_W) \neq 0$ sonst mathematisch nicht eindeutig abgrenzbar zur Reifephase
Reifephase	Graph steigt $a'(t) > 0$ oder $u'(t) > 0$, bis „kurz" vor den Hochpunkt
Sättigungsphase	kurz vor bis kurz nach dem Hochpunkt, Steigung des Graphen annähernd gleich, Hochpunkt → maximaler momentaner Absatz/Umsatz $a'(x) = 0 \wedge a''(x_H) < 0$ oder $u'(x) = 0 \wedge u''(x_H) < 0$
Degenerationsphase	Graph fällt $a'(x) < 0$ oder $u'(x) < 0$ Wenn vorhanden: Krümmungswechsel am Wendepunkt → stärkste Abnahme des momentanen Absatzes/Umsatzes $a''(x) = 0 \wedge a'''(x_W) \neq 0$ oder $u''(x) = 0 \wedge u'''(x_W) \neq 0$
Marktelemination	wenn vorhanden: zweite Nullstelle → Produkt wird vom Markt genommen, momentaner Absatz/Umsatz gleich null $a(t) = 0$ oder $u(t) = 0$
Zeitraum, den das Produkt auf dem Markt war	Differenz zwischen 1. und 2. Nullstelle von $a(t) = 0$ oder $u(t) = 0$, $t_{Dauer} = t_2 - t_1$
Zusammenhang Gesamtabsatz/-umsatz und Produktlebenszyklus	$A'(t) = a(t)$ $U'(t) = u(t)$

13 Patyna - ISBN 978-3-8120-0685-9

Übungen

1 Bestimmen Sie den Funktionsterm des Produktlebenszyklus und geben Sie den zugehörigen ökonomischen Definitionsbereich an.

a) $A(t) = -\frac{1}{3}t^3 + 10t^2$

b) $A(t) = -0{,}25t^4 + 5t^3 + 125t^2$

c) $U(t) = t^2\left(\frac{1}{10}t^3 - \frac{15}{3}t^2 + \frac{75}{2}t\right)$

d) $U(t) = -0{,}2t^2\left(0{,}01t^3 - 0{,}3t^2 - \frac{43}{15}t - 6\right)$

2 Ermitteln Sie den Zeitpunkt des größten momentanen Anstiegs und des größten momentanen Rückgangs innerhalb des Produktlebenszyklus.
Geben Sie die Höhe des Absatzes pro ZE bzw. des Umsatzes pro ZE an.

a) $a(t) = 4t^4 - 240t^3 + 3600t^2$

b) $u(t) = t^4 - 26t^3 - 25t^2 + 3050t - 3000$

c) $a(t) = -10t^3 + 1000t$

d) $u(t) = -15t^3 + 825t^2 - 6750t$

3 Für die Fußball WM in Russland, die vom 14.06.2018 bis 15.07.2018 durchgeführt wurde, wurde eine Vielzahl von verschiedenen Fanartikeln auf den Markt gebracht. Der Gesamtabsatz A der Merchandising-Artikel des DFB wird durch die Funktion $A(t) = \frac{1}{5}t^5 - 2t^4 + \frac{16}{3}t^3$ angegeben, t entspricht dabei 4 Wochen und $A(t)$ wird in ME/4 Wochen angegeben.

Vier Wochen nach der WM wurden diese Produkte nicht mehr gekauft. Der Verlauf des Absatzes soll nachträglich analysiert werden, um für die nächste EM konkrete Planungen zu erstellen.
Untersuchen Sie im Auftrag der Merchandising-Abteilung den Produktlebenszyklus, berechnen Sie dafür relevante Werte und beschreiben Sie den Verlauf unter Verwendung des jeweiligen Datums.

4 Nach der Hinrunde der Fußballbundesliga (August bis Dezember) wird in der Winterpause der Ticketverkauf für die Public-Plätze von den einzelnen Clubs analysiert, um eine Vorhersage für die Rückrunde (Januar bis Mai) zu erstellen. Dabei werden die Spielpaarungen, der aktuelle Tabellenstand, die Urlaubszeit und das Wetter außer Acht gelassen.

In der Tabelle ist der Gesamtumsatz in 10.000 EUR für den Tabellenersten angegeben.

August $t = 1$	September	Oktober	November	Dezember
21,25	140	371,25	640	781,25

Bestimmen Sie als Basis für die Analyse den Funktionsterm des Produktlebenszyklus als ganzrationale Funktion 3. Grades.
Für den Fußballclub ist es wichtig zu wissen, wann der größte Anstieg des Gesamtumsatzes erfolgt ist, weil in der Rückrunde zu dem Zeitpunkt studentische Aushilfskräfte für das Ticketing eingestellt werden.
Bestimmen Sie den Monat, in dem der größte Anstieg erfolgt ist und wann dieser demnach in der Rückrunde erfolgen wird.
Zum Zeitpunkt des größten Anstiegs des momentanen Umsatzes sollen im Stadion Produktproben einiger Sponsoren verteilt werden.
Ermitteln Sie den Monat, in dem die Produktproben in der Rückrunde verteilt werden sollen.

5 Eine Aufgabe geht auf Reisen

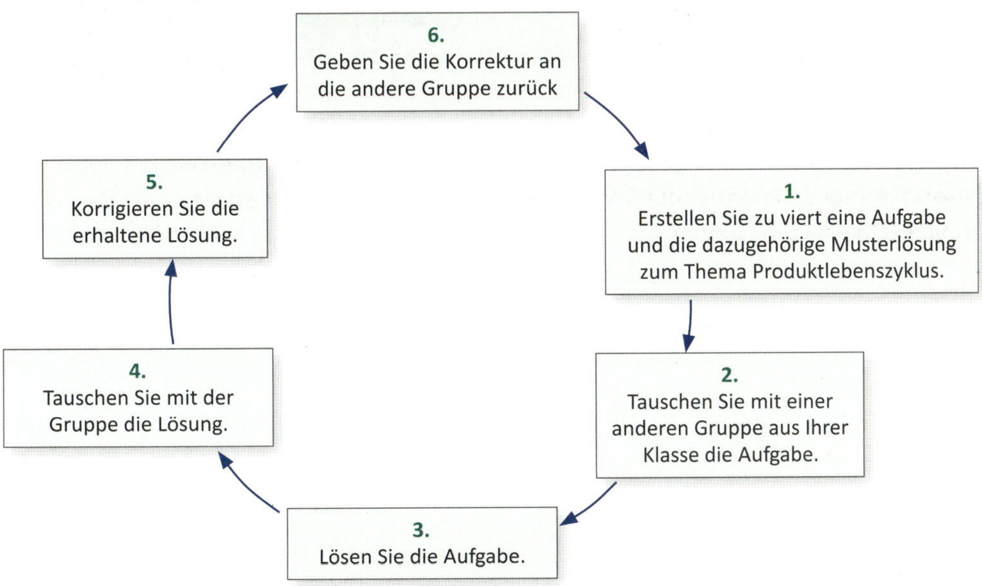

9.5 Übungsaufgaben für Klausuren und Prüfungen

Aufgabe 1 (ohne Hilfsmittel)

Beschreiben Sie den Verlauf des Graphen des Produktlebenszyklus mathematisch und ökonomisch.

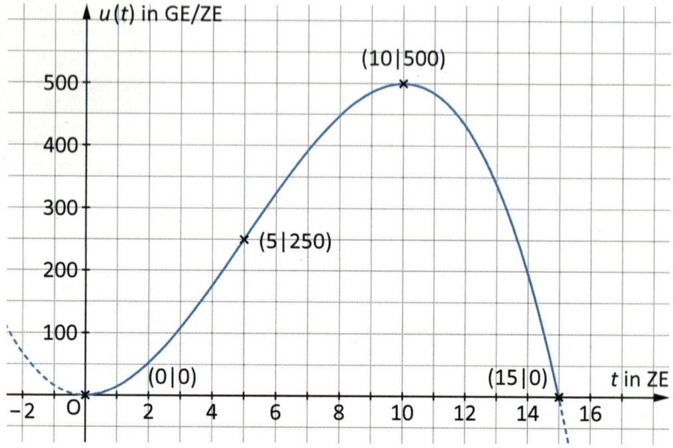

Aufgabe 2 (ohne Hilfsmittel)

Erklären Sie die Zusammenhänge zwischen dem Graphen für den Gesamtumsatz U und dem Graphen für den Produktlebenszyklus u. Veranschaulichen Sie Ihre Erklärungen anhand einer selbst erstellten Skizze.

Aufgabe 3 (mit Hilfsmitteln)

Das Unternehmen *Schokotraum* stellt unter anderem Schokolade in Form von *Hasen* her.

Die Funktion $A(t) = -\frac{1}{6}t^3 + \frac{7}{4}t^2$ gibt den Gesamtabsatz für die Schokohasen im letzten Jahr an. Dabei gilt t in Zeiteinheiten (1 ZE entspricht einer Woche), $t = 0$ ist die letzte Woche im Februar und $A(t)$ ist in Mengeneinheiten angegeben. Für die Produktionsplanung des nächsten Jahres müssen einige Analysen durchgeführt werden:

Untersuchen Sie, wann diese Schokohasen vom Markt genommen wurden, wann der größte Absatz pro Woche erzielt wurde und wie hoch dieser war.

Geben Sie den Funktionsterm des zugehörigen Produktlebenszyklus an.

Zeichnen Sie die zugehörigen Graphen in ein geeignetes Koordinatensystem.

Aufgabe 4 (mit Hilfsmitteln)

Das Unternehmen *Schokotraum* stellt auch *Pralinen* her. Die Grafik zeigt den Produktlebenszyklus für die Sorte *Vanilletraum*.

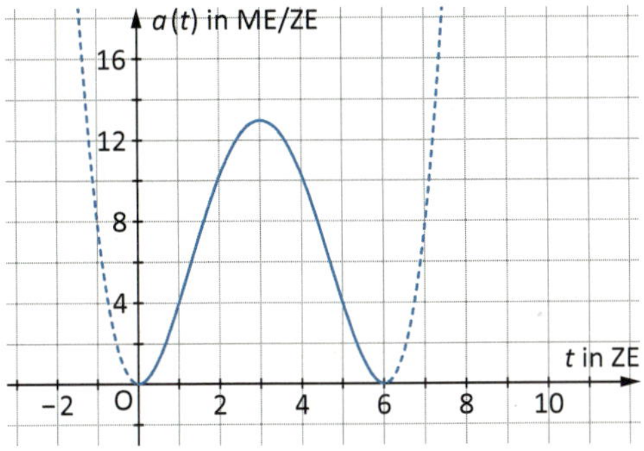

Der Produktlebenszyklus a wird modelliert durch $a(t) = (0{,}4t)^2 \cdot (t - 6)^2$ mit t in Zeiteinheiten (1 ZE entspricht einer Woche), $t = 0$ ist die letzte Woche im März und $a(t)$ wird in Mengeneinheiten pro Zeiteinheiten angegeben. Die Pralinensorte soll in der Weihnachtszeit wieder verkauft werden. Um die Vorbereitungen für die Produktion zu treffen, soll der Verkauf in der Osterzeit analysiert werden.
Beschreiben Sie den Verlauf des Funktionsgraphen mathematisch und ökonomisch. Geben Sie dabei die relevanten Koordinaten an.

Aufgabe 5 (mit Hilfsmitteln)

Das Unternehmen *Sports* untersucht den prognostizierten Produktlebenszyklus für den neuen Fußball *L3*. Mithilfe der Angaben in der Tabelle soll ein Vortrag für die Geschäftsleitung des Unternehmens vorbereitet werden:

Produktlebenszyklus $u(t)$
Gesamtabsatzfunktion $U(t)$
Produkt kommt auf den Markt
Produkt wird vom Markt genommen
maximaler Anstieg des Gesamtabsatzes
größter momentaner Absatzrückgang

$t = 10$
$\left(5 \middle\vert \frac{125}{4}\right)$
$\frac{1}{20}t^4 - t^3 + 5t^2$
$(\approx 7{,}89 \vert \approx 13{,}86)$
$t = 0$
$\frac{1}{100}t^5 - \frac{1}{4}t^4 + \frac{5}{3}t^3$

Ordnen Sie als Vorbereitung des Vortrags die Begriffe der linken Spalte den Angaben aus der rechten Spalte begründet zu und ergänzen Sie Ihre Begründungen durch geeignete Rechnungen.
Zeichnen Sie den Graphen für den Produktlebenszyklus in ein geeignetes Koordinatensystem und kennzeichnen Sie fünf markante Punkte.

Aufgabe 6 (mit Hilfsmitteln)

Der Produktlebenszyklus für Frühlings-Blumengestecke, die das Unternehmen *Flora* herstellt, wird mit der Funktion u mit $u(t) = 0{,}1\,t^4 - 2\,t^3 + 10\,t^2$ beschrieben.
Dabei wird $u(t)$ in GE/Tag angegeben und t in Tagen. Der Verkauf dieser Gestecke endet immer am 15.4.
Zeichnen Sie den Graphen des Produktlebenszyklus.
Interpretieren Sie den Verlauf des Graphen ökonomisch und geben Sie für die Geschäftsleitung an, an welchem Tag der Verkauf beginnen sollte und wann der größte Absatz pro Tag erzielt wird.
Wenn der Absatz pro Tag am stärksten ansteigt, wird eine Aushilfe eingestellt; diese bleibt bis der Absatz pro Tag am stärksten sinkt.
Bestimmen Sie den Zeitraum, für den die Aushilfe angestellt wird.

Aufgabe 7 (mit Hilfsmitteln)

Das Unternehmen *Maß-Hemden* wertet den Produktlebenszyklus der Hemdsorte *Klassik einfarbig* aus:

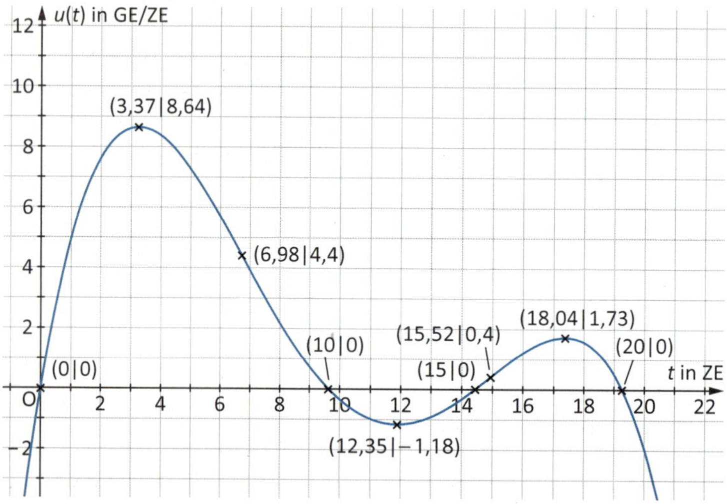

Beschreiben Sie den Verlauf des Produktlebenszyklus ökonomisch und mathematisch.
Skizzieren Sie den Graphen des Gesamtumsatzes in ein geeignetes Koordinatensystem.

Stichwortverzeichnis

Notizen

Notizen

Notizen

Notizen

Notizen

Notizen

Notizen